Berichte aus der Philosophie

Karl-Heinz Brodbeck

Buddhistische Wirtschaftsethik

Eine vergleichende Einführung

Shaker Verlag
Aachen 2002

Die Deutsche Bibliothek - CIP-Einheitsaufnahme

Brodbeck, Karl-Heinz:
Buddhistische Wirtschaftsethik : Eine vergleichende Einführung /
Karl-Heinz Brodbeck.
Aachen : Shaker, 2002
(Berichte aus der Philosophie)
ISBN 3-8322-0990-5

ISBN 3-8322-0990-5
ISSN 0945-0947

Shaker Verlag GmbH • Postfach 101818 • 52018 Aachen
Telefon: 02407 / 95 96 - 0 • Telefax: 02407 / 95 96 - 9
Internet: www.shaker.de • eMail: info@shaker.de

Inhalt

Vorwort

Was ist das: Eine *buddhistische Wirtschaftsethik*? Der Titel meines Buches enthält drei Bedeutungselemente: Ethik, Wirtschaft und Buddhismus. Ethik ist die *Theorie* des moralischen Handelns. Die *Wirtschafts-* ethik erklärt die ethischen Regeln des wirtschaftlichen Handelns. Hierbei tritt die Wirtschaftsethik in eine spannungsreiche Beziehung zur ökonomischen Theorie, die als Wissenschaft vom wirtschaftlichen Handeln formuliert wird. Ursprünglich, noch bei Adam Smith, verstand sich die Ökonomik als *Teilgebiet* der Ethik (*moral science*). Die moderne Wirtschaftswissenschaft dagegen versucht einen scharfen Schnitt zwischen Fakten und Werten zu machen, indem sie Werturteile in den Datenkranz der ökonomischen Theorie verlegt. Motive des Handels scheinen nach dieser Auffassung ebenso bloße *Fakten* zu sein wie die Rohstoffvorräte eines Landes oder die Zahl seiner Einwohner.

Der *Buddhismus* lehnt eine Trennung von Fakten und Werten ab.[1] Alle Fakten erscheinen in ihren Eigenschaften nur innerhalb eines *kognitiven Rahmens*. Die jedem Faktum vorausgehende Auswahl dieses kognitiven Rahmens aber besitzt den Charakter eines *Werturteils*. Insbesondere betrachtet man die „Fakten" der Psychologie im Buddhismus nicht als unveränderliche Gegebenheiten, sondern als das Resultat einer *Gewöhnung*. Weder Handlungsmotive noch Weltbilder sind deshalb unverrückbare Voraussetzungen des Handelns. Das gilt auch und gerade für die Auffassung der Wirtschaftswissenschaften, *wirtschaftliches* Handeln sei notwendig und unverrückbar *egoistisch* motiviert. Im Buddhismus sind Erkenntnis und Ethik nicht getrennt, sondern zeigen sich als zwei Aspekte desselben Problems.

Wenn in der Gegenwart viele Formen wirtschaftlichen Handelns im Sturm der Globalisierung massive Kritik hervorgerufen haben, die *auch* die Wirt-

---

[1] Man übersieht in dieser Trennung, dass bereits die *Anerkennung* von Fakten ein *Werturteil* darstellt. Fakten haben nicht einen inwendigen, autoritativen Wert, der ihre Anerkennung *einfordern* würde: „By all means, the world is not an authority." Tson-Kha-Pa, Calming the Mind and Discerning the Real, ed. A. Wayman, New York 1978, S. 221.

schaftswissenschaften als Legitimationshilfe dieser Handlungen betrifft, dann zeigt sich unmittelbar, dass die These von der „Wertneutralität" der Ökonomie als Wissenschaft nicht haltbar ist. Hinzu kommt, dass die Ökonomie als *empirische Wissenschaft*, die tragfähige Prognosen liefern sollte, gescheitert ist. Das weltweite Engagement gegen die Macht der Finanzmärkte und der Markenfirmen, gegen die Zerstörung vieler kultureller Traditionen und ökologischer Systeme macht zudem erkennbar, dass immer mehr Menschen nicht mehr bereit sind, dem Glauben an die unverrückbare Faktizität der Märkte und eine unveränderlich-egoistische Menschennatur Folge zu leisten. Hier zeichnet sich die Notwendigkeit einer Wirtschaftsethik ab, die Abschied nimmt von diesem Glauben und dafür auch eine fundierte erkenntnistheoretische *und* ethische Begründung liefert. Eben diese Einheit von Erkenntnis und Ethik ist das Grundprinzip der buddhistischen Philosophie.

Der Buddhismus kann deshalb zur ethischen und ökonomischen Diskussion nicht nur einen originellen, sondern einen wirklich fundierten Beitrag leisten. Die buddhistische Wirtschaftsethik ist nicht erbauliche Zutat zum wirtschaftlichen Alltag oder eine leere moralische Hülle für eine zynische Wirklichkeit, sondern sie trifft *als Erkenntnis* ins Zentrum der blinden Dynamik ökonomischer Prozesse. Das versuche ich in diesem Buch zu zeigen. Der Text wird hierbei auf weiten Strecken, trotz einer vielfachen Rückbindung an die Tradition, Neuland betreten. Eine Einführung in die buddhistische Wirtschaftsethik kann nicht auf ein fertiges System zurückgreifen. Der Buddhismus hat zwar eine vielfältige Ethik entwickelt; Hinweise zur Wirtschaft sind vorhanden, kaum aber systematisch entfaltet. Der Grund ist einfach: Die Dominanz ökonomischer Probleme ist ein Phänomen, das in den traditionell buddhistischen Kulturen weitgehend unbekannt war.

Wenn in diesem Buch vor allem die Veränderung der *individuellen Motivation* in den Mittelpunkt gerückt wird, so ist damit nicht die Möglichkeit verneint, ökonomische Probleme durch *institutionelle Regelungen* zu lösen. Als erster Schritt jedoch besteht der Beitrag des Buddhismus vor allem in der *Ethik des Mitgefühls* als wirksamer Medizin gegen den Egoismus – in der *Erkenntnis* der Wurzeln jenes Scheins in der Wirtschaft, der sich in Krisen und Crashs immer wieder offenbart. Ich möchte zeigen, dass sich aus den philosophischen Grundlagen des Buddhismus eine sehr effektive Gegenthese auch zur *theoretischen Erklärung* der Ökonomie durch die moderne Wirtschaftswissenschaft formulieren lässt.

Der Buddhismus ist „eine Wissenschaft des Geistes"[2], eine Wissenschaft, deren Wirklichkeit die Praxis der Erkenntnis ist. Diese Praxis entfaltet sich durch universelles Mitgefühl, Toleranz und Gewaltfreiheit; sie richtet sich aber gleichwohl gegen die vielfältigen Täuschungen, die das Handeln der Menschen scheinbar von blinden „Sachzwängen" abhängig macht. Ohne eine spirituelle Perspektive bleiben die Erde und ihre Lebewesen in jenem heillosen Zustand, der sich global ausbreitet, solange weiter Egoismus, Konkurrenz, Zynismus und Blindheit die Wirtschaft und die Politik beherrschen. Es ist diese fehlende spirituelle Perspektive, die sozialistische und neoliberale Experimente in die Sackgasse führte. Spiritualität heißt im Buddhismus: *Weisheit des Mitgefühls.* Zu zeigen, dass und wie die Einheit von Erkenntnis und Ethik in der Wissenschaft und der Praxis der Wirtschaft möglich und not-wendend ist, macht den Kern des hier vorgelegten Entwurfs aus.

Wenn ich auf den nachfolgenden Seiten oft der Kürze halber einfach von „buddhistischer Wirtschaftsethik" spreche, so wäre immer hinzuzufügen: Es handelt sich um *meinen* bescheidenen Versuch, aus Belehrungen durch Lehrer verschiedener buddhistischer Traditionen, eigenen Erfahrungen, Ratschlägen von Freunden, den tradierten Quellen und vereinzelten Analysen jüngeren Datums eine buddhistische Wirtschaftsethik neu zu entwickeln. Eine dogmatische, autoritative oder gar für „den" Buddhismus verbindliche Aussage ist damit in keiner Weise beabsichtigt. Mögliche Vorzüge des nachfolgenden Textes bitte ich deshalb als direkte Wirkung der Einsichten aus tradierten Texten, meiner Lehrer und Freunde zu betrachten, Schwächen dagegen ausschließlich beim Verfasser zu suchen.

Zur Organisation des Buches

Ich werde mich ausführlich mit dem beschäftigen, was eigentlich „Buddhismus" bedeutet (Kapitel 1 und 2), bevor ich ethische und ökonomische Fragen

---

2 Dalai Lama, J.-C. Carrière, Die Kraft des Buddhismus und der Zustand der Welt, Freiburg 1998, S. 125.

erörtern kann. Nach der Klärung der philosophischen und psychologischen Grundlagen (Kapitel 2) ergeben sich ethische Lösungsvorschläge (Kapitel 3) und die Folgerungen für die *Ökonomie* als logische Konsequenz (Kapitel 4). Im fünften Kapitel wird daran anschließend das Verhältnis der buddhistischen Wirtschaftsethik zu anderen ethischen Systemen diskutiert. Die gewonnenen Einsichten versucht das sechste Kapitel an einzelnen Fragen der Wirtschaftsethik (Beruf, Führungsprinzipien, Bevölkerungs- und Familienpolitik, Konsum, Ökologie, Armut, Globalisierung etc.) und das siebte Kapitel zusammenfassend mit dem Blick auf Probleme des technischen Fortschritts und des Wirtschaftswachstums zu erläutern.

Vorab möchte ich noch darauf hinweisen, dass die Leserin und der Leser den Begriff „Leiden", der immer wieder auftauchen wird, einfach auch mit „Erleiden ökonomischer Sachzwänge", „Abhängigkeit von Sachzwängen" übersetzen kann.

Gröbenzell, im November 2002

1 Zugang

> „Die unglücklich sind in der Welt, sie alle sind es
> durch das Verlangen nach eigenem Glück.
> Die glücklich sind in der Welt, sie alle sind es
> durch das Verlangen nach dem Glück der anderen."[3]

Die buddhistische Wirtschaftsethik in dem hier vorgestellten Verständnis verkündet keine Gebote oder Regeln, die man befolgen *soll*. Sie erklärt vielmehr, weshalb aus irrtümlichen Wahrnehmungen und Gedanken Handlungen entstehen, deren Konsequenzen Leiden verursachen. Aus der Erkenntnis der Ursachen ergeben sich Folgerungen für das wirtschaftliche Handeln. Um negative Konsequenzen für das Handeln zu beseitigen oder zu mildern, muss man die zugrundeliegenden Gedanken verändern. „Wenn man mit verblendetem Geist denkt und handelt, dann folgt das Leiden nach", heißt es im ersten Vers der ältesten buddhistischen Spruchsammlung, dem *Dhammapada*. Somit rückt für eine buddhistische Wirtschaftsethik die Veränderung der *Motivation* und der *Erkenntnis* in den Mittelpunkt. Ansprechpartner ist hierbei jeweils das Individuum und sein Handeln, erst darauf gegründet lassen sich institutionelle Fragen beantworten.

1.1 Der Buddhismus im Urteil anderer

> „Die größte soziologische Macht über die Geschichte menschlicher Gruppen haben
> von Metaphysikern bisher in abnehmender Größenordnung Buddha
> – die unvergleichlich größte Wirkung überhaupt, erheblich größer als die Christi –,
> Laotse, Platon, Aristoteles, Descartes, Kant, Hegel und K. Marx ausgeübt".[4]

Gemäß dem Prinzip, dass man beim *Urteilen* über eigenes Handeln zunächst am besten *anderen* zuhört, um nicht einer Selbsttäuschung zu erliegen, möchte ich einleitend einige Stimmen zitieren, die von *Kritikern* des Buddhismus stam-

---

3   Santideva, Bodhicaryavatara VIII, 129; Eintritt in das Leben zur Erleuchtung, übers. v. E. Steinkellner, Köln 1981, S. 107. Vgl. „In every civilized country there have been some followers of the Buddhist doctrine (...) that real riches consist not in the abundance of goods but in the paucity of wants." A. Marshall, Principles of Economics, London [8]1961, S. 112.

4   M. Scheler, Die Wissensformen und die Gesellschaft, Ges. Werke Bd. 8, Bern-München 1960, S. 88.

men. Als Kern dieser Kritik kann man herausschälen: Der Buddhismus sei gar keine rechte Religion, weil er keinen Schöpfergott anerkennt; er sei eher so etwas wie eine pessimistische Philosophie, die das Leiden in den Mittelpunkt rücke und zur Weltverneinung auffordere.[5] Diese Kritik greift zwar einige äußere Aspekte des Buddhismus auf, interpretiert sie jedoch auf unzutreffende Weise.

Einer der frühen Erforscher und Kritiker des Buddhismus war der Engländer M. Monier-Williams. Er sagte zum Buddhismus: „Das Christentum ist eine Religion, während der Buddhismus, wenigstens in seiner frühsten und wahrhaftigsten Form, keineswegs eine Religion, sondern eher ein System der Moral und Philosophie ist, die in einer pessimistischen Theorie des Lebens gründet."[6] Diese Charakterisierung des Buddhismus als Pessimismus oder Nihilismus findet sich häufig. Das ist durchaus nicht ganz falsch, auch wenn ein ungeeigneter Begriff verwendet wird: „Pessimismus" bezieht sich einfach auf die Tatsache, dass die Buddhisten von einem illusionslosen Blick auf die Wirklichkeit ausgehen und demgemäß zuerst das Leiden der Menschen und anderer Lebewesen betonen, auch, dass ihr „System der Moral und Philosophie" dazu dient, dieses Leiden zu mindern. „Nihilismus" ist ein Vorwurf, den besonders Nietzsche erhoben hat.[7] Er findet sich eigentlich schon bei Hegel wurde vielfach wiederholt.[8] Aber auch Kardinal Ratzinger meint: „Und was die Buddhis-

---

5   „Buddhismus" ist keine Selbstbezeichnung. Ein „Buddhist" bezeichnet sich meist als „Praktizierender des Dharma" (der Lehre Buddhas). Der Terminus „Buddhismus" wurde von Eugène Burnouf als religionswissenschaftlicher Begriff geprägt; vgl. E. Burnouf, Introduction à l'histoire du Buddhisme Indien, Paris 1844.

6   M. Monier-Williams, Buddhism in its Connexion with Brahmanism and Hinduism, London, 1889; Reprint Varanasi 1964, S. 537; meine Übersetzung.

7   Nietzsche nennt den Buddhismus „passivistischer Nihilism", F. Nietzsche, Kritische Studienausgabe Bd. 12, S. 351, und er weiß sogar um die wahre Ursache des buddhistischen Nihilismus, der abhängig sei „von der übermäßigen und fast ausschließlichen Reiskost der Inder und der dadurch bedingten allgemeinen Erschlaffung." F. Nietzsche, Werke Bd. 2, S. 131. „Buddhistischer Nihilismus" ist für Nietzsche schlicht ... ein „Diätfehler", aaO.!

8   Im Buddhismus „ist bekanntlich das Nichts, das Leere, das absolute Prinzip." G. W. F. Hegel, Wissenschaft der Logik, WW Bd. 5, S. 84; Hartmann spricht vom „rein negativen Buddhismus", E. von Hartmann, Philosophie des Unbewußten, Bd. 2, Leipzig 1923, S. 363; Schomerus betont den „ausgesprochenen Nihilismus, wie ihn ein Nagarjuna vertreten hat", H. W. Schomerus, Indien und das Christentum, Bd. I, Berlin 1931, S. 155, und Mauthner meint, dass „der Buddhismus konsequent pessimistisch" sei, F. Mauthner, Wörterbuch der Philosophie, Bd. 2, Leipzig 1923, S. 464.

ten angeht, so wollen sie ja, weil alles, was ist, im Grunde Leiden ist, aus diesem leidvollen Rad der Vergänglichkeit heraustreten ins reine Nichts", fügt dann aber doch hinzu: Dies sei ein Nichts, „das aber dann doch irgendwie nicht das pure Nichts ist."[9] Richtig ist an den Aussagen von Nietzsche bis Ratzinger, dass der Buddhismus keinen persönlichen Schöpfergott kennt, was auch Monier-Williams zurecht herausstreicht. Der Buddhismus kann als *nicht-theistische* Religion bezeichnet werden.[10] Allerdings hat Buddha ausdrücklich betont, dass damit kein *Nihilismus* verbunden ist und er gerade *kein* Nihilist sei.[11]

Monier-Williams wirft dem Buddhismus ferner vor, dass er nicht die Abhängigkeit von Gott, sondern die Selbstbefreiung betont: „Der Buddha sagt zu seinen Schülern: ‚Nehmt nichts von mir, vertraut euch allein selber.' Christus sagte: ‚Nehmt alles von mir; vertraut nicht euch selbst. Ich verspreche euch das ewige Leben, schenke euch das Brot des Himmels, gebe euch das Wasser des Lebens'."[12] Auch das ist in gewisser Weise zutreffend. Buddha empfiehlt allerdings seinen Schülern keineswegs, dem *Ego* zu vertrauen, sondern der noch unerkannten eigenen Natur, die man nicht positiv definieren kann. Aus diesem „gottlosen System" folgt deshalb keineswegs ein *egoistisches* Verhalten. Im genauen Gegenteil. Die „Verneinung", das „Negative" im Buddhismus richtet sich gegen das Leiden und seine Ursache, gegen die Verblendung. Wenn der Weisheitsbuddha Manjushri mit einem Schwert dargestellt wird, so bedroht dieses Schwert kein Lebewesen, sondern immer nur den *Irrtum*. Ähnliches gilt für viele Figuren aus dem tibetischen Buddhismus.

---

9   Joseph Kardinal Ratzinger, Gott und die Welt, München 2000, S. 111f.

10 „Typologisch versteht sich der Buddhismus als eine nicht-theistische Religion", K.-J. Notz (Hrsg.), Das Lexikon des Buddhismus, Freiburg-Basel-Wien 1998, S. 6.

11 Es beschuldigen mich, sagt Buddha, manche „Brahmanen fälschlich, lügenhaft und unwahr, ich sei ein Nihilist, ich lehrte die Zerstörung, die Vernichtung, die Nichtexistenz des wahren Wesens." Majjhima-Nikaya 22; übers. v. K. Schmid, Berlin 1978, S. 77. Vgl. ferner Anguttara-Nikaya X, 94; Band V, S. 9. Der Buddhismus vermeidet nur die *Extreme* „Sein und Nichts" und hält beide metaphysischen Kategorien für einen dualen Irrtum: „Das Schicksal des Nichts und das des Seins sind dasselbe, wenn man das Nichts richtig denkt." M. Merleau-Ponty, Das Sichtbare und das Unsichtbare, München 1986, S. 80; vgl. ausführlich dazu K.-H. Brodbeck, Der Spiel-Raum der Leerheit, Solothurn-Düsseldorf 1995.

12 M. Monier-Williams, Buddhism in its Connexion aaO., S. 550.

Monier-Williams kommt nach seiner Kritik zu folgender zusammenfassen-
den Beurteilung des praktizierten Buddhismus:

> Der Buddhismus „führte zu Ausbildung und Kultur; er ermutigte Literatur und
> Kunst; er förderte physischen, moralischen und intellektuellen Fortschritt bis zu
> einem bestimmten Punkt; er proklamierte Frieden, guten Willen und Brüderlichkeit
> unter den Menschen; er verurteilte den Krieg zwischen den Nationen, bekannte
> sich mit Sympathie zu sozialer Freiheit und Autonomie; er schenkte den Frauen
> viel Unabhängigkeit; er predigte Reinheit in Gedanken, Worten und Motiven
> (wenn auch nur zur Aufhäufung von spirituellem Verdienst); er lehrte Selbst-
> Verneinung ohne Selbstqual; er schärft Großzügigkeit, Wohltätigkeit, Toleranz,
> Liebe, Selbstverzicht und Güte, sogar zu den niederen Tieren ein; er befürwortete
> den Respekt für das Leben und das Mitgefühl zu allen Kreaturen; er untersagt
> Habsucht und das Aufhäufen von Geld; und ausgehend von seiner Erklärung, dass
> die Zukunft jedes Menschen von seinen gegenwärtigen Handlungen und Bedingun-
> gen abhängt, war der Buddhismus sehr hilfreich für seine Zeit, um Stagnation zu
> verhindern, Anstrengungen zu stimulieren, gute Werke jeder Art zu befürworten
> und den Charakter der Humanität zu heben."[13]

In Deutschland formulierte R. Falke im Jahr 1903 noch eine andere Kritik:
„Dem Buddhismus sich in die Arme werfen, heißt der Phantastik einer wider-
spruchsvollen und unerweisbaren Metaphysik seinen guten Intellekt opfern
und dabei den Stab des Bettlers ergreifen, um der Welt und allem Kulturfortschritt Valet zu sagen".[14] Man darf es dem Leser überlassen, zu beurteilen, wie
es um den Kulturfortschritt im 20. Jahrhundert bestellt war. Mit „gutem
Intellekt" jedenfalls meinte Falk einen *gläubigen, christlichen Geist.* Dem Buddhismus warf er vor: „Der Buddhismus macht hell im Kopf."[15] Die Leserin oder
der Leser ist also gewarnt, dass ihnen durch einen hellen Geist „vom Buddhismus her eine bedeutende Gefahr droht"[16]. Soviel zum Urteil der *Kritiker* des
Buddhismus.

---

13   M. Monier-Williams, Buddhism in its Connexion aaO., S. 551.
14   R. Falke, Der Buddhismus in unserem modernen deutschen Geistesleben, Halle 1903, S. 73.
15   R. Falke, Der Buddhismus aaO., S. 7.
16   R. Falke, Der Buddhismus aaO., S. 3.

1.2 Der Ausgangspunkt

Die Wirtschaft, so lautet eine alte Lehrbuchdefinition, umfasst alle menschlichen Handlungen, die der Produktion und Verteilung knapper Güter zur Befriedigung menschlicher Bedürfnisse dienen. Man kann weder sagen, dass die globale Wirtschaft diese Aufgabe erfüllt, noch lässt sich feststellen, dass die Ökonomie als Wissenschaft dazu gedient hat, das Allgemeinwohl der Menschen und anderer Lebewesen auf diesem Planeten besonders zu fördern. Sicherlich gibt es und gab es immer wieder Länder, wenigstens Regionen, die über einen sehr hohen Wohlstand verfügen und verfügten. Es gibt aber nur noch wenige Landstriche auf der Erde, in denen Tiere gemäß ihrer natürlichen Ausstattung leben können, und insgesamt zeigt unser Planet das Bild einer wachsenden Desorganisation der Ökosysteme, der „Deregulierung" traditioneller Kulturen, sozialer Strukturen und eine nicht enden wollende Abfolge von Hunger, Krieg, wirtschaftlichen Zusammenbrüchen und Verarmung.

Die Welt ist auch im *ökonomischen Sinn* durch die Allgegenwart von Leiden zu charakterisieren. Daran hat sich in 2.500 Jahren wenig geändert, seitdem Buddha die einfache Einsicht aussprach, dass das wesentliche Kennzeichen des Lebens das Leiden ist. Ich spreche hier gar nicht von den unsäglichen Leiden durch Naturkatastrophen, Kriege oder tyrannische Regierungen, sondern nur vom *wirtschaftlich bedingten* Leiden. Ein paar Zahlen[17]: Man spricht von einer „Fünftel-Gesellschaft". Das weltweit reichste Fünftel (20%) der Weltbevölkerung verbraucht 86% des gesamten privaten Welteinkommens für Konsumzwecke; das ärmste Fünftel konsumiert dagegen nur 1,3%. Genauer aufgeschlüsselt: Das oberste Fünftel konsumiert 45% der Weltfleisch- und Fischproduktion, das ärmste Fünftel 5%; es verbraucht dabei nur 4% der Weltenergieproduktion, während das obere Fünftel der Konsumenten 58% der Weltenergie verwendet. Wenigstens 800 Millionen Menschen hungern, etwa so viele, wie in den Ländern des Nordens an Übergewicht leiden – nach Angaben

---

17 Angaben nach dem Human Development Report 1998, herausgegeben vom United Nations Development Program (UNDP).

der WHO (World Health Organization). 80% der weltweit unterernährten Kinder leben in Ländern, in denen gleichzeitig ein Überschuss in der Nahrungsmittelproduktion besteht.[18]

Die Welt-Marktwirtschaft ist also offenkundig bislang nicht in der Lage, die Weltbevölkerung effizient zu ernähren, dies trotz oder wegen der zunehmenden Globalisierung. Während die Zahl der transnationalen Konzerne, der ökonomische Kern der Weltwirtschaft, von 7.000 im Jahre 1970 auf ca. 60.000 Konzerne im Jahre 1998 stieg, gelingt es auch dieser fast neunfachen Zahl an global agierenden Firmen offenbar nicht, ihre eigentliche Aufgabe zu erfüllen: weltweit ausreichend Güter für die Bevölkerung bereitzustellen.

Jedes Jahr verwandelt sich auf der Erde eine Fläche so groß wie die Schweiz in eine Wüste. An den wirtschaftlichen Handlungen der Menschen leiden nicht nur andere Menschen; eine große Zahl der übrigen Lebewesen ist vollständig abhängig von menschlichen Begierden und der Blindheit gegenüber dem Leiden dieser Kreaturen. Täglich sterben unzählige Tiere durch ökologischen Raubbau oder durch die industrielle Fleischproduktion. Ein Beispiel: In 9.000 Betrieben der USA werden jährlich 4 Milliarden Hühner, 33 Millionen Rinder, 88 Millionen Schweine, 1,5 Millionen Kälber und 5,8 Millionen Schafe geschlachtet und verarbeitet.[19] Das Leiden der Menschen und anderer Lebewesen hat also weltweit nicht abgenommen, sondern hat sich seit den Tagen Buddhas weiter differenziert und vervielfältigt.

Anstatt eines Aufschreis, vorgetragen von Wirtschaftswissenschaftlern, die sich für die Erkenntnis der Ursachen von Armut und Reichtum zuständig erklären, finden wir aber nur wenige Ökonomen, die sich angesichts der globalen Situation veranlasst sehen, ihre Theorien zu überdenken. Mehr noch. Ihr praktisch-politischer Einfluss als Ratgeber ist wesentlich mit verantwortlich für die wachsende globale Destruktion in den ökologischen, sozialen und kulturellen Systemen. Sie erklären sich in ethischen Fragen aus Gründen der vorgeblichen „Wertneutralität" ihrer Wissenschaft nicht für zuständig und treten mit einem tiefen Kotau vor dem Markt zurück. Sogar die Funktion der *moralischen*

---

18 Worldwatch News Release vom 4.März 2000.
19 Vgl. M. D´Eramo, Das Schwein und der Wolkenkratzer. Chicago, eine Geschichte unserer Zukunft, München 1996, S. 32.

Erziehung will man dem Markt übergeben. Herbert Giersch meint: Das „mobile Kapital erzieht die Wirtschafspolitik zur Verantwortung" – nicht etwa umgekehrt. Und der Nobelpreisträger Gary S. Becker verkündet als seine Hauptsorge: „Die Liebe zur Marktwirtschaft ist abgekühlt."

Vor allem bei Unternehmensberatern ist ein atemberaubender Zynismus zu beobachten. So fertigte z. B. Arthur D. Little International im Auftrag des Tabakkonzerns Philip Morris eine Studie für die tschechische Regierung an, in der festgestellt wurde, dass jeder tote Raucher dem Staat 1.227 Dollar Ersparnis bringt, Rauchen deshalb als besonders förderungswert empfohlen wird. Blindheit gegenüber dem Leiden, Profitgier und Aggression im Wettbewerb beherrschen die wirtschaftliche Praxis: „Konkurrenten - Betrachten Sie sie einfach als Ihre Feinde", meinen die beiden Unternehmensberater Jack Trout und Steve Rivkin. Die Zeitschrift „Arbeitgeber" betont, einen guten Manager zeichne „Kampfwillen" und „Killerinstinkt" aus. Die Ethik habe keinen Platz im Management; sie sei sogar „ideologieverdächtig", weiß D. Schneider. H. Maucher als Vorstandsvorsitzender der Nestlé AG kann deshalb zweifellos ideologiefrei feststellen, er könne das „ethische und soziale Gesäusel" nicht mehr hören, wenn es um die Beseitigung von Menschen gehe, die er als „Wohlstandsmüll" bezeichnet.[20] Wirtschaftsethisch wird dies so übersetzt: Die Marktwirtschaft wurde „zur effizientesten (!) Form der Caritas, die die Weltgeschichte (!) bisher gesehen (!) hat".[21] Die „Weltgeschichte" übersieht dabei ungeniert 800 Mio. hungernde, jährlich 30 Mio. verhungernde und 1,2 Mrd. Menschen, die täglich von weniger als einem Dollar ihr Leben fristen – „Wohlstandsmüll", von dem die *moderne* Wirtschaftsethik nur eines zu sagen weiß: Pech gehabt, nicht *effizient* nutzbar. Der Markt geht vor – Punkt.

Diese Beispiele scheinen auf den ersten Blick Einzelfälle zu sein, die womöglich in polemischer Absicht ausgewählt wurden. Doch das ist nicht der

---

20 Quellen in der zitierten Reihenfolge: Handelsblatt, 31. August 1998; Süddeutsche Zeitung, 22. Oktober 1998 und 31. Juli 2001; J. Trout, S. Rivkin, The power of Simplicity: A Management Guide, New York-London1999; Arbeitgeber 1/1991; D. Schneider, Unternehmensethik und Gewinnprinzip in der Betriebswirtschaftslehre, Zeitschrift für betriebswirtschaftliche Forschung 43 (1990), S. 869-891; Interview mit Helmut Maucher, manager magazin 4 (1990), S. 37; Der Spiegel vom 9.3.1998.

21 K. Homann, Ökonomik: Fortsetzung der Ethik mit anderen Mitteln; Internet-Text, S. 12.

Fall. Bereits diese wenigen (und leider beliebig vermehrbaren) Beispiele bringen sehr deutlich ein *Prinzip* zum Ausdruck, das die Wirtschaft und die Wissenschaft von der Wirtschaft dominiert. Dieses Prinzip ist die selbstverordnete
Blindheit gegen die praktische Wirkung des eigenen Denkens – ein Denken,
das in seiner wissenschaftlichen Form vorgibt, eine objektive wirtschaftliche
Wirklichkeit im fernen Elfenbeinturm der Theorie zu *erklären*, während man
diese Wirklichkeit selbst aktiv als Schreibtischtäter mit hervorbringt. Diese
Haltung der vermeintlichen Wertneutralität oder Ideologieferne beruht auf
einer *Täuschung*, der Täuschung des Ego-Prozesses. Dieser Ego-Prozess, der
uns in den nächsten Kapiteln ausführlich beschäftigen wird, erscheint in der
ökonomischen Wissenschaft unschuldig als bloße methodische „Annahme"
(*homo oeconomicus*). Doch dieser Annahme entspricht eine zynische Praxis, und
sie ist das verbreitete Motiv egoistischen Handelns.

Der Kernsatz des Buddhismus lautet: Das Ego gründet in einem grundlegenden Irrtum, einer Täuschung über die Natur des Menschen und der Gesellschaft. Mit der globalen Wirtschaft und der globalen ökologischen Krise ist
diese Täuschung wie in einem Hohlspiegel vergrößert erkennbar geworden.
Der Zusammenhang zwischen einer falschen Wahrnehmung der Welt und
globalem Leiden ist die Grundeinsicht des Buddhismus. Es ist dieser Zusammenhang, der die Formulierung und Anwendung der *buddhistischen Wirtschaftsethik* wünschenswert macht.

1.3 Buddhistische Ethik als Selbstbefreiung

Die buddhistische Wirtschaftsethik unterscheidet sich – bei zahlreichen Berüh-
rungspunkten in praktischen Fragen (vgl. Kapitel 5) – grundlegend von anderen ethischen Systemen, sofern die Ethik als Teil eines umfassenden Erkennt-
nisprozesses betrachtet wird. Man könnte sagen, dass der Buddhismus nicht
nur in der Ethik einen vernünftigen Kern erblickt, Ethik und Vernunft erweisen sich letztlich als dasselbe. Der „Ort" der Vernunft ist jedoch keine
jenseitige Macht, sondern das Individuum: In ihm gründet die Ego-Verblendung, damit auch deren Erkenntnis und schließliche Überwindung.

Die Ökonomie des 19. und des 20. Jahrhunderts – sowohl die liberale als auch die sozialistische – war gekennzeichnet durch den Gegensatz von Staat und Markt. Die liberale Ethik geht von egoistischen Individuen aus, deren Wettbewerb auf den Märkten zu einem stabilen, sich selbst organisierenden Marktsystem führen soll. F. A. von Hayek hat die These vertreten, dass die „Vernunft des Marktes" jedes einzelne Bewusstsein übersteigt und deshalb der Markt in seinen Funktionen nicht verbessert werden könne.[22] Sozialistische Ethiken bestreiten das. Sie gehen davon aus, dass Märkte ohne Staat überhaupt nicht funktionieren können und deshalb weitgehend durch staatliche Aufgaben ersetzt werden sollen. Auch die katholische Soziallehre sieht in der staatlichen Ordnung ein höheres Prinzip, das respektiert werden müsse.

Gemeinsam ist diesen Auffassungen, dass sie entweder dem Markt oder dem Staat eine Vernunft zuschreiben, die prinzipiell die Vernunft der einzelnen Menschen übersteigt, weshalb die Individuen sich in ihrem Verhalten entweder dem Markt oder dem Staat unterzuordnen hätten – auch dann, wenn Millionen Menschen und andere Lebewesen darunter vielfältig leiden. Kommunisten vertrösteten die Menschen (sofern sie ihnen nicht als Klassenfeinden das Leben nahmen) auf die Zukunft, die das Paradies für die Werktätigen verwirklichen sollte. Aber auch neoliberale Ökonomen lieben es, den Politikern „schmerzhafte Reformen" zu empfehlen, mit dem uneingelösten Versprechen, *langfristig* werde der Markt seine Segnungen für alle entfalten. Das 20. Jahrhundert lieferte für diese schlechten Apologien des Staates und des Marktes in einem bislang unbekannten Ausmaß Beispiele. In den 90er Jahren des vorigen Jahrhunderts schien der Glaube an die höhere Macht des Marktes, unbeeindruckt durch vergangene Erfahrungen, wieder einmal einen Sieg davon getragen zu haben. Die dramatischen Wirtschaftskrisen in Asien, Russland und Südamerika und die gegenwärtige globale Finanz- und Wirtschaftskrise nach dem Zusammenbruch der *New Economy* und dem allgemeinen Crash an den Märkten sind aber dabei, hier das Pendel wieder in die andere Richtung ausschlagen zu lassen.

---

22 Vgl. K.-H. Brodbeck, Die fragwürdigen Grundlagen des Neoliberalismus. Wirtschaftsordnung und Mark in Hayeks Theorie der Regelselektion, Zeitschrift für Politik 48 (2001), S. 49-71.

Der Liberalismus und der Kommunismus sind *formal* immer noch ein heimlicher Theismus, ein Glaube an eine Gottheit, wenn sie der staatlich-kollektiven „Vernunft" (verkörpert in der Kommunistischen Partei) oder der „Vernunft" des Marktes eine gottähnliche Autorität zuschreiben. Der Buddhismus formuliert dagegen eine konsequent *nicht-theistische* Ethik. „Nichttheismus" heißt, dass im Buddhismus weder dem Staat noch dem Markt eine innere, höhere Vernunft eingeräumt wird. Der Buddhismus ist somit *mittlerer* Weg, der die Extreme vermeidet. Das bedeutet nicht, einen lauwarmen Kompromiss zwischen Staat und Markt zu befürworten, sondern *beide Begriffe* als *täuschende Abstraktionen* zu erkennen, denen getrennt vom menschlichen Handeln und Erkennen keine selbständige Existenz zukommt.

Die buddhistische Wirtschaftsethik lehnt es ab, fiktive Wesenheiten wie „Markt" und „Staat" vorauszusetzen, denen man dienen müsse und die es rechtfertigen würden, unheilvolle Mittel einzusetzen. Der junge Karl Marx hat in diesem Zusammenhang einmal einen urbuddhistischen Satz formuliert: „Aber ein Zweck, der unheiliger Mittel bedarf, ist kein heiliger Zweck."[23] Es gibt keinen Zweck, der unheilvolle Mittel rechtfertigt. Es gibt keinen staatlichen oder wirtschaftlichen „Sachzwang", der es rechtfertigt, Menschen oder anderen Lebewesen im Namen abstrakter Prinzipien Leid zuzufügen.

„Sachzwänge", „objektive Tatsachen" usw. sind in der sozialen Welt, in der menschlichen Gesellschaft, die das Ergebnis von menschlichen Handlungen ist, letztlich Illusionen. Der Grund gesellschaftlicher Strukturen liegt im Handeln, das Handeln wiederum beruht auf einer (teils irrtümlichen) Wahrnehmung der Welt, nicht auf jenseitigen Ordnungsprinzipien. Weil es keine *transzendenten* Prinzipien gibt, die im Markt oder im Staat wirksam sind, weil also die Welt das Resultat von *Handlungen* ist, die in einer bestimmten Wahrnehmung der Welt gründen, deshalb kann man die Welt auch verbessern, deshalb kann man das Leiden mindern.

Dieses Ziel von Reformen, von Verbesserungen der Lebenssituation für Menschen und andere Lebewesen, wird aber nur erreicht, wenn man die *Ursachen* des Leidens erkennt. Und diese Ursachen gründen im menschlichen

---

23 K. Marx, MEW 1, S. 60.

Handeln, nicht in einem guten/bösen Markt oder einem guten/bösen Staat. Weder der Markt noch der Staat besitzt eine sittliche Substanz oder ist die Verkörperung einer „sittlichen Idee". Die Ethik hat damit nur einen einzigen Ort: Den Geist jedes Individuums. „Changes in the state of the world depend on individual behaviour", sagt der Dalai Lama.[24]

Das Leiden in der Welt beruht nach buddhistischer Auffassung auf einer jeweils individuell reproduzierten Täuschung. Deshalb kann die Welt, können die Menschen verändert werden, weil der Grund des Leidens *kognitiv*, nicht *ontologisch* ist. Die Menschen können sich selbst verändern. Der Buddhismus ist somit auch als Wirtschaftsethik ein Weg der *Selbstbefreiung*. Durch ein Vertrauen auf „Mechanismen" gelingen Veränderungen nicht. Die Befreiung vom Leiden nimmt uns weder ein Staat, eine Religion noch der Markt ab. Zur Veränderung der Welt, zur Minderung des Leidens muss man vielmehr die Wahrnehmung und die Erkenntnis verändern. Wer sich lediglich auf eine „höhere Vernunft" des Staates oder des Marktes beruft und zu einem *Verzicht* von Handlungen, die das Leiden mindern, aufruft, der erliegt nach buddhistischer Auffassung einer schlichten Täuschung. Die buddhistische Wirtschaftsethik ist also vor allem eine Methode der Erkenntnis, die Täuschungen beseitigt und damit die Hoffnung birgt, die unheilvolle Mechanik der Märkte und der politischen Auseinandersetzungen zu *verhindern* – durch die Vernunft und Erkenntnis möglichst vieler Menschen. Jeder einzelne ist zur Erkenntnis befähigt und deshalb auch der Adressat der buddhistischen Ethik.

---

24   Dalai Lama, Imagine All the People. A Conversation with the Dalai Lama on Money, Politics, and Life as It Could Be, Boston 1999, S. 37.

2 Grundzüge der buddhistischen Philosophie

Da moralische Fragen im Buddhismus untrennbar sind von der *Erkenntnis*, gründet auch die Ethik in der Erkenntnistheorie. Ich möchte deshalb zuerst einige Grundzüge der buddhistischen Philosophie skizzieren, die auch als methodische Prinzipien für ethische Fragestellungen von zentraler Bedeutung sind. Diese Skizze kann nur sehr knapp ausfallen und verzichtet weitgehend auf ausführliche Belege der angeführten Gedanken.[25]

2.1 Buddhistische Erkenntnistheorie

Die buddhistische Philosophie erfüllt zwei Funktionen. *Erstens* orientiert sie sich fast ausschließlich oder überwiegend an einer praktischen Aufgabe: Sie zielt darauf, das Leiden der Lebewesen zu mindern und Wege zu eröffnen, die diesem Ziel dienen. Um dies zu erreichen, versucht die buddhistische Philosophie *zweitens* die Aussagen über die von Buddha gewonnene Erkenntnis zu systematisieren, zu vertiefen, zeitgemäß zu adaptieren und strittige Fragen zu klären. In der Sprache der abendländischen Tradition formuliert, ist der Buddhismus also *praktische Philosophie*. Das schließt metaphysische Fragen nicht aus. Doch alle philosophischen Erörterungen dienen letztlich dazu, Erkenntnisse tatsächlich *erfahrbar* zu machen und zu praktizieren. Buddha drückt das so aus: Wenn jemand von einem vergifteten Pfeil getroffen wird, dann muss man den Pfeil herausziehen, nicht umfangreiche Erörterungen über die Natur von Giften und ihre Wirkung auf den Organismus anstellen.

---

25 Vgl. hierzu: T. Stcherbatsky, Erkenntnistheorie und Logik nach der Lehre der späteren Buddhisten, München-Neubiberg 1924; ders., Buddhist Logic, zwei Bände, Delhi 1984; S. Mookerjee, The Buddhist Philosophy of Universal Flux, Delhi 1975; A. Klein, Knowledge and Liberation, Ithaca-New York 1986; E. Frauwallner, Die Philosophie des Buddhismus, Berlin 1994; K.-H. Brodbeck, Der Spiel-Raum der Leerheit aaO., ders. Der Zirkel des Wissens aaO., Kapitel 3.9: „Einführung in die buddhistische Erkenntnistheorie".

2.1.1 Mittlerer Weg

Die in der abendländischen Tradition gebräuchlichen *Dualitäten* – ich habe das kurz am Beispiel des Gegensatzes von Markt und Staat diskutiert – haben im Buddhismus nur eine eingeschränkte oder vorläufige Gültigkeit. Der Buddhismus ist eine Denkform des *mittleren Weges*, der alle Extreme vermeidet. „Mitte" ist hierbei keineswegs so etwas wie Mittelmäßigkeit, die sich ein eindeutiges Urteil nicht auszusprechen wagt. Vielmehr beruht die Grundeinsicht des Buddhismus darauf, dass alle Dualitäten, alle Extreme auf einem *Irrtum* beruhen. Dualitäten trennen nicht nur Zusammengehöriges, sie isolieren die Extreme und schreiben ihnen ein selbständiges Sein zu. „Mittlerer Weg" ist deshalb kein Weg *zwischen* extremen Auffassungen, sondern ein praktisch-erkennender Weg, der Extreme vermeidet. Es gibt deshalb im Buddhismus keine der herkömmlichen Trennungen wie die zwischen Subjekt und Objekt, Faktum und Wert, Theorie und Praxis, Sein und Schein, Sinn und Sinnlosigkeit, heilig und profan etc.

2.1.2 Die zwei Wahrheiten

Genauer gesagt: Die Dualitäten des Denkens haben im Buddhismus nur eine *relative* oder eine *konventionelle* Bedeutung. Man unterscheidet hier zwischen einer relativen und einer endgültigen Wahrheit. „Relativ" ist jede Aussage, die Dualitäten verwendet. Was immer erkannt wird, worauf immer sich das Handeln der Menschen richtet, es wird schon etwas anderes vorausgesetzt und unterschieden. Es gibt in dieser relativen Welt der Beziehungen keinen Anfang, keinen letzten Grund. Die Welt des Denkens und der Erfahrung ist ein Kreislauf (*samsara*), in dem eines vom anderen abhängig ist. Die *absolute Wahrheit* besteht in der Erkenntnis, dass es in dieser Welt relativer Abhängigkeiten *keinen letzten Grund* gibt. „Absolut" heißt diese Erkenntnis, weil sie die Bedingtheit der relativen Erkenntnisse durchschaut, ohne darin selbst gefesselt zu sein.

2.1.3 Apoha-Prinzip

Daraus ergibt sich für das Denken eine wichtige Konsequenz: Man kann keine Sache, keinen Gegenstand endgültig oder *positiv* definieren. Gewiss lassen sich in einem konventionellen Sinn Begriffe *relativ* festlegen. Doch handelt es sich hierbei nicht um Definitionen des Wesens von Dingen. Gleichwohl sind Begriffe nicht bloße Namen („Nominalismus"), denn auch „Name" ist eine solche Wesensdefinition. Es gilt auch hier der mittlere Weg: Begriffe sind weder durch Wesensdefinitionen festzulegen, noch sind Begriffe *bloße* Namen. Von allen Erscheinungen, von allen Gedanken lässt sich nur sagen, was sie *nicht* sind. Damit ist ausgedrückt: Alle Phänomene sind voneinander abhängig. Wenn man deshalb sagen will, *was* etwas seinem Wesen nach ist, dann kann man dies nur *negativ* tun: Es lässt sich nur sagen, was etwas *nicht* ist. Ein Hund ist keine Katze, kein Pferd, aber auch kein Stein und kein Einkommensteuertarif. Was aber ein Hund letztlich, wesentlich oder endgültig ist, das lässt sich nicht *sagen*.

Dieses Prinzip wurde von Dignaga und Dharmakirti eingeführt und heißt „Apoha-Prinzip". Begriffe erfüllen eine konventionelle Funktion, sind eingebettet in das alltägliche Handeln. Deshalb erfolgen Definitionen, sagt Vashubandhu im Abhidharma-Kosa, „nicht durch Selbstnatur oder Wesensbestimmungen, sondern sind Definitionen durch *Funktion*".[26] Alle Definitionen sind *offen*. Das Apoha-Prinzip beschreibt sowohl die relative Funktion täuschender Begriffe wie das Prinzip der Kreativität des Denkens:[27] Wenn es keine endgültigen Definitionen gibt, dann ist die Wirklichkeit dynamisch, und die Begriffe leben und funktionieren mit den menschlichen Handlungen. Die Begriffe stehen weder für ein metaphysisches Sein (Essentialismus), noch sind sie als

---

26 Vashubandhu, Abhidharma-Kosa; ed. L. M. Pruden Vol. II, Berkeley 1989, S. 422; meine Übersetzung. Der Abhidharma-Kosa ist ein Kommentar zum Kompendium buddhistischer Philosophie = Abhidharma, dem dritten „Lehrkorb" im traditionellen Buddhismus (Tripitaka), neben den Lehrreden Buddhas (Sutras) und den Regeln für Mönche und Nonnen (Vinaya).

27 Vgl. K.-H. Brodbeck, Mut zur eigenen Kreativität, Freiburg-Basel-Wien 2000, S. 11ff.

bloße Namen nichtig und beliebig veränderbar (Nominalismus), weil sie eine konventionelle, soziale Funktion erfüllen.

2.1.4 Leerheit, gegenseitige Abhängigkeit und Karma

Was für die Begriffe und die Erkenntnis zutrifft, gilt für *alle* Phänomene. Kein Ding ist das, was es ist, aus sich selbst. Jedes Phänomen ist abhängig von anderen Phänomenen. Wenn aber kein Ding aus sich selbst existiert, dann *ist* es auch nichts für sich selbst. Es hat kein unabhängiges Sein oder Wesen. Im Buddhismus sagt man: Allen Phänomenen (die Philosophen sprechen vom „Seienden") ist es eigentümlich, nicht *aus sich selbst* zu existieren; ihnen fehlt die „Selbstnatur" (*svabhava*). Oder: Alle Phänomene sind *leer* an einem isolierten, nur jeweils dem einzelnen Phänomen zukommenden Wesen. Dieses Prinzip heißt „Leerheit" (*sunyata*). Es drückt zwei Gedanken in einem aus: *Erstens* alle Phänomene sind voneinander abhängig; eben deshalb sind *zweitens* alle Phänomene leer an einer unabhängigen, getrennten Existenz. Die *relative Wahrheit* der gegenseitigen Abhängigkeit ist der vorläufige Ausdruck für die *endgültige Erkenntnis*: Alle Phänomene sind leer.

Die Leerheit ist aber nun nicht ihrerseits ein *negatives Prinzip* („das Nichts"). Vielmehr ist damit gesagt, dass alle Phänomene in einer und als eine Offenheit existieren, in der nichts endgültig festgelegt, definiert oder fixiert ist. Die Wirklichkeit ist, abendländisch ausgedrückt, nicht ein Sein, sondern ein *offener Prozess*. In diesem Prozess gibt es Ursache und Wirkung, gegenseitige Abhängigkeit und Dualität in einem *relativen* oder *konventionellen* Sinn. Der Buddhismus leugnet also nicht, dass es eine *Wirklichkeit* gibt. Im Gegenteil. Alle Wirklichkeit ist ein *Wirken*, setzt also die relative Beziehung von Ursache und Wirkung voraus. Der Sanskrit-Ausdruck dafür lautet „Karma".[28] Wenn alle Phänomene

---

28 Zur Entwicklung der Karma-Theorie und ihren revolutionären Charakter zum Zeitpunkt ihrer Einführung vgl.: „If the moral quality of an action solely and irrevocably determines the future, man becomes the captain of his destiny; the priest and sacrifice, then, cease to be indispensable. More serious, through sacrifice one hoped to win divine favour; but if the ‚acts' of a man were omnipotent, where, indeed, would divine favour be? And if the gods did not possess the power of independent grace, were not sacrifice and prayer useless? Further, the births of the gods had been spoken of; had, then, the gods a previous life? And if the divine status was an effect of karman, how could it be immortal?" G. C. Pande, Studies in the

voneinander abhängig sind, dann bleibt keine Veränderung ohne Wirkung. Das wird auch „Karmagesetz" im buddhistischen Sinn genannt. Da dies aber für *alle* Phänomene gilt, ist das Ganze aller Phänomene unbestimmt, offen, ein Prozess. Die Leerheit ist dynamisch, jenseits von Subjekt und Objekt, sie zeigt sich aber auch in der verdunkelten Perspektive der Subjekt-Objekt-Dualität als Offenheit natürlicher und historischer Entwicklungsprozesse: als Zufall in der Natur oder als Freiheit und Kreativität der Menschen.

2.2 Die Wahrheit des Leidens

2.2.1 Die empirische Tatsache des Leidens

Die Grunderfahrung im Buddhismus ist das Leiden aller Lebewesen. Das Leiden ist keine metaphysische These, sondern eine Erfahrung, die einzige *todsichere* Erfahrung. Was auch immer jemand an Glück erfahren haben mag in dieser Welt und in seinem Körper: Dieses Glück muss enden, spätestens mit dem Tod, meistens viel früher durch Alter und Krankheit. Doch auch in den weniger dramatischen Alltagserfahrungen zeigen sich immer wieder vielfältige Enttäuschungen und geplatzte Hoffnungen – nicht zuletzt in den Crashs und Krisen der Wirtschaft. Dem Wunsch nach Glück steht eine schlichte Erfahrung entgegen: Niemand vermag, verkörpert in der Welt lebend, dauerhaft glücklich zu sein und die Voraussetzungen für sein Glück festzuhalten. Das Leiden ist eine empirische Tatsache. Im Sinn einer *Wirtschaftsethik* genügen die in der Einleitung bereits gegebenen Hinweise, die unglücklicherweise beliebig ergänzbar sind (vgl. 1.2).

2.2.2 Die Erklärung des Leidens

Warum gibt es überhaupt Leiden? Zur Beantwortung dieser Frage müssen wir zunächst den Begriff klären. Etwas „erleiden" heißt ganz allgemein: *Abhängig sein* von etwas anderem. Zur bloßen Abhängigkeit kommt die *Erfahrung* dieser Abhängigkeit hinzu. Menschen und Tiere leiden nicht nur, weil sie faktisch

---

Origins of Buddhism, Delhi 1999, S. 286f.

abhängig sind von anderen Dingen, die sie *letztlich* nicht kontrollieren können (wie die Lebensfunktionen des eigenen Körpers im Sterbeprozess), sie leiden, weil diese Abhängigkeit auch ein *Gefühl* enthält. Die Abhängigkeit von Nahrung, der Zuneigung anderer, der Umgebung usw. wird körperlich empfunden und gefühlt, selbst bloße Gedanken lösen Gefühle aus. Das Leiden ist deshalb auch die *sinnliche, körperliche Erfahrung* jenes Grundsatzes der buddhistischen Philosophie, dass alle Phänomene gegenseitig abhängig sind (*pratityasamutpada*). Die Erfahrung des Leidens ermöglicht also unmittelbar einen Zugang zur Erkenntnis gegenseitiger Abhängigkeit, damit letztlich der Leerheit.

Dies war auch der Weg Buddhas. Buddha war überwältigt von der Erfahrung des Leidens, das ihm besonders deutlich vor Augen trat, weil sein Vater in seiner Jugend alles tat, diese Erfahrung von ihm fern zu halten. Je größer der Unterschied, desto deutlicher kann eine Sache erkannt werden. In den tradierten Schriften (*Sutras*) wird berichtet, dass Buddha als Sohn eines Königs aufwuchs, der ihn in seinem Palast einsperrte, zugleich aber mit allen nur erdenklichen Sinnesfreuden überhäufte, um jeden Mangel fernzuhalten und alle seine Bedürfnisse zu befriedigen. Als Buddha eines Tages doch den Palast verließ, weckte das Leiden der gewöhnlichen Menschen in den Dörfern so sehr sein Mitgefühl, dass er sich entschloss, ein Leben als Wanderasket zu führen, um die Ursachen für dieses Leiden zu entdecken.

Nach vielen Entbehrungen und asketischen Übungen fand Buddha einen mittleren Weg zwischen Askese und einem Leben in Ausschweifung, und er gewann schließlich eine sehr tiefgründige Erkenntnis von der Natur des Leidens. Durch diese Erkenntnis (*bodhi*) wurde er zu einem „Erkennenden" oder einem „Erwachten" – einem Buddha. Ein Buddhist ist jemand, der diese Erkenntnis Buddhas für sich selbst aus eigener Erfahrung des Leidens nachvollziehen möchte. Buddhist wird man also nicht durch einen Akt des Glaubens oder das Erlernen einer Theorie, sondern durch eine *praktizierte Erkenntnis*.

Buddha hat aber nicht nur die Universalität des Leidens und die gegenseitige Abhängigkeit aller Phänomene entdeckt, er hat vor allem erkannt und erklärt, *weshalb* diese gegenseitige Abhängigkeit *als* Leiden erfahren wird. Die Tatsache, von etwas abhängig zu sein, ist offenbar nur ein notwendiger, kein hinreichender Grund für die Erfahrung von Leiden. Wer von der Zuneigung anderer Menschen abhängig ist und diese Zuneigung auch tatsächlich erfährt, der ist vermutlich *glücklich*. Die gegenseitige Abhängigkeit aller Dinge ist also sowohl für Glück wie für Leid verantwortlich. Weshalb dominiert dann aber letztlich immer (und das *todsicher*) die Erfahrung des Leidens?

Buddhas Antwort ist einfach: Der Grund ist eine *Täuschung*. Sie beruht auf einem Mangel an Wissen und führt zu einer falschen Wahrnehmung der Welt. Die Menschen existieren nicht zuerst als Menschen und unterliegen dann, wie nebenbei, auch noch so etwas wie einer Täuschung. Vielmehr ist dies, ein Lebewesen zu *sein*, selbst ein Prozess der Täuschung. Das klingt dunkel, und es ist auch sehr schwer, die volle Tragweite dieser Erkenntnis zu sehen – deshalb gibt es nicht besonders viele Buddhas unter den Menschen. Dennoch ist der Grundgedanke relativ einfach verstehbar.

Ein Mensch zu sein heißt, in einem *grundlegenden* Nichtwissen (*avidya*) gefangen zu sein. Weil dieses Nichtwissen jedoch beim Menschen den Charakter eines *Irrtums* besitzt, deshalb kann man ihn auch beseitigen. Auch andere Lebewesen unterliegen einem grundlegenden Nichtwissen. Ihnen fehlt aber durch eine schwach entwickelte Vernunft die Möglichkeit, dieses Nichtwissen aus eigener Kraft zu durchschauen. Ein Irrtum ist immerhin schon eine Form vernünftiger Einsicht, allerdings eine *verkehrte*. Nur wer die Fähigkeit besitzt, etwas *erkennen* zu können, kann sich auch *täuschen*. Das Nichtwissen offenbart als Täuschung damit etwas ganz anderes.

Worin besteht diese Täuschung? Sie besteht, negativ ausgedrückt, darin, dass die gegenseitige Abhängigkeit aller Phänomene, dass die *Leerheit* nicht erkannt wird. Dieses Nichtwissen, die Unwissenheit ist deshalb nicht etwas *Passives*, sondern selbst sehr aktiv. „Es kann keinen größeren Fehler geben, als zu denken, dass Unwissenheit irgendetwas Dumpfes oder Blödes sei, dass sie passiv sei oder ein Mangel an Intelligenz. Im Gegenteil. Sie ist gewieft und aalglatt, geschmeidig und genial im Spiel der Täuschung. (...) Unter Einsatz unserer ganzen Intelligenz rechtfertigen wir also unsere falschen Sichtweisen und konstruieren um uns herum ein sorgfältiges geschütztes, undurchdringliches Abwehrsystem.“[29]

Die Aktivität dieses Nichtwissens hat den Namen „Ego“. Wir Menschen glauben, wir hätten eine individuelle Existenz *nur für uns selbst*. Weil wir das glauben und weil im Gegenteil die Welt abhängiger Phänomene ein unaufhörlicher Prozess des Wandels ist, deshalb entsteht ein Widerspruch zwischen unserem Glauben an ein dauerhaftes Ego und der Erfahrung des Wandels. Die alltäglichen Erfahrungen *widersprechen* unserem Glauben. Dennoch behalten wir diesen Glauben bei. Und eben deshalb *leiden* wir.

Man kann diesen aktiven Irrtum nicht nur beim Menschen beobachten. Auch Tiere haben so etwas wie einen Selbsterhaltungtrieb. Richard Dawkins spricht vom „egoistischen Gen“. Das ist eine terminologische Übertreibung; dennoch liegt darin eine einfache Wahrheit: Es gibt auch in der Natur eine unaufhörliche Tendenz der *Selbstbehauptung* von Strukturen. Die genetische Reproduktion hat *formal* tatsächlich eine ähnliche Struktur wie der Ich-Irrtum. Der Widerspruch zwischen dem Bestreben, sich zu erhalten, und einer sich wandelnden Umwelt ist der Grund für den Prozess der Evolution des Lebendigen.

Die Verblendung des Nichtwissens hat also sehr tiefe Wurzeln. Der buddhistische Philosoph Vashubandhu spricht vom „angeborenen Ich-Wahn“,[30] wie er mit der Selbsterhaltungstendenz des Körpers geboren wird. Das bewusste Ego als Denk-Prozess überlagert und kontrolliert diesen Ich-Wahn. Das bedeutet, dass der Ego-Prozess nicht *leicht* zu durchschauen ist. Die Überwindung des Leidens ist somit keine einfache Aufgabe, die in einem Wochenend-Seminar bewältigt werden könnte. Deshalb sagt Buddha, auf dem von ihm gelehrten Weg ist „die Praxis eine allmähliche, ist die Betätigung eine allmähliche, ist der Pfad ein allmählicher, und es gibt kein plötzliches Vordringen zur vollen Erkenntnis.“[31] Auch für Fragen der *Wirtschaftsethik* ist somit Geduld eine wichtige Tugend. „Revolutionäre“ Lösungen, gleich welcher Art,

---

29 Sogyal Rinpoche, Die Zukunft des Buddhismus, Bern-München-Wien 2001, S. 79f.
30 Nach: Frauwallner, Die Philosophie des Buddhismus, Berlin ⁴1994, S. 44.
31 Udanam V, 5. Was übrigens nicht ausschließt, dass es auf diesem Weg immer wieder plötzliche, überraschende Wendungen und Einsichten gibt. Auch hier gilt: Die Extreme „plötzlich“ und „allmählich“ gehören zur Welt der Täuschung.

verkennen die Struktur der ethischen Aufgabe und sind deshalb auch nahezu immer historisch gescheitert. Es geht hierbei primär um die schrittweise Verwandlung der *Wahrnehmung* und des *Denkens*, nachgelagert um die Reform von Institutionen.

2.2.3 Die Psychologie der Selbsttäuschung[32]

Das Leiden der Menschen beruht, wie sich zeigte, auf einer falschen Wahrnehmung, auf einem Erkenntnisirrtum. Dieser Irrtum drückt sich im Ich-Gedanken aus. Wir gehen davon aus, ein dauerhaftes Ego für uns selbst zu haben oder zu sein. Da wir aber faktisch auf vielfältige Weise von anderen Menschen, Lebewesen und der Umgebung abhängig sind, kann sich dieser Irrtum nur behaupten, wenn man auf die Veränderungen der umgebenden Situation immer wieder neu reagiert. Das Ego ist keine „Substanz", sondern ein unaufhörlicher Kampf. Die Illusion des Egos – Ausdruck des Nichtwissens – ist *aktiv*. Die Aktivität des Egos entfaltet sich in zwei grundlegenden Emotionen, in denen es seinen Prozess aufrechterhält: Durch Begierde und Aggression.

Weil ein dauerhaftes, bleibendes Ich eine leere Illusion ist, muss sich diese Illusion – wie der Körper – unaufhörlich von etwas Fremdem ernähren. Das entfaltet sich als *Begierde*. Man ergreift Menschen, Gedanken, Dinge und verwandelt sie in ein Mein: Mein Beruf, meine Frau, mein Haus, meine Kinder, mein Geld, mein Leben. Das, was wir mit „mein" bezeichnen, begrenzt das Territorium des Egos. Dieses Territorium ist aber nichts Dauerhaftes, sondern einem unaufhörlichen Wandel unterworfen, weil alles, was wir ergreifen oder besitzen, durch etwas anderes bedingt ist. Die *negative Verteidigung* des Ego-Territoriums entfaltet sich als *Aggression* oder als Hass; in milderen Formen als Gleichgültigkeit, Abneigung oder Ablehnung. Die Illusion des Ichs, die Täu-

---

32 Die in diesem Abschnitt angesprochenen Themen gehören traditionell zum Abhidharma im Buddhismus: Vashubandhu, Abhidharma-Kosa; ed. L. M. Pruden, Berkeley 1989, Bd. I, S. 63ff.; vgl. Vashubandhu, A Discussion of the Five Aggregates; in: S. Anacker (ed.), Seven Works of Vashubandhu, Delhi 1986. Zur psychologischen Deutung vgl. Tschögyam Trungpa, Jenseits von Hoffnung und Furcht. Gespräche über Abhidharma, Wien 1978; siehe auch: S. D. Goodman, Situational Patterning, Crystal Mirror Vol. III, Emeryville 1974, S. 93-101.

schung des Nichtwissens ist also nicht etwas Statisches, sondern ein Prozess, in dem sich das Ego unaufhörlich in wechselnden Situationen durch Ergreifen oder Ablehnen selbst zu definieren und damit zu erhalten versucht. Das Ich ist etwas, was sich als situativer Prozess reproduziert.

Als Modell für diesen situativen Prozess verwendet man im Buddhismus die *fünf Skandhas*. Es sind einfach fünf zentrale Aspekte, in denen man diesen Prozess und damit die Dynamik der Ich-Täuschung darstellen kann. In diesem Modell ist eine Situation charakterisiert durch (1) Sinnesgegenstände, wozu auch unser Körper gehört, (2) durch Emotionen und Stimmungen, (3) durch das aktive Wahrnehmen und Unterscheiden verschiedener Aspekte einer Situation, (4) durch die gewohnten Bewegungsmuster und (5) durch Denkprozesse.

Diese fünf Skandhas sind *Aspekte* einer ganzen, dynamischen Situation. Man kann sie nicht trennen. Um eine Form *als* Form zu erkennen, muss sie in der Wahrnehmung erscheinen, die sich wiederum auf Erinnerungen, Erfahrungen, Gedanken stützt und von Gefühlen begleitet wird. Auch die gewohnten Bewegungsmuster umfassen alle fünf Skandhas, denn es gibt Bewegungen in vielfältigen Formen. Die fünf Skandhas drücken eigentlich die jeweils besonders aktualisierte Achtsamkeit aus, allerdings nicht in reiner, sondern in einer illusionären, mit Gewohnheiten durchsetzten Dynamik.

Durch die fünf Skandhas lässt sich die Verblendung als Prozess mit exakter Struktur darstellen. Man kann diesen Prozess deshalb erkennen und verändern. Es gibt im Buddhismus nicht eine Seele mit bestimmten festen, angeborenen Eigenschaften. Die Psyche ist ein Prozess. Die fünf Skandhas kann man deshalb auch als fünf Phasen des Ego-Prozesses beschreiben. Ich möchte das kurz an einem Beispiel erläutern:

1. Skandha (sinnliche Erscheinung): Ich begegne jemand auf der Straße.
2. Skandha (Emotion): Der Anblick löst in mir eine angenehme, freudige Stimmung aus.
3. Skandha (Wahrnehmung, Unterscheidung): Auf der Basis dieser Emotion unterscheide ich diese Person von anderen Menschen, die auf der Straße unterwegs sind; ich erkenne diese Person *als* meinen Freund Peter.

4. Skandha (Gewohnheitsmuster): Ich gehe auf ihn zu, begrüße und umarme ihn.

5. Skandha (Denkprozesse): Während der Wahrnehmung spreche ich innerlich zu mir selbst („das ist doch Peter!") oder es tauchen Bilder der Erinnerung auf.

Derartige Prozesse verlaufen sehr rasch. Vor allem die Denkprozesse spielen hierbei eine zentrale Rolle. Durch einen endlosen inneren Dialog begleiten wir die abwechselnde Dynamik von sinnlicher Wahrnehmung, Gefühl und gewohnter Reaktion. Während wir handeln und denken, üben wir bestimmte Gewohnheitsmuster ein. Die Summe aller eingeübten Gewohnheitsmuster (*samskara*) bildet das *Karma* oder die karmischen Muster. Man gewöhnt sich daran, bestimmte Dinge auf diese oder jene Weise zu interpretieren, wahrzunehmen und darauf gegründet zu handeln. Hinzu kommt der begleitende Denkprozess, der all diese Erfahrungen nach „mein" und „dein" taxiert, Dualitäten wie „gefällt mir", „gefällt mir nicht" einübt und dies durch vielfältiges inneres „Ich-Sagen" verfestigt.

Dass sich darin ein *täuschender Prozess* vollzieht, erkennt man schon daran, dass *jeder* zu sich selbst das Wort „Ich" sagt. Das Ich ist also nichts besonderes, sondern etwas ganz Massenhaftes und Gewöhnliches. Jeder ist solch ein Ich. Jeder handelt aufgrund von Erfahrungen mit Dingen der Umgebung, um sie nach „mein" und „dein" einzuteilen, mit „das mag ich" oder „das mag ich nicht" zu bewerten und ein rein fiktives Territorium des „Mein" aufzubauen. Millionen Menschen denken dieselben Wörter in denselben Sätzen, haben die gleichen Gefühle und klammern sich an die gleichen Dinge – doch jeder glaubt, er sei darin etwas ganz Besonderes und Einmaliges. Dieser Ich-Glaube kann sich natürlich auch hinter nationalen, ethnischen, religiösen, wirtschaftlichen, politischen oder wissenschaftlichen Identitäten verbergen: „Ich als Deutscher", „Ich als Christ, Buddhist oder Moslem", „Ich als Liberaler" usw. Schopenhauer sagt an einer Stelle seiner „Aphorismen zur Lebensweisheit" einmal: Wenn so ein armer Tropf gar nichts mehr ist oder besitzt, dann hat er immer noch eine Nation, auf die er stolz sein will. Von solcher Kargheit ist jeder Ich-Gedanke. Es ist ein leerer Schatten.

Gleichwohl ist dieser Prozess der Ich-Täuschung sehr mächtig und eine so stark verankerte Gewohnheit, dass man ihn trotz seiner Einfachheit gar nicht mehr bemerkt. Wie entsteht dieser Ego-Prozess? Der Zen-Meister Bankei sagt mit entwaffnender Einfachheit: Dadurch, dass die Kinder das verblendete Verhalten der Eltern nachahmen. Wir würden vermutlich ergänzen: durch die Schule, die Nachahmung von Menschen aus den Medien oder die wechselseitige Imitation der Kinder und Jugendlichen. Unsere Gewohnheitsmuster sind somit auch sozial und kulturell bedingt. Vor allem aber: Es ist nicht schwer, verblendet zu sein. Gleichwohl ist es sehr anstrengend, die Ich-Illusion aufrechtzuerhalten. Wir verschwenden unendlich viel Zeit damit, unseren Begierden nachzujagen oder unsere kleinen Feindschaften, Wutanfälle oder unser Beleidigtsein und Selbstmitleid zu pflegen. All dies ist eine Form des Ego-Prozesses.

Halten wir fest: Die Ego-Täuschung beruht auf dem Nichtwissen darüber, dass alle Phänomene, alle Erfahrungen voneinander abhängig sind und es keine isolierte Insel in der Welt gibt. Es gibt keine Ich-Substanz und keine Substanz der Dinge, nur eine Vielfalt ineinander verflochtener, dynamischer Prozesse. Das Nichtwissen ist also nicht statisch, es reproduziert sich durch viele Gedanken und Handlungen, die das Ego-Territorium verteidigen – entweder durch das begehrliche Ergreifen oder die aggressive Ablehnung von Menschen und Dingen.

Das Ego selbst, das sich auf die fünf Skandhas stützt, ist *leer*. Im wohl bekanntesten Sutra des Buddhismus, dem „Herz-Sutra", werden die fünf Skandhas als *leer* bezeichnet. Das heißt: Sie haben keine getrennte Substanz für sich, sondern sind ein *Prozess*, der sich unentwegt selbst erzeugen muss. Da das Ego nichts für sich selbst ist, sondern in dieser blinden Dynamik auf einem fundamentalen *Nichtwissen* beruht, muss es sein fiktives Territorium unaufhörlich *ausweiten* oder *verteidigen*. Das Bestreben nach Ausweitung zeigt sich in der *Begierde*, die von der vergeblichen *Hoffnung* angetrieben wird, die eigene Leere zu erfüllen. Die *Verteidigung* des Ego-Territoriums zeigt sich als *Aggression*, innerlich durch Furcht und Angst begleitet. Emotional schwankt das Ego beständig zwischen dumpfer Unwissenheit, greifender Begierde und aggressiver Selbstverteidigung; der begleitende Denkprozess ist unaufhörlich zwischen Hoffnung und Furcht hin- und hergerissen.

Diese illusionäre Dynamik der Aufrechterhaltung des Ego-Territoriums bezeichnet man im Buddhismus als die *drei Gifte: Unwissenheit, Begierde, Aggression*. Sie gründen in der Unwissenheit, der verdunkelten Achtsamkeit, und entfalten darauf gestützt ihre Gewohnheits-Dynamik. Die Achtsamkeit, das eigentliche „Selbst", ist nicht verschwunden, sondern latent in den Gewohnheiten des Ego-Prozesses gegenwärtig – wie der blaue Himmel hinter den Wolken. Diese drei Gifte verdecken also etwas, und sie sind *bedingt*. Sie sind nicht dauerhaft. Mehr noch. Wir müssen deshalb unaufhörlich *aktiv* sein, um diese drei Gifte und damit unseren Ego-Prozess in Bewegung zu halten, um die fünf Skandhas wie ein Rad im Kreise zu drehen. Eben deshalb kann man aber auch diesen Prozess der Verblendung *verändern*. Weil die Verblendung etwas ist, das wir *machen*, deshalb können wir es auch *lassen*. Die Quelle zu dieser Veränderung, die Achtsamkeit – die sich auf den nachfolgenden Seiten als Mitgefühl zeigen wird – ist schon da.

3 Ethik

3.1 Die Grundstruktur der buddhistischen Ethik

Als Buddha herausgefunden hatte, wie das Leiden funktioniert und was seine Ursachen sind, hat er diese Einsicht in der Lehre von den „Vier Edlen Wahrheiten" zusammengefasst: (1) Der Wahrheit vom Leiden, (2) von seiner Entstehung und (3) Aufhebung, und (4) von den Wegen oder Methoden, diese Aufhebung zu erreichen. Die erste Wahrheit umfasst den bereits vorgestellten Gedanken, dass der Kreislauf des Egos, der Prozess der fünf Skandhas als *Leiden* erfahren wird. Das Leiden ist, wie wir feststellen konnten, als empirische Tatsache unabweisbar. Es beruht ganz allgemein auf einem Prozess der Verblendung, der Selbsttäuschung. Diese Einsicht, wie das Leiden bedingt und reproduziert wird, beschreibt Buddha als zweite edle Wahrheit. Wenn aber das Leiden immer wieder erneut durch eine falsche Wahrnehmung, durch eine Täuschung *entsteht*, dann kann man das Leiden mindern und individuell sogar gänzlich beseitigen, indem man das Nichtwissen (*avidya*) aufhebt und durch Erkenntnis (*vidya*) ersetzt. Diese Erkenntnis nennt Buddha die dritte edle Wahrheit. Die Aufhebung des Leidens durch einen Prozess, der von Erkenntnis geleitet wird, wurde nun im Buddhismus durch vielfältige Methoden und praktische Hinweise umgesetzt. Buddha selbst lehrte als vierte edle Wahrheit den achtfachen Pfad als Weg zur Aufhebung des Leidens. Dieser achtfache Pfad ist ein Programm zur jeweils *individuellen* Beendigung des Leidens (vgl. 3.3).

Buddha sagt nicht: Ihr *sollt* diesem Pfad folgen. Er sagt: *Wenn* ihr diesem Pfad folgt, *dann* könnt ihr das Leiden mindern oder sogar ganz beenden. Das ist die Grundstruktur der buddhistischen Ethik. Die buddhistische Ethik schreibt keine Gebote oder Verbote vor. Sie formuliert vielmehr *Regeln des Handelns*, die man aufgrund *eigener Erkenntnis* anwendet. Und man wendet sie an, wenn man verstanden hat, wie Leiden entsteht und bestrebt ist, dieses

Leiden zu mindern. Es gibt neben dem achtfachen Pfad eine Vielzahl weiterer praktischer Regeln im Buddhismus. Doch alle dienen letztlich dazu, die Einsicht in die gegenseitige Abhängigkeit aller Phänomene, in die Leerheit des Egos und aller Dinge zu gewinnen. Der *Mangel* an dieser Einsicht hingegen ist die Quelle des Leidens. Die buddhistische Ethik ist also von der *Erkenntnis*, von der buddhistischen Philosophie nicht zu trennen.

Buddha hat sich selbst nur als *Wegweiser* verstanden. Er fordert nichts, weder Gefolgschaft noch Glauben oder Gehorsam, sondern spricht eine Einladung zur Erkenntnis aus: „Komm und schau!"[33] Ob man seine Ratschläge annimmt oder nicht, muss jeder selber entscheiden. Um allerdings zu einem Erfolg zu führen, um das Nichtwissen zu beseitigen, muss man zuerst ein gewisses Vertrauen in die Lehre gewinnen und die in ihr enthaltenen Ratschläge *praktizieren*. Auf diesem Weg gibt es deshalb viele Stufen, damit ein langsames Fortschreiten. Und der erste Schritt, die grundlegende Erkenntnis beruht auf dem Sich-berühren-lassen vom Leiden, einem ersten Loslassen der äußeren Ego-Barriere.

Nach und nach erkennt man, in welchem Umfang man tatsächlich seine ganze Existenz, das eigene Leben und Denken, anderen Lebewesen, anderen Menschen verdankt. Und daraus erwächst das Vertrauen in andere, die in ihrer Erkenntnis weiter vorgedrungen sind. Hierbei spielen die Tradition und die darauf gründenden Institutionen auch im Buddhismus eine wichtige Rolle: Ursprünglich die Gemeinschaft der Mönche und Nonnen, später die Klöster, Studienzentren oder Tempel. Auch die Rolle des *Lehrers* erwächst aus dieser Funktion. Die Aussage, dass die *Erkenntnis* das Ziel des buddhistischen Weges ist, bedeutet durchaus auch, dass das Vertrauen auf die Überlieferung eine große Kraftquelle und Hilfe darstellt. Für die Länder des Westens allerdings sind meist solche tradierten Organisationsformen nicht verfügbar oder sie entstehen erst, weshalb hier die Erkenntnis viel stärker dem Einzelnen als Aufgabe vorgegeben bleibt. Auch ist der abendländische Geist durch eine weitaus größere Individualisierung gekennzeichnet. Deshalb betone ich in

---

33 Die Stelle lautet insgesamt: „Wohl verkündet ist der Dhamma / Vom Erhabenen, dass er wirke / Hier im Leben, nicht erst jenseits. / Komm und schau! Er führt zum Ziele. / In sich finden ihn die Weisen." Majjhima-Nikaya 7; ed. Schmidt S. 30.

diesem Text überwiegend die Rolle der *individuellen* Erkenntnis, die allerdings vollständig im tradierten Buddhismus wurzelt.

Man kann die Erkenntnis der gegenseitigen Abhängigkeit aller Phänomene nicht *verwirklichen*, wenn man nicht auf eine Weise handelt, die diese Erkenntnis möglich macht. Das bloße Buchstabenwissen, eine bloß philosophische Erkenntnis ist wertlos. Der Buddhismus ist somit einer Landkarte vergleichbar, die einen Ausweg aus dem Leiden beschreibt. Schreibtischdiskussionen über Landkarten sind hier wenig hilfreich, man muss sich auf den Weg machen, um herauszufinden, ob die Karte stimmt. Die Ethik ist die *Praxis* der Erkenntnis. Buddha hat eben deshalb gleichsam an den Rand dieser Landkarte geschrieben: „Ihr müsst diesen Weg selber gehen, ihr müsst selber erkennen. Das kann euch niemand abnehmen." Er sagt in einer Rede an die Volksgruppe der Kalamer:

> „Geht, Kalamer, nicht nach Hörensagen, nicht nach Überlieferungen, nicht nach Tagesmeinungen, nicht nach der Autorität heiliger Schriften, nicht nach bloßen Vernunftgründen und logischen Schlüssen, nicht nach erdachten Theorien und bevorzugten Meinungen, nicht nach dem Eindruck persönlicher Vorzüge, nicht nach der Autorität eines Meisters! Wenn ihr aber, Kalamer, *selber erkennt*: ‚Diese Dinge sind unheilsam, sind verwerflich, werden von Verständigen getadelt, und, wenn ausgeführt und unternommen, führen sie zu Unheil und Leiden', dann o Kalamer, möget ihr sie aufgeben."[34]

3.2 Der Unterschied zwischen Moral und Ethik

In der Philosophie macht man einen Unterschied zwischen Ethik und Moral. Unter Moral versteht man die *tatsächlichen Regeln* des Handelns, soweit sie in einer Kultur oder einer Gruppe von Menschen befolgt werden. Mit *Ethik* bezeichnet man die bewusste Reflexion moralischer Regeln, meist deren *phi-*

---

34 Anguttara-Nikaya III, 66, hrsg. v. Nyanatiloka Bd. 1, Freiburg im Breisgau ⁴1984, S. 170. Vgl. „So suchet denn eure Rettung und eure Zuflucht *in euch selbst und nirgends sonst*, lasset die Lehre eure Rettung und eure Zuflucht sein und nichts sonst!" Digha-Nikaya 16. Ähnliche Gedanken finden sich an vielen Stellen im Pali-Kanon; vgl. z. B. Majjhima-Nikaya 38. Die Sammlung der mittleren Texte des buddhistischen Pali-Kanons; übers. v. Kurt Schmidt, Berlin 1978, S. 131; Dhammapada Vers 276. Vgl. auch: „Egal, wohin ihr kommt, seid euer eigener Meister, und wo ihr steht, steht aufrecht." Meister Linji, Begegnungen und Reden, Zürich 1986, S. 78.

losophische Begründung. Diese Unterscheidung gibt es auch im Buddhismus. In besonders deutlicher Weise findet sie sich in den Edikten des Königs Ashoka, der im zweiten vorchristlichen Jahrhundert buddhistische Prinzipien zur Grundlage seines weit im heutigen Indien erstrecken Reiches machte. Im 7. Pfeiler-Edikt heißt es:[35]

> „Diese Vervollkommnung der sittlichen Lebensführung haben die Menschen auf zweierlei Wegen erlangt, durch Moralvorschriften und durch eigene Überzeugung. Hierbei richten Moralvorschriften indes nur wenig aus, mehr dagegen vermag die eigene Überzeugung. (...) Durch die eigene Überzeugung aber erhält die Vervollkommnung der sittlichen Lebensführung der Menschen einen viel stärkeren Antrieb".

Eine bloße Vorschrift, auch durch ein staatliches Gesetz, bleibt nur äußerlich. Es geht in der buddhistischen Ethik also nicht um das bloße *Befolgen* einer moralischen Regel, sondern um Einsicht und Erkenntnis. Eine Moral kann zu hilfreichen Gewohnheiten für die menschliche Gemeinschaft führen, die unerwünschte Verhaltensweisen eingrenzt. Sie bleibt aber ohne Erkenntnis *ethisch* wertlos. Das wird dann deutlich, wenn sich die Umstände ändern und die Anwendung moralischer Regeln eine *ethische Kreativität* erfordern, um auf veränderte Situationen angemessen reagieren zu können. Gewohnheiten, Tradition und Nachahmung versagen dann und machen eine *bewusste Ethik* notwendig.

Das bloße Festhalten moralischer Regeln *ohne Erkenntnis* führt vielfach zu einem Fundamentalismus des Glaubens an „Grundwerte" – darin unterscheiden sich weder Religionen noch politische oder ideologische Systeme. Deshalb hat Ashoka seinen Gedanken noch durch die Aufforderung ergänzt, dass auch in moralischen Fragen *Toleranz* gegenüber anderen Begründungen und Anschauungen unerlässlich ist. Moralische Regeln treten fast immer in einer widersprüchlichen Vielzahl auf; in der globalen Weltkultur in gesteigertem Maße. Die fehlende universelle Gültigkeit jeweils *einzelner* moralischer Regeln, die Pluralität der Traditionen und Institutionen, die sie bewahren oder dafür

---

35 Die Edikte des Kaisers Ashoka. Vom Wachstum der inneren Werte, aus dem Prakrit übersetzt und eingeleitet von W. Schumacher; in: „Bodhi-Blätter", eine Schriftenreihe aus dem Haus der Besinnung CH - 9115 Dicken 1991.

werben, führt nur dann nicht zu *Gegensätzen* und Schlimmerem, wenn sich moralische Systeme wechselseitig *tolerieren*. Die Toleranz ist die *praktische* Form, in der moralische Regeln koexistieren. Ihre *theoretische* Reflexion, die Ethik, erkennt deshalb die Pluralität der moralischen Systeme im Toleranzgebot an, versucht aber, die in der Moral liegende Einsicht offenzulegen und sie jedem nachvollziehbar zu begründen.[36]

3.3 Der Edle Achtfache Pfad

Der Grundgedanke der buddhistischen Philosophie ist in dem Satz ausgedrückt: Das Leiden – im weitesten Sinn – entsteht durch *Unwissenheit*. Damit ist *auch* die Unwissenheit in einem relativen oder funktionalen Sinn gemeint; jene Unwissenheit, die durch das in den Wissenschaften gewonnene Wissen teilweise aufgehoben werden kann. Doch dieser Aspekt des Wissens bleibt nicht isoliert. *Wissen* im buddhistischen Sinn (*vidya*) umfasst als eigentlichen Kern die Einsicht in die Leerheit des Egos und der Dinge. Das Erkennen übersteigt also die Dualität der *objektivierenden Wissenschaften* und wird zu einem Prozess persönlicher Verwandlung.

Das Erkennen ist selbst, ethisch gesagt, ein positiver Wert. Diese Wertschätzung von Vernunft und Erkenntnis drückt sich in vielen Facetten aus. Am deutlichsten in der Praxis der Achtsamkeit. Der Ego-Prozess beruht auf einer eigentümlichen Unbewusstheit und Gewohnheit. Man durchschaut diese blinde Natur dadurch, dass man auf alle Aspekte seiner täglichen Erfahrung *achtet*. Das deutsche Wort „Achtsamkeit" drückt die Bedeutung des entsprechenden Pali-Begriffs *sati* sehr schön aus. Achtsamkeit bedeutet einmal soviel wie Wachheit und Bewusstheit. Wer achtsam denkt, redet und handelt, der ist sich seines Tuns bewusst. Achtsamkeit heißt aber auch soviel wie behüten, bewahren oder beschützen. Man achtet etwas und überlässt es damit sich

---

36 Vgl. dagegen: „Wir Christen, namentlich wir Katholiken, sind tatsächlich theoretisch-dogmatisch unduldsam (...). Ein gewisses Maß von Unduldsamkeit ist ein Wesenszug jeder echten dogmatischen Religion." T. Ohm, Asiens Kritik am abendländischen Christentum, München 1948, S. 41. Auch Ratzinger bezeichnet das Christentum als *„die* wahre Religion" J. Ratzinger, Salz der Erde, Stuttgart 1996, S. 26; meine Hervorhebung.

selbst, man zerstört es nicht, respektiert das, was man achtet. Darin liegt auch
die Bedeutung von „Bewahren". Das Wort *sati* enthält neben der Bedeutung
von Bewusstheit oder Achtsamkeit auch die von Gedächtnis, Erinnerung,
Andenken, was denselben Aspekt („Aufbewahren") ausdrückt.

Aus der *Erkenntnis* der verblendeten Natur des Egos und des Irrtums, es
gäbe unabhängige, für sich allein existierende Phänomene, Lebewesen, Begriffe
oder Dinge ergibt sich auch der *materiale Gehalt* der buddhistischen Ethik. Die
ethischen Werte sind also nicht etwas, was zu den Tatsachen, zu den „wert-
neutralen Fakten" hinzukommt. Vielmehr sagt man im Buddhismus, dass *alle*
Tatsachenerkenntnis durch Begriffe bereits einen Irrtum enthält. Ein Begriff –
das deutsche Wort sagt das sehr schön – *ergreift* etwas, will etwas festhalten,
definieren und eingrenzen. Wenn aber *alle* Phänomene voneinander abhängig
sind, dann enthält jede Definition eine Einseitigkeit, damit einen Irrtum und
deshalb einen *negativen* ethischen Wert. In der Erkenntnis der gegenseitigen
Abhängigkeit oder Leerheit aller Phänomene wird diese Täuschung aufgehoben. Jede ethische Regel ist im buddhistischen Verständnis eigentlich nur die
Wiederherstellung der tatsächlichen Beziehung zwischen den Phänomenen, die
durch eine irrtümliche Wahrnehmung *scheinbar* isoliert genommen und in
Begriffen definiert und festgehalten werden.

Diese Grunderkenntnis der buddhistischen Philosophie findet in der Ethik
einen vielfachen Niederschlag. Deren ursprüngliche Formulierung ist der „Edle
Achtfache Pfad", den Buddha als vierte edle Wahrheit gelehrt hat. Er umfasst
acht Aspekte der Praxis, die jeweils auf rechte oder vollkommene Weise auszuführen oder zu gewinnen sind. Der achtfache Pfad lässt sich in drei Gruppen
aufteilen:

1) Erkenntnis (*prajna*), daraus folgend
2) moralisches Verhalten (*sila*), und darauf gegründet
3) die Praxis zur Loslösung vom Irrtum (*dhyana*).

Dieser Pfad ist immer wieder neu zu beschreiten: Die rechte Erkenntnis
führt zu einer inneren Einstellung, die sich im Reden, Handeln und der gesamten Lebensweise niederschlägt. Sie ermöglicht die immer wieder erneuerte

Der Edle Achtfache Pfad

1. Rechte Erkenntnis	
2. Rechte Gesinnung	} Prajna
3. Rechte Rede	
4. Rechtes Tun	} Sila
5. Rechter Lebensunterhalt	
6. Rechte Anstrengung	
7. Rechte Achtsamkeit	} Dhyana
8. Rechte Sammlung	

Anstrengung zur Vertiefung der Erkenntnis durch die alltägliche Praxis der Achtsamkeit und die Sammlung des Geistes in Ruhephasen der Meditation. Daraus erwächst das Potential zu einer Vertiefung der Erkenntnis usw. Man kann auch den einzelnen Teilen des edlen achtfachen Pfades besondere Aufmerksamkeit widmen und sie als Zugang betrachten: In einem Kreis ist jeder Punkt ein Anfang.

Die Moral (*sila*) ist hier nicht getrennt, sondern *eingebettet*. Sie ist nicht die gewohnheitsmäßige Befolgung von moralischen Geboten, die Moral hat zugleich einerseits die *Funktion* der Minderung oder Aufhebung des Leidens, und sie dient andererseits der Loslösung von vielfältigen Abhängigkeiten, die durch das Ergreifen der verschiedenen Aspekte der Alltagssituationen entstehen. Man könnte, wie das andere buddhistische Systeme machen, auch von „Grund, Pfad und Frucht" sprechen. Die Erkenntnis ist der Grund des buddhistischen Weges; das moralische Verhalten ist der Weg, und die dadurch gewonnene befreiende Erkenntnis ist die Frucht: Es ist zugleich die Befreiung *vom* Ego und die Befreiung *zur* eigenen Natur, die in der Achtsamkeit schon gegenwärtig ist.

3.3 Moralische Vorschriften: Die fünf Regeln[37]

In der abendländischen ethischen Tradition unterscheidet man eine *formale* von einer *materialen* Ethik. Eine formale Ethik dient der rationalen Begründung von Regeln des menschlichen Zusammenlebens, ohne dabei auf bestimmte Ziele oder Inhalte zurückzugreifen. Wichtigster Vertreter der formalen Ethik ist Immanuel Kant, der das moralische Handeln durch *vernünftige Einsicht* begründet („kategorischer Imperativ"; vgl. 5.6). *Materiale Ethiken* beruhen auf bestimmten Werten oder allgemein verbindlichen Zielen wie „Glück" (Eudämonismus) oder „größter Nutzen für die größte Zahl von Menschen" (Utilitarismus); wichtige Vertreter sind Aristoteles und die vor allem für die moderne Ökonomie wichtig gewordenen Begründer des Utilitarismus: Jeremy Bentham und John Stuart Mill. Hier werden im Unterschied zur formalen Ethik konkrete Handlungsziele vorgeschrieben.

Die *buddhistische Ethik* vereinigt beide Elemente. Sie beruht auf der konsequenten Umsetzung der grundlegenden Erkenntnisse des Buddhismus. Die Erkenntnis der gegenseitigen Abhängigkeit führt zur Begründung von Handlungsweisen, die diese Erkenntnis berücksichtigen. Die *formale Ethik* umfasst hier das Zusammenleben *aller* Lebewesen. Diese Einsicht führt auch zu einer *materialen Ethik*, also zur Formulierung von Handlungszielen („Werten") oder Handlungsweisen („Tugenden"[38]), deren Beachtung allerdings nicht nur ethisch begründet ist, sondern *zugleich* für den Handelnden zur Einsicht in diese Begründung führen soll. Es geht also nicht nur darum, dass eine Moral durch Vernunft begründet ist, ihre Anwendung soll zugleich bei den Handelnden zur Erkenntnis in diesen vernünftigen Grund führen.

Entsprechend der Unterscheidung zwischen relativer und absoluter Wahrheit, lässt sich für die materiale Ethik im Buddhismus eine negative und positi-

---

37 Für eine moderne Interpretation dieser Regeln durch den „engagierten Buddhismus" vgl. die 14 Tiep Hien Regeln, Thich Nhat Hanh, Einssein, Zürich-München 1991.
38 Vgl. zum Verhältnis zur Tugendethik im Buddhismus: S. Mrozik, The Value of Human Differences: South Asian Buddhist Contributions. Toward an Embodied Virtue Theory, Journal of Buddhist Ethics 9 (2002), S. 1-33.

ve Formulierung verwenden. Geht man von der *Verblendung*, vom *Nichtwissen* der Menschen und den darin gründenden Handlungen aus, so ergeben sich moralische Regeln, die helfen, dieses Nichtwissen zu überwinden. Das sind vor allem die fünf Regeln für die Laien, die ich interpretierend beschreibe:

1) Keine empfindenden Lebewesen töten.
2) Nichts mit Gewalt oder ohne Erlaubnis nehmen (z. B. stehlen)
3) Keine lügenhafte, prahlerische oder hohle Rede
4) Kein durch Begierden geleitetes Fehlverhalten (z. B. sexueller Missbrauch)
5) Vermeidung von Drogen oder Verhaltensweisen, die das Bewusstsein trüben.

Ich greife diese fünf Regeln im Kontext ökonomischer Fragestellungen nochmals auf (vgl. 6.1). An dieser Stelle möchte ich das darin liegende Prinzip deutlich machen. Diese fünf Regeln wählt jeder selbst als Grundlage des moralischen Handelns und versucht, durch Überzeugung andere zu einem vergleichbaren Verhalten zu bewegen. Die wichtigste Methode ist hierbei das *Vorbild*. Buddha sagt: Verbergt eure Vorzüge und zeigt eure Schwächen. Durch diese *Ehrlichkeit des Verhaltens* macht man die *anderen* zum Maßstab der Einhaltung dieser Regeln und verfällt nicht in *Selbstgerechtigkeit*.

Die fünfte Regel dient der Förderung *vernünftigen* Verhaltens und einer Begünstigung der Achtsamkeit. Die ersten vier Regeln zielen darauf, den aus dem Ich-Irrtum entstehenden Verhaltensweisen eine Grenze zu setzen und somit das daraus resultierende Leid zu mindern. Wer *erkennen* will, was sein wirkliches Wesen ausmacht, der muss *zuerst* diese Erkenntnis, noch bevor er die Leerheit und gegenseitige Abhängigkeit aller Phänomene in vollem Umfang durchschaut hat, *praktizieren*, also *tätig einüben*. Wer andere Lebewesen tötet, der missachtet durch sein Handeln die ökologische Abhängigkeit aller Wesen. Wer etwas mit Gewalt nimmt, der verletzt die Gefühle anderer oder beraubt sie der Dinge, die sie benötigen, und er macht sich zum Sklaven seines Ich-Irrtums. Dasselbe gilt für die dritte und vierte Regel. Sie dienen dazu, die beiden Gifte Begierde und Aggression zu zähmen, während die fünfte Regel der Unwissenheit und Dumpfheit als Grundlage des Ego-Prozesses einen Riegel vorschiebt.

Diese Verbote (negative Regeln) werden ergänzt und zusammengefasst durch die beiden buddhistischen Grundprinzipien: *Toleranz und Gewaltfreiheit*. Diese beiden Prinzipien kann man als Verbote auffassen (Unterlassen von Zwang jeder Art gegenüber anderen) oder als *positive Regeln* interpretieren, sofern sie daran erinnern, dass die Autonomie des Egos ein Schein ist, der wider eigenes Meinen in der vielfältigen Abhängigkeit von anderen gründet. Intoleranz und Gewalt beruhen auf einem Irrtum über die Grundlagen des eigenen Handelns und sind deshalb letztlich *vergebliche* Bemühungen, ein (privates, nationales oder ideologisches) Ego-Territorium zu verteidigen.

Den Verboten entsprechen im Buddhismus zwei *positive Regeln* und darauf beruhende Methoden der praktischen Moral: *Achtsamkeit* und *Mitgefühl*. Diese beiden positiven Regeln gründen in der zweiten, der absoluten Wahrheit, also dem, was man auch das „Heilsziel" des Buddhismus nennt. Dieses Ziel des Buddhismus ist die *Erkenntnis*, die Verwirklichung jener Einsicht, die Buddha in unserem Zeitalter zuerst erreicht hat. Diese Erkenntnis ist die Einsicht in die Leerheit aller Phänomene. Die Phänomene sind leer an einem unabhängigen, eigenständigen Wesen, weil sie gegenseitig abhängig sind. Die Leerheit ist ein *kognitives Prinzip*, da die Unterschiede zwischen den gegenseitig abhängigen Dingen, Formen oder Begriffen stets *wahrgenommene* Unterschiede sind. Die Phänomene haben, wie auch Berkeley oder Kant sagen, die Eigenschaft, stets *Erscheinung*, also *wahrgenommen* zu sein. Alles, was sich zeigt, zeigt sich als etwas Erkanntes. Im deutlichen Unterschied zum Idealismus der abendländischen Philosophie behauptet aber die buddhistische Philosophie nicht, dass die Dinge Wahrnehmungen eines Egos (*ego cogito*) sind. Die Dualitäten von Geist und Materie, Ich und Nicht-Ich, Sein und Bewusstsein etc. gründen vielmehr ihrerseits in der *Ego-Illusion*.

Die Leerheit als kognitives Prinzip zeigt sich in der Achtsamkeit, die alltäglich erscheinende Form unseres wahren Selbst, unserer „Buddha-Natur". Wer die Ich-Illusion abstreift, der landet nicht im *Nichts*. Die Leerheit ist ein *positiver Zustand* der Erkenntnis, der Freiheit vom Wahn des Egos (*nirvana*). Diese Erkenntnis kann man in der Achtsamkeit in ihrer *alltäglichen Form* bereits unmittelbar praktizieren; der *Inhalt* dieser Erkenntnis ist die Einsicht, dass alle Phänomene wechselseitig bedingt sind.

Hieraus ergeben sich die beiden ethischen Prinzipien: vernünftiges, acht-
sames Handeln und die Entfaltung von Mitgefühl mit allen Lebewesen. Den
zweiten Punkt (den man gewöhnlich vor allem im Mahayana-Buddhismus
betont) kann man auch so begründen: Die Verblendung des Ego-Prozesses
zeigt sich in Begierde und Aggression. Was besagt das eigentlich? Wer etwas
begehrt oder wer etwas aggressiv ablehnt und mit Hass überschüttet, der tut
emotional etwas, was er zugleich in seinem Ich-Gedanken *leugnet*: Er setzt die
Abhängigkeit des eigenen Ichs von anderen Menschen oder Lebewesen voraus. Nichts fesselt einen mehr an einen anderen als der Hass. Und die Begierde
macht von dem abhängig, was man begehrt. Begierde und Hass drücken also
faktisch etwas ganz anderes aus, als das Ego *meint*, nämlich die Abhängigkeit der
Gedanken und Gefühle von etwas anderem, vom „Nicht-Ich". Darin besteht
gerade der Irrtum des Ego-Prozesses. Das Ego meint, es sei ein unabhängiges,
aus sich selbst existierendes Wesen. In seinen Begierden und in seinem Hass
beweist das Ego aber täglich das Gegenteil.

3.4 Die buddhistische Ethik als Praxis der Erkenntnis

Geht man von der eben skizzierten Erkenntnis aus, dann sieht man, dass Gier
und Hass als verblendete Motivationen auf einem grundlegenden *Irrtum* beruhen. Die Wahrheit ist, dass niemand aus sich selbst existiert. Wir alle hängen
von der Natur, der Gesellschaft, von anderen Menschen und Lebewesen ab.
Die vernünftige, auf Achtsamkeit gegründete Verhaltensweise, die dieser
Wahrheit Rechnung trägt, ist also eine *Achtung* von allem Lebendigen. Das ist
mit „Mitgefühl" gemeint. Im Mitgefühl praktizieren wir *als moralisches Verhalten*
das, was eine vollständige Erkenntnis als innere Wahrheit *erkennt*. Die Moral
nimmt also die Erkenntnis praktisch vorweg. Sie ist eine Erkenntnis im Modus
des Handelns, das noch nicht zur vollständigen Einsicht erwacht ist.[39] Der
Zen-Meister Dogen sagt:

---

[39] „Das ethische System des Buddhismus steht also (...) im engsten Zusammenhange mit der
buddhistischen *Ontologie*". Ananda Maitriya, Das Gesetz der Gerechtigkeit, Leipzig o.J., S. 12.

„Es gibt einen einfachen Weg, Buddha zu werden. Schaffe nicht Böses, klammere
dich nicht an Leben und Tod, habe tiefes Mitleid für alle Lebewesen, respektiere
diejenigen über dir und sei freundlich zu deinen Untergeben, gibt Hass und Ver-
langen, Qual und Kummer auf – das ist es, was ‚Buddha‘ genannt wird. Suche nichts
anderes."[40]

Die vollständige Erkenntnis besagt: Alles Leiden gründet im *Nichtwissen*, in
der *Nichterkenntnis* der universellen Abhängigkeit aller Phänomene, im Festhal-
ten des Glaubens an eine bleibende Natur der Person (Ego) oder der Dinge
(Substanz). Das ethisch begründete Handeln ist somit eine einfache, praktische
Form der Erleuchtung. Wenn man ein Buddha werden, wenn man sich vom
Leiden befreien möchte, dann muss man Achtsamkeit und Mitgefühl praktizieren. Die Moral dient der *Selbstbefreiung*, wobei „Selbstbefreiung" hier heißt:
Freiwerden vom Irrtum des Ego-Prozesses. Das eigentliche „Selbst" ist die
Achtsamkeit, in der alle Phänomene in ihrer gegenseitigen Abhängigkeit erkannt und darin aufgehoben sind. Als *vorläufige* Erkenntnis genügt aber die
bekannte Regel, die als Sprichwort geläufig ist: „Was du nicht willst, dass man
dir tu´, das füg´ auch keinem andern zu." Der „Andere" ist hier allerdings
nicht nur der andere Mensch, sondern es sind zugleich die übrigen Lebewesen.

---

40 Dogen Zenji, Shobogenzo. Die Schatzkammer der Erkenntnis des wahren Dharma, Band I,
    Zürich 1975, S. 45.

4 Bausteine einer buddhistischen Wirtschaftsethik[41]

„Buddhist social ethic is a universal ethic."[42]

4.1 Quellen und Voraussetzungen

Eine *Wirtschafts*ethik wird in den traditionellen buddhistischen Texten nicht überliefert. Zwar gibt es zahlreiche Hinweise Buddhas auf soziale Fragen seiner Zeit. Was wir daraus jedoch hauptsächlich lernen können, ist die *Methode*, mit der er solche Fragen behandelt hat. Der Inhalt der Fragestellungen hat sich in 2.500 Jahren stark gewandelt, auch wenn sich die menschliche Grundsituation, wie sie in den überlieferten Texten analysiert wird, nicht verändert hat. Eben das erlaubt es, die buddhistische Philosophie, Psychologie und Ethik immer wieder neu anzuwenden.[43]

Der Buddhismus trat historisch zuerst in einer *mönchischen* Form auf. Mönche und Nonnen leben in der – wie es im Buddhismus heißt – „Hauslosigkeit". Sie lösen sich von allen Bindungen an das Leben und die Welt und arbeiteten daran, die Einsicht durch tägliche Meditationspraxis und Studien zu vervollkommnen. Soziologisch gesprochen erfüllen die Mönche eine *arbeitsteilige* Aufgabe. Sie zeigen Methoden – vor allem durch ihr Verhalten – für die „Laien", die diesen helfen, sich selber von schädlichen Verhaltensweisen freizuhalten, während sie im Gegenzug die (sehr bescheidenen) Bettelgaben erhalten.[44] Es ist traditionell in einigen buddhistischen Ländern (z. B. in Thai-

---

41   Vgl. zu den in diesem Abschnitt genannten Quellen: K.-H. Brodbeck, Die fragwürdigen Grundlagen der Ökonomie. Eine philosophische Kritik der modernen Wirtschaftswissenschaften, Darmstadt 2000; ders., Erfolgsfaktor Kreativität. Die Zukunft unserer Marktwirtschaft, Darmstadt 1996. Weitere Texte und Literaturhinweise auf meiner Homepage.

42   O. H. De A. Wijesekera, Buddhist and Vedic Studies. A Miscellany, Delhi 1994, S. 62.

43   Vgl. G. C. Pande, Studies aaO., S. 314f.

44   „Being considered as models of behaviour, by virtues of their religious role, the monks are held in esteem, and laymen put their trust and confidence in them." S. Suksamran, Political Buddhism in Southeast Asia, London 1977, S. 11.

land) üblich, dass auch „Laien" vorübergehend die Mönchsgelübde annehmen; die Rolle eines Verhaltensmodells der Mönche und Nonnen ist hier offenkundig. Verglichen mit Psychotherapeuten oder Persönlichkeitsberatern war (und ist) das buddhistische Hilfsangebot sehr „kostengünstig". Aus „Laienorganisationen" und der Beziehung zwischen Mönchen und Laienanhängern sind innerhalb des Buddhismus noch weitere Formen entstanden, die man im Mahayana Buddhismus finden kann. „Maha" heißt groß, „yana" heißt Fahrzeug. Das Mahayana wird groß genannt, weil es die Praxis des Mitgefühls in den Mittelpunkt stellt und vielfältige Übungen hierzu entwickelt hat, die auch von Laien relativ einfach anwendbar sind.[45] Doch zu eigentlich *ökonomischen* Fragen sind auch im Mahayana nur relativ wenige Aussagen zu finden.

Die wohl wichtigste *staatliche* Form der buddhistischen Ethik findet sich in den überlieferten Edikten des Königs Ashoka. Ashokas Pfeileredikte (sie sind als Steinsäulen überliefert) zeigen ein Beispiel *praktizierter* Ethik in einer frühen Wirtschaftsform, die auch für die Gegenwart zahlreiche wichtige Elemente enthält. Vor allem bezüglich des Tierschutzes bleibt Ashokas Gesetzgebung ein unerreichtes Vorbild.

In anderen Ländern – in China, in der Mongolei, in Tibet, Buthan, Nepal, Korea, Japan, Burma, Thailand, Sri Lanka und Vietnam – gewann der Buddhismus historisch einen unmittelbaren Einfluss auf den Staat. Hier liegen eine Vielzahl von Texten vor, die versuchen, aktuelle Probleme mit Methoden der buddhistischen Ethik zu lösen. Sie besitzen jedoch weitgehend einen „vormodernen" Charakter. Fast nur in den Ländern des südlichen Buddhismus – Burma, Thailand, Sri Lanka, Vietnam, teilweise in Japan – wurden auch im 20. Jahrhundert wirtschaftsethische Fragen erörtert. Die wohl wichtigste Frage war meist das Verhältnis zum Kommunismus oder Marxismus. Da der Buddhismus einen *nicht-theistischen* Charakter besitzt, sehen einige Autoren eine gewisse Nähe zum Marxismus, der sich als atheistisches System begreift, und versuchen eine Synthese zu finden.

Es gibt also keine „buddhistische Wirtschaftsethik" als fertiges theoretisches System, wie etwa die katholische Soziallehre. Dennoch liegen Ansätze zur

---

45 Vgl. Sogyal Rinpoche, The Tibetan Book of Living and Dying, San Francisco 1992, S. 195-201; A. Wayman (ed.), Ethics of Tibet, Delhi 1992.

Entwicklung einer buddhistischen Wirtschaftsethik vor. Als „Klassiker" gilt das Kapitel „Buddhistische Wirtschaftslehre" in Ernst Friedrich Schumachers Buch „Small is Beautiful". In Thailand[46] und Sri Lanka sind zahlreiche Vorschläge zu einer „Zähmung" der Ökonomie im Geist des Buddhismus gemacht worden; sie wurden in Europa oder Amerika aber kaum rezipiert. Auch der Dalai Lama hat sich wiederholt dezidiert zu ökonomischen Fragen geäußert und jüngst „eine neue Ethik für unsere Zeit"[47] publiziert, die versucht, durch eine Veränderung der Motivation die Wettbewerbsgesellschaft positiv zu beeinflussen. Thich Nhat Hanh hat vielfach einen *engagierten Buddhismus* befürwortet, der in vielen Ländern Anhänger gefunden hat.[48] Gemeinsam ist diesen Konzepten die Absicht, aus den Grundsätzen des Buddhismus, der Lehre von der Gewaltfreiheit (*ahimsa*) und des Mitgefühls (*bodhicitta*), einen Gegenentwurf zum Menschenbild des Egoismus in der kapitalistisch-marktwirtschaftlichen Wirtschaftsform auf einer moralischen Grundlage vorzulegen.

Ich knüpfe vertiefend an diese Überlegungen an, möchte den Schwerpunkt aber weniger auf die Erklärung der Vorzüge bei der Einhaltung bestimmter moralischer Regeln legen, sondern die Einsichten der buddhistischen Philosophie nutzen, um die *philosophischen und theoretischen Grundlagen* wirtschaftlichen Handelns aufzudecken und darin ihren täuschenden, illusorischen Charakter zu erkennen. Der Buddhismus, vor allem die Philosophie Nagarjunas[49], hat es immer verstanden, *zeitgenössische* Denkformen kritisch zu durchleuchten und die ethischen Konsequenzen herauszuarbeiten. Waren es früher im Buddhismus eher „theologische" Fragen in der Auseinandersetzung mit dem Hinduismus oder anderen lokalen Religionen (wie dem Bön-Glauben in Tibet),

---

46 Der thailändische Mönch Prayudh Payutto hat anknüpfend an Schuhmacher einen Entwurf vorgelegt, der 1999 auf deutsch unter dem Titel „Buddhistische Ökonomie" erschienen ist.

47 Dalai Lama, Das Buch der Menschlichkeit. Eine neue Ethik für unsere Zeit, Bergisch Gladbach 2000.

48 „As Buddhists faced with the reality of a global economic system bent on destruction, we have little choice but to become engaged. Buddhism provides us with both the imperative and the tools to challenge the economic structures that are creating and perpetuating suffering the world over. We cannot claim to be Buddhist and simultaneously support structures which are so clearly contrary to Buddha's teachings, antithetical to life itself." H. Norberg-Hodge, Buddhism In The Global Economy, Internet-Text.

49 Vgl. Mulamadhyamaka-Karika; übers. v. B. Weber-Brosamer, D. M. Back: Die Philosophie der Leere, Wiesbaden 1997

so kann heute *die* „Theologie" der Gegenwart – der Glaube an den Markt oder den Staat – als Ziel der Kritik gelten.

Ich möchte auf der Basis der oben vorgestellten Überlegungen in der buddhistischen Ethik einen kritischen und einen positiven Teil unterscheiden. Die Kritik wendet sich gegen die Wirksamkeit und Wirklichkeit des Nichtwissens, der Täuschung. Hier hat die buddhistische Wirtschaftsethik die Aufgabe zu zeigen, wie der Ego-Prozess sich in der Ökonomie entfaltet und als Ursache von Armut, der Zerstörung von Ökosystemen, dem Leiden der Tiere und der Wirtschaftskrisen entdeckt werden kann. Diese Kritik führt zu einem positiven Kern: Zur Beseitigung von Täuschungen, zu ihrer *Ent-Täuschung* und damit einer Minderung des Leidens oder einer Vermeidung von überflüssigem Leiden. Die in der alltäglichen Erfahrung gegenwärtigen vielfältigen Enttäuschungen von Erwartungen in der Wirtschaft finden darin ihre eigentliche Erklärung. Die Kritik deckt hierbei auch die *implizite Ethik* auf, die den alltäglichen Überzeugungen und den Meinungen der Wirtschaftswissenschaftler zugrunde liegt.[50] Diese Meinungen erweisen sich als *Täuschungen* gerade deshalb, weil sie den ethischen Gehalt ihrer Aussagen nicht erkennen.

Der *positive Teil* der buddhistischen Ethik, damit auch einer Wirtschaftsethik, ist die Praxis des Mitgefühls in ihren vielfältigen Aspekten. Der Kern des Mitgefühls findet sich in der *Achtsamkeit*, also der Achtung der anderen. In schwacher Form zeigt sich dies als Toleranz gegenüber dem Handeln anderer, als Gewaltfreiheit auch gegenüber anderen Lebewesen. In ihrer starken Ausprägung beinhaltet die Ethik des Mitgefühls die aktive Hilfe, das altruistische Handeln, den Verzicht auf den eigenen Vorteil. Der *spirituelle* Gehalt der buddhistischen Wirtschaftsethik zeigt sich darin, dass das praktizierte Mitgefühl in seinen verschiedenen Formen zugleich individuell zur Befreiung von

---

50   Mit dem Begriff der „impliziten Ethik" bezeichne ich die in den Denkformen, die vorgeblich auf bloße Fakten abzielen, enthaltenen Wertvorstellungen: Wer Handlungen *erklärt*, formuliert für die Handelnden implizit eine moralische Regel, denn die Handelnden sind *frei*, sich anders als die Erklärung zu verhalten. Vgl. hierzu: K.-H. Brodbeck, Ökonomie ist Ethik! Ethik Letter 1/1998, S. 6-9; ders., Die Nivellierung der Zeit in der Ökonomie; in: J. Manemann (Hrsg.), Befristete Zeit, Jahrbuch Politische Theologie, Band 3 (1999), S. 135-150; ders., Verborgene Werte in der globalen Ökonomie. Aspekte impliziter Ethik, Ethik Letter 3/1999, S. 4-11; ders., Umrisse einer postmechanischen Ökonomie; in: R. Benedikter (Hg.), Postmaterialismus, Wien 2001, S. 117-142; ders., Ökonomische Theorie als implizite Ethik aaO.

den vielfältigen Fesseln und Bindungen an materielle Ziele führt. Diese Aufhebung des Anhaftens löst jene Fesseln, die von den Wechselfällen des (wirtschaftlichen) Alltags abhängig machen und führt als Ziel zur völligen Befreiung. Hierin zeigt sich die für eine buddhistische Wirtschaftsethik wesentliche
Einheit von Spiritualität und Ökonomie.

Die eigentliche Selbstbefreiung als Ziel der buddhistischen Ethik ist hier
zuerst und vor allem die Auflösung des Teufelskreises, in dem sich der Ego-
Prozess bewegt. Dieses Ziel erscheint vom Standpunkt der westlichen Subjekt-
philosophie aus paradox: Freiheit wird erst gewonnen, wenn das Ego seine
Abhängigkeit vollständig erkennt und im Loslassen aller Selbstfesselungen
durch Begierden und Aggressionen das Dunkel des eigenen Nichtwissens
überwindet. „So löst ihr euch von allem los"[51], sagt der Zen-Meister Linji. Und
Buddha sagt von einem Mönch, der die Praxis des Mitgefühls und der Erkenntnis erfolgreich bewältigt: „Abhängigkeiten gibt es nicht für ihn: die Lehre
kennend ist er unabhängig."[52] Diese Unabhängigkeit ist eine Unabhängigkeit
vom Ego; sie erlaubt, sich in allen Phänomenen, in allen anderen Lebewesen
wiederzufinden. Hier berühren sich der Buddhismus und die Lehre von Jesus,
die besagt: „Wer seine Seele verliert, wird sie gewinnen."

4.2 Kritische Wirtschaftsethik

4.2.1 Das ökonomische Menschenbild

Die unterschiedlichen ökonomischen Theorien stimmen in der Auffassung
überein, dass das wirtschaftliche Handeln überwiegend *egoistisch* motiviert ist.
„Rationalität" und selbstsüchtiges Verhalten wird fast immer gleichgesetzt. Der
Begriff hierfür ist der *homo oeconomicus*. Dass der Egoismus als bestimmendes
Motiv wirtschaftlichen Handelns im Kapitalismus oder in der modernen

---

51   Meister Linji, Begegnungen aaO., S. 90.
52   Sutta-Nipata § 856; übers. v. Nyanaponika, Konstanz 1977, S. 184. Vgl. „Im Buddhismus muß
      das Subjekt der Barmherzigkeit durchaus das selbstlose Subjekt sein. Das heißt, es ist im
      Hinblick auf den Gegenstand seines Wirkens selbstlos; es ist selbstlos gegenüber allen
      Lebewesen, einschließlich der irrenden Menschen. Das ist die wahre Selbstlosigkeit." Shinichi
      Hisamatsu, Philosophie des Erwachens, München 1990, S. 100.

Marktwirtschaft *tatsächlich* vorherrscht, kann alltäglich beobachtet werden. Entscheidend für eine kritische Wirtschaftsethik ist aber die *Interpretation* dieser alltäglichen Beobachtung.

Die wenigsten Wirtschaftswissenschaftler stellen die Frage nach der Begründung des *homo oeconomicus* und setzen ihn einfach als „Annahme", also *dogmatisch* voraus. Max Weber sah darin ein reines Axiom für die Nationalökonomie, und andere Autoren verweisen auf die alltägliche Evidenz dieser Voraussetzung. Dass dies wissenschaftlich unbefriedigend bleiben muss, liegt auf der Hand. Kein wissenschaftliches System kann seine eigenen Voraussetzungen erklären. Tatsächlich kann auch der *homo oeconomicus* nicht durch die modernen Wirtschaftswissenschaften selbst begründet werden: Die These vom notwendig egoistischen Verhalten in der Wirtschaft bleibt entweder unbewiesene Annahme, oder es müssen Begründungen in *anderen* Wissenschaften gesucht werden.

Es gibt hauptsächlich vier Denkmodelle in der westlichen Tradition, das egoistische Handeln zu begründen. Das älteste Konzept ist *metaphysisch* und unterstellt bei jedem Menschen einen Ich-Kern, ein transzendentales Ego als Grund des Handelns und Erkennens (*ego cogito*).[53] Auch Autoren in den Wirtschaftswissenschaften gehen von dieser Voraussetzung aus. So sagt der Vater des modernen Liberalismus, Ludwig von Mises: „Das *Ich* ist die Einheit des handelnden Menschen. Es ist fraglos gegeben und kann durch kein Denken aufgelöst werden."[54]

---

[53]   Vgl. auch E. E. Nawroth, Die Sozial- und Wirtschaftsphilosophie des Neoliberalismus, Heidelberg 1962, S. 87ff.; P. Ulrich, Integrative Wirtschaftsethik, Bern-Stuttgart-Wien [2]1998.

[54]   L. von Mises, Nationalökonomie, Genf 1940, S. 34. Die Metaphysik ist eine Denkform, die jeder empirischen Untersuchung *vorausgeht*. Wenn z. B. Homann mit Bezug auf M. Friedman den *homo oeconomicus* als „prä-empirische(s) Erklärungsschema", K. Homann, Philosophie und Ökonomik, Jahrbuch für Neue Politische Ökonomie 7 (1988), S. 116 charakterisiert, dann argumentiert er *metaphysisch*, ohne seine Metaphysik zu explizieren; vgl. K.-H. Brodbeck, Verborgene metaphysische Voraussetzungen der zeitgenössischen Wirtschaftslehre (1999). Die Unterscheidung zwischen „Annahmen" und „Hypothesen" durch M. Friedman – wobei Annahmen ohne empirischen Bezug seien –, ist unhaltbar, weil Hypothesen *logisch* aus Annahmen abgeleitet werden, also denselben Bedeutungsgehalt besitzen müssen, außer bei *Fehlschlüssen*, vgl. ausführlich K.-H. Brodbeck, Ökonomische Theorie als implizite Ethik; in: Wirtschaftsethik als kritische Sozialwissenschaft, St. Gallen (erscheint 2003).

Diesem *metaphysischen* Prinzip stehen drei *empirische* Theorien zur Seite, die in der modernen Wirtschaftswissenschaft wirksam wurden: Einmal die *behavioristische* These, dass alle Verhaltensweisen erlernt seien durch bedingte Reflexe. Man kann, so besagt diese Auffassung, das faktische Verhalten nur von außen studieren. Geprägt wird es in früher Kindheit. Marktwirtschaftlich orientierte Autoren benutzen diese These, um beim Konsum ein gewisses *Lernverhalten* erklären zu können; sozialistische Autoren hoff(t)en auf dieser Basis, einen neuen Menschen „erziehen" zu können. Vor allem im Russland der 20er Jahre gab es zahlreiche Experimente im Anschluss an den russischen Begründer des Behaviorismus Iwan Petrowitsch Pawlow, den Entdecker des bedingten Reflexes.

Eine Alternative hierzu versucht die *kognitive Psychologie* zu entwickeln, die durch ein Computermodell der Wahrnehmung und des Denkens charakterisiert werden kann. Vor dem Hintergrund der Informatik wird hier der Behaviorismus kritisiert und modifiziert. Die kognitive Psychologie erkennt neben bedingten Reflexen auch autonome Informationsverarbeitungsprozesse als Basis des menschlichen Verhaltens an. Der Mensch wird hier durch ein Robotermodell charakterisiert, das von einem egoistischen Programm gesteuert wird.

Die dritte empirische Begründungsrichtung für den *homo oeconomicus* orientiert sich an der Genetik oder der Vererbungslehre und geht davon aus, dass menschliches Verhalten im wesentlichen angeboren, also genetisch bedingt sei. In mehr oder weniger drastischer Form wird hierbei auch immer wieder behauptet, dass Kapitalismus, Egoismus und Wettbewerb *angeborene* Verhaltensweisen seien.

Geht man von einem *metaphysischen* Ich aus, dann ist jeder Versuch, die „Rationalität" des wirtschaftlichen Egoismus verändern zu wollen, von vornherein unmöglich.[55] Dasselbe gilt für die genetische Interpretation, die zwar

---

55 Der metaphysische Egoismus des cartesischen *ego cogito* oder der Willensmetaphysik ist allerdings keineswegs das einzige Modell; ihm steht eine ganz andere Metaphysik entgegen, die besagt, dass der Mensch, „durch seine von Gott ihm unabänderlich gegebene Wesensanlage, gemeinschaftsbezogen ist". Dies nennt Nell-Breuning eine „*metaphysische* Gegebenheit" oder die „Grundtatsache aller Sozialmetaphysik". O. von Nell-Breuning S. J., Wirtschaft und Gesellschaft Heute I, Freiburg 1956, S. 3.

gewisse Spielräume annimmt, letztlich aber davon ausgeht, dass sich das menschliche Verhalten nicht grundlegend ändern lässt. Der Behaviorismus und die kognitive Psychologie halten eine Veränderung des Verhaltens für möglich, machen dafür aber das Milieu, das Umfeld verantwortlich. Während Ökonomen, die der ersten Auffassung zuneigen, den Kapitalismus wahlweise als göttlich-notwendige oder wenigstens genetisch determinierte Wirtschaftsform ansehen, geben die Anhänger des Behaviorismus eine andere Wirtschaftsweise als Möglichkeit zu. Sie sind aber der Auffassung, dass der Markt die beste Voraussetzung zur „Erziehung" der Menschen biete und dass deshalb der Wettbewerb das geeignete Umfeld schaffe, bestmögliche wirtschaftliche Ergebnisse zu erzielen.

Unter der Voraussetzung der buddhistischen Psychologie sind diese Auffassungen wenigstens sehr einseitig, in ihrem Kern aber Ausdruck einer Täuschung. Die von Descartes und dem Deutschen Idealismus in der Neuzeit begründete These vom transzendentalen Ego ist faktisch nur die Wiederkehr von Gedanken, die bereits im Brahmanismus zur Zeit der Lehrtätigkeit Buddhas verbreitet waren. Buddha richtete gerade seine zentrale Kritik gegen die Annahme, dass die menschliche Psyche durch einen Ich-Kern (*atman*) bestimmt sei, der letztlich für das Handeln und das menschliche Heil verantwortlich sei. Buddha erklärte, wie wir gesehen haben (2.2.3), dass das Ego auf einer Täuschung beruht. Diese Täuschung ist – im Gegensatz zu der Annahme vom transzendentalen Ego – keine *These*, sondern eine Erfahrung, die man dann macht, wenn man sich auf die Geistesschulung einlässt und in seinen Übungen bemerkt: Der Geist, das Denken ist *leer*. Es gibt keinen Ich-Kern.

Gegen den Gedanken, dass die menschliche Psyche aus metaphysischen oder genetischen Gründen determiniert sei, spricht aber auch schon die schlichte Alltagserfahrung.[56] Wenn die Präferenzen des Konsums tatsächlich angeboren wären, dann wäre der Versuch, *neue Produkte* zu verkaufen, immer vergeblich. Man kann nicht erwarten, dass für Handy´s oder für Aspirin ein genetisches Bedürfnis verankert ist. Einige Ökonomen (G. S. Becker, K. J.

Lancaster) haben versucht, dieses Problem dadurch zu lösen, dass sie nur von einigen grundlegenden Präferenzen ausgehen. Doch das löst diese Schwierigkeit nicht, weil der Akt der *Zuordnung* neuer Güter zu „angeborenen Präferenzen" ein kreativer Akt bleibt, selbst wenn es genetisch bedingte Bedürfnisse gäbe. Diese These ist jedoch ziemlich unplausibel: Menschen in Steinzeitkulturen unterscheiden sich genetisch nicht vom modernen Menschen, wohl aber unterscheidet sich ihre Kultur, ihr Konsum und ihre Wirtschaftsweise auf so gravierende Weise, dass man nur sehr wenige Gemeinsamkeiten entdecken kann.

Auf der Grundlage der buddhistischen Psychologie braucht man nicht zu bestreiten, dass es Lernprozesse gibt, wie der Behaviorismus oder die kognitive Psychologie behaupten. Im Gegenteil. Doch das Verhalten der Menschen wird keineswegs nur von außen, mechanisch konditioniert oder durch Informationen gesteuert. Es gibt sehr wohl die Möglichkeit, seine Motivation bewusst zu verändern, seine Handlungen achtsam auszuführen. Das, was der Behaviorismus behauptet, die Bildung einer Fülle von bedingten Reflexen als Gewohnheitsmustern, das wird auch im Buddhismus (im vierten Skandha „Gewohnheitsmuster") anerkannt, gilt dort aber gerade als Ausdruck des *verblendeten*, des auf Unwissenheit beruhenden Verhaltens.

Die Präferenzen des Konsums und die Ziele des wirtschaftlichen Handelns (Gewinn- oder Nutzenmaximierung) sind also keineswegs *gegeben* wie ein natürliches Verhängnis, noch können sie nur mechanisch von außen beeinflusst werden. Die Ökonomen trauen den Menschen hier weder Einsichtsfähigkeit noch die Möglichkeit einer *bewussten* Veränderung von Motiven und Handlungen zu. Sie wollen vielmehr das Verhalten von *außen* steuern durch entsprechende „Anreizsysteme", wie es im Fachjargon heißt. Die Präferenzen und die egoistische Motivation soll von den Politikern ebenso zur Realisierung ihrer Ziele genutzt werden, wie das Verhalten träger Betonmassen beim Bau von Brücken technisch genutzt wird. Dieser *Mechanismus* im Weltbild der Ökonomen verwandelt menschliches Handeln in ein bloßes *Verhalten* und verbirgt als implizite Ethik ein völlig *inhumanes* Bild von den menschlichen Möglichkeiten. Im Sinn des Buddhismus beruft sich die Ökonomie also nur auf die Verblendung der Menschen, ohne die Möglichkeit der Selbsterkenntnis und -befreiung zu erkennen.

Die Präferenzen und die Motive des Handelns, die die Ökonomik beschreibt, beruhen im buddhistischen Verständnis nicht auf fremden, naturhaften Faktoren, sie beruhen auf einem *Nichtwissen*, psychologisch ausgedrückt: auf unbewusst gewordenen Gewohnheiten. Der *homo oeconomicus* ist damit lediglich Ausdruck einer kollektiven Gewohnheit, einer *Unsitte* des Verhaltens, nicht Resultat einer unvermeidlichen genetischen oder sozialen Determination. Nichtwissen kann man in Wissen verwandeln, und Gewohnheiten kann man bewusst machen und verändern. Die Motive des wirtschaftlichen Handelns sind also keineswegs „gegeben". Sie sind vielmehr Ausdruck einer *Gewohnheitsenergie*[57], die verändert werden kann. Eine kritische buddhistische Wirtschaftsethik weist damit immer auch auf die Möglichkeit der Überwindung von Verblendung und damit auf die Möglichkeit der Erkenntnis und Befreiung hin.

Den *besten* empirischen Beleg für die These, dass ökonomischer Egoismus eine *Angewohnheit* ist, lieferten einige ökonomische Studien, die von Ökonomen selbst durchgeführt wurden. So zeigten R. H. Frank, T. Gilovich und D.T. Regan, dass (a) Studierende, die sich für Ökonomie eingeschrieben hatten, zynischer und egoistischer als eine Kontrollgruppe anderer Studenten waren und (b), dass die Ökonomiestudenten während ihres Studiums noch zynischer und egoistischer durch den Fortgang der Kurse wurden. Die Autoren kommen zu dem Schluss, dass das zynische und egoistische Verhalten durch jene Theorie *hervorgebracht* wird, die Zynismus und Egoismus als Grundlage wirtschaftlichen Handelns *theoretisch behauptet*.[58]

Das „ökonomische Menschenbild" ist selbst dafür mitverantwortlich, dass Menschen von dieser Denkweise geprägt werden, dass sie in sozialer Resonanz sich wechselseitig in diesem Verhalten bestätigen und so eine illusionäre „Wirklichkeit" von Sachzwängen und Fakten hervorbringen, die auf einer *Täuschung* über die Natur der menschlichen Psyche beruhen.

---

57 Dieser Ausdruck spielt im Lankavatara-Sutra eine große Rolle; Gewohnheitsenergie = *vasana*; vgl. D. T. Suzuki, Studies in The Lankavatara Sutra, Boulder 1981, S. 182ff.

58 R.H. Frank, T. Gilovich, D.T. Regan, Does studying economics inhibit cooperation? Journal of Economic Perspectives, 7, 2 (1993), S.159-171.

„Wenn wir in den Tätigkeiten, die den größten Teil unserer Zeit ausfüllen, keiner anderen Regel folgen als unserem wohlverstandenen Eigennutz, wie sollten wir da jemals Gefallen finden an uneigenützigem, selbstlosem, aufopferungsvollem Handeln? Eben daher kommt es, dass die Entfesselung der ökonomischen Interessen zu einem Niedergang der öffentlichen Moral geführt hat."[59]

Wenn man also behauptet, dass der Egoismus in der Wirtschaft als schlichte *Tatsache* zu akzeptieren sei, dann drückt man *implizit* eine ethische Haltung aus, denn tatsächlich ist dieses Verhalten durch falsche Theorien und Modelle des *homo oeconomicus* erzeugt. Die wirtschaftswissenschaftliche „Erklärung" des „egoistischen Rationalverhaltens" ist in Wahrheit selbst – durch die Ausbildung, die Medien, den Beruf und die Seifenopern des Alltags zementiert – die Ursache ihrer „Wirklichkeit".

Im Rahmen einer kritischen Wirtschaftsethik ergeben sich hieraus zwei wichtige Folgerungen: *Erstens* sind Präferenzen und Motive des wirtschaftlichen Verhaltens wesentlich *bedingt* durch kognitive und mentale Prozesse; sie können deshalb auch verändert werden. Es gibt keine unveränderliche „Menschennatur". *Zweitens* zeigt die buddhistische Wirtschaftsethik eine ganz andere Perspektive: Die Ethik *begrenzt* nicht ein „naturgegebenes" Verhalten des Egoismus durch moralische Regeln *von außen*. Die Ethik steckt vielmehr in den Grundlagen des Verhaltens selbst, in den den menschlichen Handlungen zugrundeliegenden *Denkmodellen und Wahrnehmungen* der Wirklichkeit. Die ethischen Werte kommen nicht zu einem „faktischen Egoismus" *hinzu*. Vielmehr erweist sich der Egoismus als *Resultat* einer in der Ausbildung, den Wissenschaften, dem Journalismus und den Medien impliziten Ethik. Die buddhistische Ethik fordert also nicht die äußere Zähmung eines faktischen Verhaltens, sondern die *innere Veränderung* der zugrundeliegenden verkehrten Auffassungen, Gedanken und Motive.

Damit ist die Wirksamkeit äußerer moralischer Regeln oder staatlicher Gesetze zur Begrenzung egoistischen Verhaltens nicht einfach *verneint*. Auch hier sind die Extreme zu vermeiden. Man muss aber im Sinn der buddhistischen Wirtschaftsethik erkennen, dass *äußere moralische Regeln* nicht den grundlegenden „Defekt" des Egoismus aufheben, sondern ihn nur eingrenzen. Da

---

59 E. Durkheim, Physik der Sitten und des Rechts, Frankfurt/M. 1999, S. 24.

gemäß dem Apoha-Prinzip aber das, was man begrenzt, auch *definiert* wird, stehen wir vor der betrüblichen Tatsache, dass eine *äußere moralische Zähmung* des Egoismus diesen Egoismus nicht aufhebt, sondern seine Gewohnheits-energie eher noch stärkt. Eine wirkliche Lösung der vielfältig negativen Wir-kungen durch zynisches und egoistisches Verhalten liegt also nur in einer Veränderung der *Motivation durch Einsicht*. Wie König Ashoka im bereits zitier-ten 7. Pfeiledikt sagte: „Hierbei richten Moralvorschriften indes nur wenig aus, mehr dagegen vermag die eigene Überzeugung." Moralische Regeln sind also nur dann hilfreich, wenn sie in einen ethischen Rahmen der Erkenntnis eingebettet sind; sie können im anderen Fall sogar das Gegenteil bewirken oder ihrerseits instrumentalisiert werden. Graucho Marx sagte einmal: „The secret of success is honesty and fair dealing. If you can fake those, you've got it made."

4.2.2 Der Schein des Geldes

Sobald die Arbeitsteilung soweit fortgeschritten ist, dass Tauschprozesse durch das Geld vermittelt werden, nimmt auch die Struktur des Ego-Prozesses eine besondere Form an. Buddha hatte es seinen Mönchen zur Pflicht gemacht, als Almosen kein Geld anzunehmen. Darin liegt die Einsicht, dass das Geld zwischen die freie, mildtätige Gabe und ihren Empfänger etwas Fremdes, Täuschendes einschiebt. Mit dem wachsenden Umfang der menschlichen Bedürfnisse, einer vergrößerten Bevölkerung und einer wachsenden arbeits-teiligen Produktion ist der Geldverkehr als Vermittlung der Tauschprozesse unvermeidbar geworden. Das Geld verbirgt aber seine Funktion, Tausch-prozesse zu vermitteln. Deutlicher als bei vielen anderen Phänomenen, zeigt sich beim Geld der Prozess der Täuschung. Eine *Funktion* – hier die soziale Funktion des Tauschvermittlers – erscheint als etwas, was ein eigenständiges, unabhängiges Wesen vorgaukelt.

Das Geld soll, in der Denkweise des Alltags, den *Wert* der Güter ausdrü-cken. In der ökonomischen Theorie hat sich aber nach und nach die Erkennt-nis durchgesetzt, dass Güter keinen *inneren* Wert besitzen. Die scholastische Philosophie, die Arbeitswertlehre und die frühere Nutzentheorie gingen davon aus, dass Güter eine *innere* Eigenschaft besitzen, die man als „Güterwert" bezeichnet und die im Preis nur in Erscheinung tritt. Das ist eine Illusion. Wenn sich durch eine neue Technik, veränderte Präferenzen im Konsum oder äußere Einflüsse (steigende Rohstoffpreise, veränderte Wechselkurse usw.) die Preise ändern, dann zeigt sich, dass der Wert der Güter durch die wechselseitige Verflechtung der Märkte und Produktionsprozesse bedingt ist. Maschinen, die im Vorjahr noch als wertvoller Bestand verbucht wurden, können durch eine technische Neuerung über Nacht wertlos werden. Daran erkennt man, dass es keinen *inneren* ökonomischen Wert der Dinge gibt. Der Wert ist *reine Funktion*.

Die ökonomische Theorie hat sich dieser Einsicht genähert, vor allem in der Theorie von Leon Walras, Vilfredo Pareto, Gustav Cassel und der modernen Gleichgewichtstheorie. Hier wurde deutlich, dass der Wert der Güter durch ihre *gegenseitige* Abhängigkeit bedingt ist.[60] Es gibt keine Wertsubstanz, die isoliert in den Gütern zu finden wäre. Doch auch diese Theorien gehen davon aus, dass die Preise letztlich durch drei *substanzielle* Faktoren bestimmt sind: Die Präferenzen der Konsumenten, die verfügbaren Ressourcen (Boden, Arbeit, Kapitalgüter) und das technische Wissen, ausgedrückt in „Produktionsfunktionen". Tatsächlich erweist sich diese Voraussetzung jedoch als illusorisch.

Die Präferenzen der Konsumenten verändern sich (vgl. 4.2.1). Bereits die einfache Tatsache, dass es so etwas wie *Werbung* gibt, also den unaufhörlichen Versuch, die Präferenzen der Käufer zu beeinflussen, belegt diese Tatsache. Die Präferenzen sind sowenig angeboren oder „gegeben" wie die Ziele und Motive des wirtschaftlichen Handelns. Das technische Wissen ist gleichfalls einem permanenten Wandel unterworfen. Die verfügbaren Produktionsmöglichkeiten sind keine letzte Ursache, sondern ihrerseits abhängig von den Preisen: Verteuern sich bestimmte Güter, so liegt darin der Anreiz, durch Innovationen die Kosten zu senken. Also sind die Preise ebenso vom technischen Wissen abhängig wie umgekehrt das technische Wissen durch die

---

60 So sagt Pareto von den Vertretern der früheren Wertlehre, dass „sie das Verhältnis der wechselseitigen Abhängigkeit, das wirklich bestand, durch das Verhältnis von Ursache und Wirkung ersetzten und, schlimmer noch, diese angeblichen Ursachen auf eine einzige reduziert haben." V. Pareto, Ausgewählte Schriften, Frankfurt/M-Berlin-Wien 1976, S. 252.

Preise bedingt ist. Die Frage der *natürlichen Ressourcen* greife ich in einem getrennten Abschnitt auf (vgl. 4.2.4).

Aus dieser – hier nur kurz skizzierten[61] – Analyse ergibt sich: Der ökonomische Grundbegriff des Wertes verdeckt einen *Prozess* und ist ein dynamischer Schein. Es gibt keine Wertsubstanz, weder in der Form von Arbeitswerten, als Grenznutzen oder (in der Sprache der modernen Mikroökonomie) als Menge aus Präferenzrelationen und Technologie. Auch das Geld hat deshalb als Rechnungseinheit beim Kauf und Verkauf keinen Wert in oder aus sich selber, sondern besitzt nur eine *relative* Bedeutung. Es ist das, was es an sozialen Tauschfunktionen erfüllt.

Gleichwohl hat sich auf der Basis des Geldes als Zeichengeld ein ganzes Gebäude von Täuschungen aufgebaut. Zentralbanken setzen als Ziel eine Geldwertstabilität, die sich nur immer wieder neu durch mitunter sehr fatale Eingriffe (Zinspolitik) in die Wirtschaft durchsetzen lässt. Hier zeigt sich ganz praktisch, dass der „Wert" nur eine Funktion ist, die gegenseitig abhängige und vernetzte Märkte voraussetzt. Auf der Basis des Zentralbankgeldes errichtet sich eine Vielzahl geldähnlicher Formen, deren täuschende Natur heute den Alltag der Börsen und anderer Finanzmärkte bestimmt. Die einfache Tatsache, dass bei einem Crash wie 1929 an der Wallstreet, 1989/97 an der Börse von Tokio oder in den weltweiten Börsenzusammenbrüchen in der Folge des Crashs am Neuen Markt nach der Jahrtausendwende über Nacht sich gewaltige Buchwerte in Nichts auflösen, zeigt die Natur des Scheins sehr deutlich. Mussten im alten Indien und Tibet die Lehrer ihren Schülern die scheinbare Selbstnatur der Phänomene, also ihre Leerheit, durch komplizierte Beispiele wie Zauberkunststücke oder eine Fata Morgana erklären, so genügt es in der Gegenwart, einfach einige Wochen lang den Wirtschaftsteil einer der internationalen Zeitungen zu lesen.

Die fiktive Natur aller Werte, die in Scheinblüten und Crashs offenbar wird, ist Ausdruck einer globalen Abhängigkeit aller ökonomischen Prozesse. Es lässt sich geradezu aus den Grundprinzipien der buddhistischen Philosophie *deduzieren*, dass mit der Zunahme der Verflechtung und ihrer Komplexität auch

---

61 Vgl. K.-H. Brodbeck, Erfolgsfaktor Kreativität aaO.; ders., Die fragwürdigen Grundlagen aaO. und die dort diskutierte und zitierte Literatur.

der *Schein* dieser Werte sich vervielfältigen muss. Und da diese verflochtenen Prozesse keine innere Stütze besitzen, also *wesentlich leer* sind, kann man vorhersagen, dass es immer wieder und sogar in wachsendem Umfang zu *Ent-Täuschungen* über die fiktiven Werte auf den Märkten kommen muss – auch wenn man nicht vorhersagen kann, wann und wie so etwas geschieht. Darin liegt gerade die *Leerheit* dieser Phänomene, dass sie keinen „Sinn" haben, also auch keinem für Prognosen verwendbaren Gesetz folgen.

Unter einem *ethischen* Gesichtspunkt wäre weder gegen den Schein der Geldwerte noch gegen deren Ent-Täuschung in Crashs und Krisen etwas einzuwenden, solange es sich um rein *kognitive Phänomene* handelte. Doch dieser Schein produziert seine eigene Wirklichkeit. Auf der Basis fiktiver Geldwerte bilden sich *Erwartungen*, die Voraussetzung für Entscheidungen über *reale* Faktoren der Güterproduktion sind. Die *wirkliche Produktion* ist durch die Erwartungen mit den fiktiven Spekulationen auf den Finanzmärkten unheilvoll verflochten. Der Schein ist universal, bildet die Grundlage für weltumspannende Investitionsentscheidungen, die staatliche Gesetzgebung und internationale Vereinbarungen. Er *lenkt* das Einkommen, die ökonomische Lebensgewinnung von Milliarden Menschen.[62]

Auch hier kommt die buddhistische Wirtschaftsethik zu dem eher betrüblichen Resultat, dass man diesen Prozess der Täuschung kaum von außen durch moralische Regeln zähmen kann. Die leere Natur aller Werte in der Wirtschaft, die bloß *funktionale Wahrheit* der Preise und des Geldwertes, macht es unmöglich, diesem Prozess so etwas wie einen festen Rahmen zu geben. Jede Art von Beschränkung entzündet nur die von Geldgier geleitete Phantasie, um Wege zu ihrer Umgehung oder profitablen Ausnützung zu finden. Auch hier kann ein dauerhafter Wandel nur durch eine Veränderung der *Wahrnehmung* erfolgen. Solange die Wirtschaft ihre Grundlage und ihren Angelpunkt im Schein des Geldes findet, ist jede äußere moralische Regel, die nicht auf Einsicht zielt, nur wie der Versuch, das Wasser einer Fata Morgana in Flaschen abzufüllen.

---

62 Vgl. K.-H. Brodbeck, Die Macht des Scheins in der Wirtschaft; in: C. Urban, J. Engelhardt (Hrsg.), Wirklichkeit im Zeitalter ihres Verschwindens, Münster-Hamburg-London 2000, S. 129-147.

Wenn also Buddha seinen Mönchen das Annehmen von Geld untersagt hat, weil es der Erkenntnis schadet, so verbirgt sich auch in dieser unscheinbaren moralischen Regel eine tiefe Weisheit. Eine stabile, das Leiden weitgehend einschränkende soziale Ordnung darf nicht auf einer *Fiktion* gegründet sein. Die wirtschaftlichen und sozialen Beziehung verlieren erst dann ihren fiktiven Charakter, wenn sie nicht primär von mechanischen Geldfunktionen, sondern vom *direkten Kontakt*, vom vernünftigen Dialog getragen werden. Deshalb haben Buddhisten immer dafür plädiert, ökonomische Beziehung klein und überschaubar zu halten.[63] Die Stabilität des ökonomischen Systems erwächst aus einer Vielfalt direkter *menschlicher* Kontakte, nicht aus der Abstraktion von Vertrags- und Marktbeziehungen. Hierin liegt auch eine von Buddhisten gelegentlich betonte Gemeinsamkeit mit Vorstellungen sozialistischer Theoretiker.[64]

4.2.3 Geldgier und Wettbewerb

> „Der Buddhismus betrachtet den Wunsch nach Besitz als eine der
> schlimmsten Leidenschaften, von denen ein Sterblicher besessen sein kann.
> Wie viel Elend in der Welt geht auf die allgemeine Besitzgier zurück!"[65]

Der Schein des Geldes ist heute als *global* entfaltete Grundlage der individuellen Ego-Prozesse Ausdruck dessen, was im Buddhismus „Gift der Unwissenheit" heißt. Die anderen beiden Gifte – Gier und Aggression – gründen in diesem Nichtwissen. Mehr noch. Dieses Nichtwissen, verborgen in der Funktion und Struktur des Geldes, ist selbst eine *soziale Wirklichkeit*. Und auf der Basis des ökonomischen Nichtwissens, also dem Glauben an die eigenständige Natur von Werten, dem Glauben an den Schein des Geldes, bewegen sich die beiden

---

63 E. F. Schumacher, Small is Beautiful, Heidelberg ²1995.

64 Vgl. Dalai Lama, Buddhismus und Marxismus; in: Ausgewählte Texte, München 1987, S. 212-217; Snatikaro, Möglichkeiten eines Dhamma-Sozialismus; in: Evangelisches Missionswerk in Deutschland (Hrsg.), Weltmission heute Nr. 23, Hamburg 1996, S. 86-133.

65 T. D. Suzuki, Die große Befreiung, Frankfurt/M. 1975, S. 123. Suzuki fügt hinzu: „Jedenfalls ist das Ideal des Zen, das den Besitz eines Mönchs auf ein winziges Kästchen beschränkt, der stumme, wenn auch unwirksame Protest des Buddhisten gegen die heutige Gesellschaftsordnung." aaO., S. 124.

anderen Gifte, deren Beseitigung und Reinigung die Hauptaufgabe der buddhistische Ethik darstellt: Geldgier und aggressive Konkurrenz.

Die *Begierde* wird bestimmt durch das Objekt ihres Ergreifens. Sie wird deshalb in der Wirtschaft zur *Geldgier* als der grundlegenden Motivation wirtschaftlichen Handelns. Die zugehörigen Denkformen drücken das meist verharmlosend aus und operieren mit Begriffen wie „Gewinnmaximierung", „Kostenminimierung" oder „Effizienz" – in Presseverlautbarungen von Konzernen spricht man noch nebulöser von „Ergebnis" und „Ergebnisverbesserung". Gemeint ist aber stets die schlichte Begierde nach Geld.

Das zweite Gift, durch das sich die Verblendung des Ego-Prozesses entfaltet – die Aggression oder der Hass – zeigt sich in der Wirtschaft als Konkurrenz, Wettbewerb oder als „Ellenbogengesellschaft". Wenn sich wirtschaftliche Interessen staatlicher Mittel bedienen, dann verwandelt sich diese aggressive Haltung auch sehr rasch in kriegerische Drohungen oder militärische Konflikte. Der Schein des Geldes verbirgt sich dann hinter „nationalen Sicherheitsinteressen", die aber meist sehr einfach übersetzt werden können, so z. B. als militärischer Versuch, den freien Zugang des Kapitals zu einem Land zu sichern oder Rohstoffe wie das Erdöl vor dem Zugriff anderer Mächte zu schützen. Buddha drückt diese *Bedingtheit* militärischer Auseinandersetzungen durch das ökonomische Erwerbsstreben klar und einfach so aus:

> „So entsteht also abhängig von der Empfindung das Verlangen, abhängig vom Verlangen das Suchen, abhängig vom Suchen das Finden, abhängig vom Finden das Bewerten, abhängig vom Bewerten entsteht Verlangen und Wohlgefallen, abhängig von Verlangen und Wohlgefallen das Streben, abhängig vom Streben das Erwerben, abhängig vom Erwerben der Geiz, abhängig vom Geiz das Verteidigen, anlässlich des Verteidigens kommt es zu vielen bösen, unheilbringenden Dingen, zum Greifen nach Schlagstöcken, zum Greifen nach Waffen, zu Hader und Streit, Zank und Zwist, zu Verleumdung und Lüge."[66]

Die Geldgier ist ein verwickeltes Phänomen. Das Geld, das ursprünglich dem Austausch dient, verwandelt sich vom Mittel in einen Zweck. Wer über eine bestimmte Geldsumme verfügt, kann Marktprozesse direkt beeinflussen und Güterströme nach seinen Interessen lenken. Der einfache Kaufmanns-

---

66 Digha-Nikaya XV, 9.

gewinn ist die frühe Form hiervon, die globale Spekulation mit Finanztiteln zeigt die volle Entfaltung dieser Struktur der Verblendung. Als dieses Phänomen noch relativ neu war und deshalb auch leichter durchschaut werden konnte, wurde das Bestreben, Geld durch die Funktionalisierung von Tauschprozessen zu vermehren, allgemein verurteilt. So sind fast alle Weltreligionen gegenüber dem Zinsnehmen sehr kritisch eingestellt.

Der Zins ist der formale Ausdruck der Geldgier – also eine *irrationale Motivation*. Deshalb sind alle Versuche, den Zins im Rahmen mechanischer Wirtschaftsmodelle *rational* zu erklären, zum Scheitern verurteilt. Die Zinstheorie ist *der* blinde Fleck der ökonomischen Theorie.[67] Aristoteles hatte das Zinsnehmen mit dem zutreffenden Argument verurteilt, dass darin eine soziale Funktion – die des Geldes – privat missbraucht wird. Die christlichen Kirchen haben sich bis zur Reformation dieser Kritik angeschlossen.[68] Auch im Islam findet sich eine eindeutige Kritik am Zinsnehmen.[69]

In der Gegenwart erscheinen Kritiker der Geldwirtschaft und des Zinses, die sich vielfach auf Silvio Gesell berufen, dagegen beinahe als exotische Randfiguren. Die Kritik am Zins ist für eine buddhistische Wirtschaftsethik aber sehr leicht nachvollziehbar. Allerdings ist die Hoffnung auf eine Reform des *Geldwesens*, also auf einen *äußeren* Mechanismus (Gesell schlug eine automatische Geldentwertung, „rostendes Geld" vor) immer noch an die Täuschung eines Geldwertes geknüpft.[70] Weder das Geld noch der Zins, vielmehr die *Geldgier*, also ein *Handlungsmotiv*, ist die Ursache für alle Fehlentwicklungen, die man entdecken kann. In den Worten von Ezra Pound:

---

67 Vgl. K.-H. Brodbeck, Erfolgsfaktor Kreativität aaO., Kapitel 17.

68 Noch G. Wünsch schreibt: „Zins ist Ausbeutung fremder Arbeit (...). Kapital wie Grund und Boden sind an sich nichts, sie werden erst etwas durch die Arbeit. Aber heute ist es üblich, Zins und Dividenden zu zahlen". G. Wünsch, G. Wünsch, Evangelische Wirtschaftsethik, Tübingen 1927, S. 687.

69 „Diejenigen, die Zins nehmen, werden dereinst nicht anders dastehen als wie einer, der vom Satan erfasst und geschlagen ist", heißt es im Koran Sure 2, 275; siehe auch Sure 30, 39. Vgl. hierzu: R. Lohlker, Das islamische Recht im Wandel, München-Berlin 1999.

70 „Wenn wir das Geld so gestalten, dass der Druck, unter dem das Warenangebot steht, auch auf das Geldangebot übertragen wird, so fällt die Übermacht des Geldes dahin." S. Gesell, An die Überlebenden, Heidelberg 1948, S. 65.

„Re USURA
I was out of focus, taking a symptom
for a cause.
The cause is AVARICE."[71]

Auch Silvio Gesell sagt an einer Stelle sehr schön:

„(W)as wären Nachfrage und Angebot ohne handelnde Personen? Diese handelnden Personen bewirken die Preisverschiebungen, und als Werkzeug dienen ihnen die Marktverhältnisse. Die handelnden Personen aber sind wir, wir alle, das Volk. Jeder, der etwas zu Markte trägt, *ist von demselben Geist beseelt, so hohe Preise zu fordern, wie es die Marktverhältnisse irgend gestatten.* Und jeder sucht sich zu entschuldigen (wie auch jeder durch die hier stattfindende Wechselseitigkeit entschuldigt wird), *indem er sich auf die unpersönlichen Marktverhältnisse beruft.*"[72]

Doch wenn der Geist der Geldgier auf den Märkten *alle* beteiligten Wirtschaftssubjekte erfasst hat, und wenn es ferner richtig ist, dass die „unpersönlichen Marktverhältnisse" auf den handelnden Personen und deren Motivation *beruhen,* dann lässt sich die Geldgier kaum *durch äußere Regeln* aufheben. Sie wird sich vermutlich *neue* Wege suchen und geeignete Mittel erfinden. Die Geschichte der Wuchergesetze als eines historisch mehrfach gescheiterten Versuchs, den Zins von außen durch Rechtsnormen zu verbieten, spricht hier eine deutliche Sprache.[73] In der buddhistischen Wirtschaftsethik sind deshalb auch aufgrund dieser Erfahrungen nicht ein Phänomen oder eine bestimmte soziale Funktion zu kritisieren, sondern stets die Motive, die das Handeln im Rahmen solcher Strukturen bestimmen.

Das trifft auch auf den *Wettbewerb* zu. Sozialisten erkennen sehr wohl die destruktive Wirkung vieler Wettbewerbsprozesse und wollen den Wettbewerb deshalb durch Verstaatlichung abschaffen. Im Rahmen der sozialen Marktwirtschaft versucht man, den Wettbewerb durch Gesetzesnormen zu kontrollieren.

---

71 „Was USURA angeht, so hatte ich das unschaft eingestellt und ein Symptom für die Ursache gehalten. Die Ursache ist HABGIER." Ezra Pound, Usura-Cantos, hrsg. v. E. Hesse, Zürich 1985, S. 71.
72 S. Gesell, Die natürliche Wirtschaftsordnung durch Freiland und Freigeld, Hochheim [11]1931, S. 131; meine Hervorhebung.
73 Vgl. W. Endemann, Studien in der Romanisch-Kanonischen Wirthschafts- und Rechtslehre, zwei Bände, Berlin 1833.

Beide Versuche haben sich als vergebliche Bemühung herausgestellt.[74] Weder ist es gelungen, die Gewalt des globalen Wettbewerbs durch staatliche Schranken auszuschließen (wie das gescheiterte Experiment des sowjetischen Sozialismus zeigt), noch können nationale Wettbewerbsbehörden global agierende Konzerne und Kapitalströme lenken. Die ordoliberale Hoffnung, den Wettbewerb durch eine Wirtschaftsordnung zu begrenzen, hat sich als Illusion erwiesen. Heute erfüllen die nationalen Regierungen vielmehr selbst durch vielfache Standortanreize im internationalen Wettbewerb eine dienende Rolle für die Wirtschaft. Sie sind weit davon entfernt, den Wettbewerb durch einen wirksamen Rahmen von Regeln zu *bändigen*.

Die Hoffnung auf ethische Beschränkung des Kapitalismus durch exogene „Spielregeln" beruht auf einer mechanischen, also einer *naiven* Analyse des Wettbewerbs. Für den frühen Neoliberalismus (Ordo-Liberalismus) sollte gelten: „Wirtschaften an sich (ist) frei von moralischem Gehalt".[75] Die Moral stecke systematisch im *Rahmen*, sagen Wirtschaftsethiker, die dieser Denktradition folgen. Doch dieser Gedanke beruht auf einem Fehlschluss. Es wird nicht bemerkt, dass mit diesem Urteil die bloße Faktizität des Marktes selbst zu einem *unantastbaren Wert*, zu einem neuen *Gott* wird. Insofern spricht Homann – und erweist sich als *Theologe* des Marktes – durchaus konsequent von „*Sünden* gegen die Marktwirtschaft".[76] *Sünden* gibt es nur wider einen *Gott*, der in dieser pekuniären Theologie „Markt" heißt.

Wäre der *moralfreie* Markt tatsächlich ein Faktum, das man in einer *mechanisch-mathematischen* Sprache beschreiben kann (wie das von den modernen Wirt-

---

74 Max Weber läßt die Möglichkeit einer Einschränkung des Marktes implizit offen, wenn er sagt: „Wo der Markt seiner Eigengesetzlichkeit überlassen ist, kennt er nur Ansehen der Sache, kein Ansehen der Person, keine Brüderlichkeits- und Pietätspflichten, keine der urwüchsigen, von den persönlichen Gemeinschaften getragenen menschlichen Beziehungen. Sie alle bilden Hemmungen der freien Entfaltung der nackten Marktvergemeinschaftung". M. Weber, Wirtschaft und Gesellschaft, Tübingen 1972, S. 383.

75 L. Erhard, A. Müller-Armack, Soziale Marktwirtschaft, Frankfurt/M.-Berlin-Wien 1972, S. 54. Ähnlich sagt F. H. Knight in vergleichbarem Zusammenhang: „But the question is one of ethics, entirely outside the field of exchange as a mechanical problem." F. H. Knight, The Ethics of Competition, London 1936, S. 233.

76 K. Homann, F. Blome-Drees, Wirtschafts- und Unternehmensethik, Göttingen 1992, S. 69.

schaftswissenschaften versucht wird[77]), so bliebe jede moralische *Aufforderung* an die handelnden Wirtschaftssubjekte, sich so oder anders zu verhalten, einfach nur eine leere Rede – wie die Aufforderung an einen Stein, er solle der Regel der Schwerkraft gehorchen und auf dem Boden liegen bleiben.

Nun sprechen aber gerade und auffallenderweise Autoren, die ungeniert eine Apologie der Markthörigkeit als Ausweis ihrer „Modernität" formulieren, von einer „*sittlichen Pflicht der Unternehmen*"[78] zur Gewinnmaximierung (also einem Sollen) – „the social responsibility of business is to increase its profits"[79] –, oder betonen, dass die „strenge Speculation auf Gewinn" nur die „*pflichtmäßige* Benützung eigenthümlicher gesellschaftlicher Mechanismen"[80] ist. Sind derartige Sätze durchdacht und überhaupt *ernst* gemeint, so ist von *ethischen* Regeln die Rede. Dann kann der Egoismus der Geldgier aber keine unveränderliche Motivation der Handelnden sein, die durch mechanistische Verhaltenshypothesen adäquat beschrieben wird, sondern erweist sich auch aus dem Munde ihrer Apologeten als etwas, das man erst durch eine moralische Regel *herstellen* muß. Denn ein moralischer Appell setzt *implizit* stets die freie Entscheidung bei den Handelnden voraus, sich auch *anders* – z. B. altruistisch – verhalten zu können.

Wenn also der heimliche Markt-Gott aus dem Munde der Sittenwächter der Geldgier eine *Pflicht* zur Gewinnmaximierung einfordert, dann wird damit zugegeben, dass das „Marktgesetz" nur ein *ethisches* Gesetz ist. Der *homo oeconomicus* ist folglich nicht etwas, das man als Faktum oder auch nur als Modellannahme zur Erklärung einer unveränderlichen „Realität" philosophisch redlich voraussetzen darf. Das irrationale Verhalten der Geldgier wird vielmehr, wie die zitierten Autoren ungeniert zugeben, erst für den und durch den Markt *erzeugt* – unter aktiver Mithilfe jener Theoretiker, die im Gewande ihrer Geld-Theologie einherschreiten und die Pflicht zur Bereicherung predigen.

---

77 „Thus any value in exchange, once established, partakes of the character of a natural phenomenon, natural in its origins, natural in its manifestations and natural in essence." L. Walras, Elements of Pure Economics, London 1954, S. 64. Vgl. K.-H. Brodbeck, Die fragwürdigen Grundlagen aaO., Kapitel 2.

78 K. Homann, F. Blome-Drees aaO., S. 51. Hervorhebung der Autoren.

79 Titel eines Essays von Milton Friedman von 1970 für das Times Magazine.

80 F. Schäffle, Das gesellschaftliche System der menschlichen Wirthschaft, 2. Bd., Tübingen ³1873, S. 4; Schäffles Hervorhebung.

Diese in sich widersprüchlichen Thesen haben eine lange Tradition und sind nur die Verfallsform eines philosophisch ernsthaften Gedankens. Es war die Hoffnung der frühen Aufklärung, die menschlichen Leidenschaften durch die „kühle Vernunft" der kaufmännischen Rechnung und des Wettbewerbs zügeln zu können.[81] Bei Kant erreicht dieser Gedanke seine ethisch reife Form. Er hoffte in der Tradition der klassischen Ökonomen, dass der Wettbewerb nicht nur moralisch begrenzt, sondern selbst zur Durchsetzung moralischer Regeln benutzt werden könnte, ein Gedanke, der all das in klarer Form enthält, was später Wirtschaftsethiker von Schäffle bis Homann daraus in kleinerer Münze gemacht haben:

> „Das Problem der Staatserrichtung ist, so hart wie es auch klingt, selbst für ein Volk von Teufeln (wenn sie nur Verstand haben) auflösbar und lautet so: ‚Eine Menge von vernünftigen Wesen, die insgesamt allgemeine Gesetze für ihre Erhaltung verlangen, deren jedes aber insgeheim sich davon auszunehmen geneigt ist, so zu ordnen und ihre Verfassung einzurichten, daß, obgleich sie in ihren Privatgesinnungen einander entgegen streben, diese einander doch so aufhalten, daß in ihrem öffentlichen Verhalten der Erfolg eben derselbe ist, als ob sie keine solche böse Gesinnungen hätten'. Ein solches Problem muß auflöslich sein. Denn *es ist nicht die moralische Besserung der Menschen*, sondern *nur (!) der Mechanism der Natur*, von dem die Aufgabe zu wissen verlangt, *wie man ihn an (!) Menschen benutzen könne*, um den Widerstreit ihrer unfriedlichen Gesinnungen in einem Volk so zu richten, daß sie sich unter Zwangsgesetze zu begeben einander selbst nöthigen und so den Friedenszustand, in welchem Gesetze Kraft haben, herbei führen müssen."[82]

Der Gedanke ist einfach: Man nimmt von den Menschen das Schlimmste an (dass sie Teufel sind), akzeptiert diese Motivation ohne Versuch, sie zu verändern oder ihre Funktion zu begründen, hofft aber zugleich, dass man die egoistischen Teufel durch Wettbewerb gegeneinander unter ethische Normen *zwingen* kann. Die Ökonomen und die Wirtschaftsethiker der Gegenwart sprechen von „Anreizsystemen" oder der Steuerung von „Subsystemen", denken aber im selben metaphysischen Horizont. Hier wird der Markt und der Wettbewerb bei aller materialen Differenz *formal* tatsächlich zum „Gott" und

---

81 Vgl. zur Geschichte der Versuche, die menschlichen Leidenschaften durch die nüchternen Interessen der Kaufleute im Wettbewerb zu zügeln, die glänzende Studie von A. O. Hirschmann, Leidenschaften und Interessen, Frankfurt/M. 1987.

82 I. Kant, Zum ewigen Frieden, Akademie Ausgabe Bd. VIII, S. 366 (meine Hervorhebung).

„Gesetzgeber" (er heißt bei Kant „Mechanism der Natur"), der den Teufel des Egoismus ethisch beschränken soll. Der „Rahmen" der staatlichen Normen ist nur der Avatar dieses Gottes. Seine Exekutive ist der mechanische Wettbewerb der „rationalen Teufel".[83] Hegel hat den Gedanken einer Instrumentalisierung der „Leidenschaften" durch das „Interesse" und den Wettbewerb, wie er von Machiavelli über Montesquieu bis zu Smith, Steuart, Millar[84] fortschreitend entwickelt und in seiner Übersetzung bei Kant dann ethisch konkretisiert wurde, durch die Denkfigur der „List der Vernunft" in ein idealistisches Kleid gehüllt und philosophisch vollendet:

> „Diese unermeßliche Masse von Wollen, Interessen und Tätigkeiten sind die Werk-zeuge und Mittel des Weltgeistes, seinen Zweck zu vollbringen, ihn zum Bewußtsein zu erheben und zu verwirklichen; und dieser ist nur, sich zu finden, zu sich selbst zu kommen und sich als Wirklichkeit anzuschauen."[85]

Kant und Hegel denken damit deutlich die beiden Extreme, die auf der Grundlage eines ungelösten Problems der modernen Ethik entstehen: Sieht Kant im *Marktwettbewerb* das ausführende Organ der Vernunft, so überwindet Hegel den darin liegenden Mechanismus und lässt die Vernunft im *Staat* zu sich kommen. Beide Philosophen formulieren darin das Modell des Gegen-satzes von Markt und Staat – der Quelle aller neoliberalen und sozialistischen Ideologien – das die *Praxis* des wirtschaftlichen und politischen Handelns im 19. und 20. Jahrhundert bestimmt hat.

Vom Standpunkt der buddhistischen Wirtschaftsethik aus werden hier zwei Fehler gemacht: Einmal erliegt man der Illusion, die verblendeten Leiden-schaften, die auf einem falschen *Denken* beruhen, von *außen* außer Kraft setzen zu können, indem man sie wie tote Kräfte gegeneinander wirken lässt. Zum anderen wird übersehen, dass der Zweck nicht die Mittel heiligt, sondern im

---

83 Dass Kant hierbei *faktisch* einer Form der „Markthörigkeit" (W. Sombart, Die drei Nationalökonomien, Berlin 1930, S. 269) das Wort redet, kann kaum übersehen werden. Zudem gerät er in Widerspruch zu seinem eigenen *kategorischen Imperativ*, der auch besagt: „(D)er Mensch (...) muß in allen seinen, sowohl auf sich selbst, als auch auf andere vernünftige Wesen gerichteten Handlungen jederzeit zugleich als Zweck betrachtet werden." I. Kant, Grundlegung zur Metaphysik der Sitten, Werke Bd. 7, S. 59f.

84 Vgl. A. O. Hirschman, Leidenschaften aaO.

85 G. W. F. Hegel, Vorlesungen über die Philosophie der Geschichte, WW Bd. 12, S. 40.

vorliegenden Fall der Zweck in sein Gegenteil verkehrt wird. Der globale Wettbewerb lässt sich nicht regulieren, er selektiert vielmehr Regeln oder bringt nur solche hervor, die der Geldgier adäquat sind.[86]

Die offenkundige *Umkehrung* in der Dualität von Wirtschaftsordnung und Markt zeigt sich – wie bereits bemerkt – auch empirisch: *Globale* Märkte werden nicht durch einen nationalen oder internationalen moralischen „Rahmen" gezügelt. Die Geldgier hat längst die Normen der Nationalstaaten ihrerseits instrumentalisiert. Der „Mechanism der Natur", also der blinde Wettbewerb der Geldgier, hat das, was ihn als ethischer Rahmen und Zweck lenken sollte, in ein bloßes Mittel des Standortwettbewerbs verwandelt. Der *nationale* Rahmen *ordnet* nicht, er wird bei Bedarf *selektiert* („dereguliert"), gegebenenfalls auch durch Kriege. Dieser Gedanke einer *externen Marktlenkung* war bereits eine naive Vorstellung, als der kapitalistische Geist überhaupt erst daran ging, die Welt zu erobern, denn der Kapitalismus war von seiner Geburtsstunde an entlang der antiken Handelswege *transnational* und weit davon entfernt, sich einem lokalen oder nationalen Rahmen zu fügen. Werner Sombart sagte deshalb zurecht:

> „Wer der Meinung ist, dass der Riese Kapitalismus Natur und Menschen zerstört, wird hoffen, dass man ihn fesseln und wieder in die Schranken zurückführen könne, aus denen er ausgebrochen ist. Und man hat dann gedacht, ihn mit ethischen Räsonnements zu Vernunft zu bringen. Mir scheint, solche Versuche werden kläglich scheitern müssen. Er, der die eisernen Ketten der ältesten Religionen zersprengt hat, wird sich gewiss nicht mit den Seidenfäden einer Weimarisch-königsbergischen Weisheitslehre binden lassen."[87]

In der buddhistischen Analyse ist der Grund für das Scheitern der Bemühungen zur ethischen Zügelung des Marktes oder seine weitgehende Ab-

---

86 Die Vorstellung einer „Ethik als Suchanweisung für paretosuperiore Regelsysteme", K. Homann, Ökonomik aaO., S. 23, verrät nicht, woher diese Ethik kommen soll: Aus der individuellen Geldgier, nationalstaatlichen Gesetzen oder einem fiktiven Weltstaat (Weltgeist) als Programmierer von Suchanweisungen? Hayeks Theorie der Regelselektion ist hier klarer, krankt aber an den im Abschnitt 5.5 diskutierten Mängeln.

87 W. Sombart, Der Bourgeois, München-Leipzig 1923, S. 462. Suzuki befürchtet auch für den Zen-Buddhismus: „Aber schon flutet die Woge modernen mechanistischen Geschäftsgeistes erbarmungslos über den ganzen Osten, so dass fast kein ruhiger Winkel für stille Zurückgezogenheit übrigbleibt". T. D. Suzuki, Die große Befreiung aaO., S. 127.

schaffung durch staatliche Lenkung eine falsche Wahrnehmung wirtschaftlichen Handelns. Hier zeigt sich eine vergleichbare Struktur, die wir schon bei den Präferenzen und der individuellen Motivation entdecken konnten: Die Marktprozesse sind nicht *mechanische* Vorgänge wie die Naturprozesse, die man in der Technik nutzbringend anwenden kann. Marktprozesse beruhen auf *Handlungen*, Handlungen aber werden gelenkt durch *Motive* und sind eingebettet in kognitive Prozesse. In der „Wirklichkeit" der Wirtschaft als Resultat dieser Handlungen ist also mit diesen kognitiven Prozessen und den zugrundeliegenden Motiven eine Ethik *implizit*, die von keiner *äußeren Regel* dauerhaft begrenzt werden kann. *Institutionelle* Regelungen sind, das ergibt sich aus dieser Analyse, erst dann dauerhaft wirksam, wenn die Motive handelnder Menschen in der Erkenntnis ihrer gegenseitigen Abhängigkeit gründen.

Der Wettbewerb beruht auf der Täuschung des Ego-Prozesses, auf dem Gift der Ablehnung, der Aggression, das sich auf *Werte*, auf den Schein des Geldes stützt. Solange sich also die Motive der Menschen nicht ändern, wird sich auch die wirtschaftliche Wirklichkeit nicht verändern. Geldgier und Neid, die zynische Schädigung anderer, sind die eigentliche Ursache für die Dynamik des Kapitalismus. Es ist deshalb auch leicht einsichtig, dass es für eine buddhistische Wirtschaftsethik keinen naiven Begriff des „Fortschritts" geben kann (vgl. Kapitel 7). Das Wecken neuer Begierden, deren Befriedigung Produktionsprozesse erforderlich macht, die vielfältige Zerstörungen anrichten, ist die Vervielfältigung und Zementierung der Ego-Verblendung. Solange sich die Motivation durch die drei Gifte nicht ändert, kann sich auch das „System" nicht verändern, noch kann es „ethisch gebändigt" werden – *ist* doch das Marktsystem die *Privation* jener Ethik, die es bändigen soll. Diese Privation, diese Beraubung des ethischen Potenzials der Menschen durch die Illusionen des Geld-Scheins, der Geldgier und der Konkurrenz beruht auf einer *Verblendung* der Motivation.

Motive aber *sind* veränderbar: Die drei Gifte sind eine *Einschränkung* der menschlichen Möglichkeiten, über die jeder verfügt; Möglichkeiten, die sich in jeder Regung des Mitgefühls, der klaren Erkenntnis oder des achtsamen Umgangs mit Lebewesen *zeigt*. Die ethische Erkenntnis ist also nicht etwas, das an die Menschen und ihre Leidenschaften *herangetragen* werden müßte. Sie gründet in deren eigentlicher, *unverblendeter* Natur. Egoismus, aggresiver Wettbewerb und die Täuschungen des Geld-Scheins sind *Verdunkelungen* dessen, was jeden Menschen ausmachen könnte. Die Ethik ist nicht das *Andere* oder das *Fremde*, das zum selbstsüchtigen Menschenwesen und seinen Leidenschaften von außen hinzukommen müßte, sondern das verdunkelte Wesen jedes Menschen.

Das Rätsel jeder Ethik ist die Frage nach der *Quelle* ethischer Regeln. Sucht man diese Quelle außerhalb, so muß man einen Gott als moralischen Gesetzgeber postulieren. Und der Markt ist, wie wir sahen, für die „moderne" Wirtschaftsethik – *metaphysisch* gesprochen – eine neue Gottheit. Doch dieser Markt *ist* nur der *Prozeß* des Egoismus, der Geldgier, des blinden Wettbewerbs. Er *kann* keine Quelle einer *verbindenden* Ethik sein. Der Markt kann aber *auch nicht* durch eine fremde, äußere Quelle „in Form" gebracht werden. Vielmehr werden in der globalen Ökonomie ethische Regulierungen im Wettbewerb der Standorte früher oder später *dereguliert*: Durch die neoliberale Instrumentalisierung einer Politik und eine dem Markt *prinzipiell* gehorsame Wirtschaftswissenschaft oder Wirtschaftsethik. *Das ist das grundlegende Dilemma* der „modernen" Ökonomie und Ethik. Dieses Dilemma bleibt ungelöst, weil der Markt als *Wesenheit*, als „Funktionsmechanismus", als „Subsystem" etc. verdinglicht wird, zu der man sich wie zu einer selbstseienden Entität theoretisch und praktisch zu verhalten glaubt, während man diese „Wesenheit" durch die Verneigung vor ihr und die damit einhergehende Verblendung hervorbringt. Das Wesen der „unerbittlichen Marktgesetze" ist die *Feigheit* vor ihnen.

Die buddhistische Lösung dieses Dilemmas wird somit in ihrer Originalität und Eigenständigkeit deutlich: Der „Markt" ist ein *illusionärer* Prozess, der sich als Prozess der drei Gifte und ihrer ökonomischen Ausprägung als Geldgier, Wettbewerb und dem Schein des Geldes erweist. Diese Täuschungen der drei Gifte sind „Privationen" (Beraubungen) der ethischen und kognitiven Möglichkeiten der Menschen. Deshalb findet sich die Quelle der Wirtschaftsethik nicht in einem transzendenten Prinzip, sondern in der *Ent-Täuschung* der Täuschungen durch Erkenntnis. Und diese Erkenntnis zu liefern, ist die Aufgabe der buddhistischen Ökonomie, die *identisch* ist mit der buddhistischen Wirtschaftsethik. Wenn institutionelle Regelungen auf Einsichten beruhen, durch die die Täuschung der Märkte *transparent* wird, wenn also moralische Regeln nicht ein blindes Verhalten „steuern", sondern durch *Erkenntnis* das Handeln lenken, besteht die Chance, die Abhängigkeit von „Sachzwängen" schrittweise durch Kommunikation und vernünftige Planung zu ersetzen.

Dass global agierende Firmen weltweite Waren- und Dienstleistungsströme *planen*, wird niemand bestreiten. Der sozialistische Gedanke, dass Planung besser ist als eine Anarchie der Märkte, wird vom Management großer Konzerne uneingeschränkt geteilt – solange die Pläne der Kontrolle der Eigentümer unterworfen sind. Kein globaler Konzern wird durch Wettbewerbsprozesse *organisiert*. Die *Planwirtschaft* ist also historisch nicht gescheitert; die Polemik neoliberaler Autoren gegen Vernunft und Planung ist nicht nachvollziehbar.[88] Gescheitert ist aber der Versuch, *Staaten* in geplante Betriebe zu verwandeln, weil sie ihre Staatsbürger nicht *entlassen* und soziale oder ökologische Kosten externalisieren konnten. Das Lob der „Effizienz" der Marktwirtschaft gegenüber der Planwirtschaft ignoriert diese Tatsache vollständig: Wenn man dem Zufall der Märkte folgend, zur Kostenanpassung Menschen nur im Rhythmus der Konjunktur beschäftigt, wenn die Interdependenz der Produktion mit der Natur (vgl. Abschnit 4.2.4) durch Externalisierung von Kosten und Verantwortung ignoriert wird unter dem Mantel der Geldrechnung, dann wird im Wettbewerb zwischen Staat und Markt immer der „Markt" siegen. Um das zu sehen, bedarf es allerdings eines Blicks *hinter* die Verblendung der Markteffizienz, von deren Geld-Schein sich das Denken der Ökonomen und Ethiker blenden lässt.

Die Ökonomik muß, das ergeben diese Überlegungen, zu einer ethischen Wissenschaft werden, in der die Einsicht in die Funktion jener Täuschungen, durch die das „ethische Wesen" der Menschen seiner humanen Möglichkeiten *beraubt* wird, zur zentralen Erklärungsaufgabe wird. Man braucht keine fremde Quelle für die „Herstellung" der Ethik bemühen, keine Mechanik der Regelsuche und Regelselektion, keinen transzendenten Gesetzgeber, kein transzendentales Ego und auch keine soziale Elite (der Reichen, Gebildeten oder der Arbeiterklasse) mit einer besonderen historischen Mission. Die Quelle dieser Ethik ist immer schon *da*, in *jedem Menschen*, sie ist nur verdeckt durch den

---

88   Vgl. K.-H. Brodbeck, Die fragwürdigen Grundlagen des Neoliberalismus aaO., S. 56 und 68ff.

wirtschaftlichen Prozess selbst, der sich auf die Täuschung der drei Gifte, also auf eine *verkehrte Wahrnehmung* der interdependenten Natur der Wirklichkeit, stützt.

Diese Einsicht blieb der abendländischen Tradition und ihrem Glauben an die Selbstnatur von Entitäten bislang verwehrt. Hier können die Philosophen und Wissenschaftler der westlichen Tradition nicht nur etwas lernen, sie müssen beschämt feststellen, dass im Wissen jener „vormodernen" buddhistischen Gesellschaften, auf die ein überheblicher Eurozentrismus von oben herab blickt, die Lösung ihres innersten ethischen Geheimnisses verborgen liegt, das Smith, Kant oder Hegel vergeblich gesucht haben. Fällt die Hülle, die das Antlitz des Menschen in eine vom Diktat der Effizienz und der Sachzwänge verzerrte Maske verwandelt, dann zeigt sich hinter dieser entfremdeten *Person* das gelöste Lächeln eines wissenden Buddha.

4.2.4 Ökologie und ökonomischer Naturbegriff

Die Ökologie ist die Lehre vom „Naturhaushalt". Ernst Haeckel, der den Begriff „Ökologie" in die Biologie einführte, bezeichnet damit „die gegenseitige Wechselwirkung der Organismen".[89] Er sagt weiter: „Unter Ökologie verstehen wir die gesamte Wissenschaft von den Beziehungen des Organismus zur umgebenden Außenwelt".[90] Es ist nicht schwer, hier die enge Verwandtschaft mit dem buddhistischen Begriff der gegenseitigen Abhängigkeit (*pratityatsamutpada*) zu sehen. Bereits die zentralen Aussagen des frühen Buddhismus lassen ökologische Implikation erkennen.[91]

Der Begriff für die Natur in den modernen Wirtschaftswissenschaften ist dagegen die *Ressource*. Die Natur ist Mittel zum Zweck, und der Zweck ist durch die Präferenzen und Motive des Wirtschaftens diktiert, in denen wir bereits die ökonomische Form des Ego-Prozesses erkennen konnten. Die drei Gifte der Unwissenheit, Begierde und Aggression entfalten sich somit auch

---

89   Abgedruckt bei E. Schramm (Hrsg.), Ökologie-Lesebuch. Ausgewählte Texte zur Entwicklung ökologischen Denkens, Frankfurt 1984, S. 153.

90   E. Schramm aaO., S. 154.

91   Vgl. Schmithausen, L., The Early Buddhist Tradition and Ecological Ethics, Journal of Buddhist Ethics 4 (1997), S. 12ff.

gegenüber der Natur im Handeln des *homo oeconomicus.* In der Produktionstheorie sind nicht nur die menschlichen Handlungen bloße *Faktoren* zur Erzie-
lung eines „Ergebnisses" – eine Tatsache, die unter dem Begriff der „Ent-
fremdung" zurecht kritisiert wurde –, auch die Natur gilt als bloßes „Vor-
rathaus, aus dem der Mensch seine Bedürfnisse"[92] befriedigt.

Der irrtümliche Glaube an ein substanzielles Ego neigt nicht nur dazu, das
Wohl anderer *Menschen* aus der eigenen Motivation auszugrenzen, alles Leben
in der Natur erscheint als bloßes Eigentum, gegenüber dem die Menschen
Gewalt haben. Das ist auch der exakte Begriff des *Eigentums*: Verfügungsgewalt
über Sachen zu haben. So wurden im früheren Privatrecht Tiere ausdrücklich
als *Sachen* bezeichnet und werden auch heute noch faktisch wie Sachen behandelt. Hier wird also ein *ethisches Urteil* ausgesprochen, in dem die Natur als
Ressource verdinglicht und das Leben der Tiere zu einem bloß materiellen
Ding ohne eigenes Recht wird.

Die ökonomische Theorie tritt hier durchaus ein *theologisch-christliches* Erbe an,
denn in der Genesis heißt es: „Furcht und Schrecken vor euch soll sich auf alle
Tiere der Erde legen, auf alle Vögel des Himmels, auf alles, was sich auf der
Erde regt, und auf alle Fische des Meeres." [Gen 9,2] Ökologisch orientierte
Christen unternehmen in der Gegenwart allerdings große Anstrengungen, um
dieser Aussage ihre Schärfe zu nehmen und sie mit anderen Textstellen der
christlichen Tradition auszugleichen. Dagegen besitzt die buddhistische
Grundhaltung tierischem Leben gegenüber den Vorzug, von alters her ein-
deutig zu sein. Sie kann in dem Satz zusammengefasst werden: „In buddhistischer Erkenntnis ist das Tier nichts als der minder glückliche Kamerad im
Samsara."[93] Ashoka veranlasste deshalb unterschiedslos Maßnahmen zur
„medizinischen Fürsorge für Menschen und medizinischen Fürsorge für
Tiere": „An den Landstraßen aber wurde für den Bau von Brunnen und die

---

92 A. Damaschke, Die Bodenreform, Berlin 1907, S. 47. Vgl. zum Begriff der Natur als Ressource ausführlich K.-H. Brodbeck, Die fragwürdigen Grundlagen aaO., S. 125ff.

93 P. Dahlke, Buddhismus als Religion und Moral, München-Neubiberg ²1923, S. 293, eine
Einsicht, die Dahlke als Arzt und Buddhist auch praktizierte und sich als entschiedener
Gegner von Tierversuchen (Vivisektion) gezeigt hat; er ist auch ein wesentlicher Motor der
Bewegung „Ärzte gegen Vivisektion" gewesen. Vgl. zur buddhistischen Literatur zu diesem
Thema den Überblick: B. Slaughter, Animal Use in Biomedicine: An Annotated Bibliography
of Buddhist and Related Perspectives, Journal of Buddhist Ethics 9 (2002), S. 149-158.

Anpflanzung von Bäumen Sorge getragen zur Erquickung von Menschen und Tieren." (2. Felsenedikt)

Die abendländische Naturauffassung ist dagegen rein anthropozentrisch, und die Ökonomie setzt hier eine Tradition fort, deren *ethischer* Gehalt gar nicht erkannt wird. Der Mensch ist nicht nur das Zentrum der wirtschaftlichen Aktivitäten, er allein gilt auch als ein *moralisches Wesen*, der einer nicht-moralischen Natur gegenübersteht. Im Wiedergeburtsglauben des Hinduismus, den Buddha kritisch aufnimmt und verwandelt, ist dagegen der wichtige Gedanken enthalten, dass Menschen und Tiere *innerlich* verbunden sind, denn in der hinduistischen Tradition umfasst der Kreislauf der Wiedergeburten durchaus Mensch *und* Tier. Das heißt: Tiere sind *moralische* Wesen. Auch der griechischen Philosophie ist dieser Gedanke, vermutlich unter indischem Einfluss, nicht völlig fremd. Aristoteles bestimmt das Wesen des Menschen zwar immer in *Differenz* zum Tier, doch nicht als absoluten Unterschied, sondern durch *hinzukommende Eigenschaften*. Der Mensch ist *zoon logon*, ein *sprechendes und denkendes* Lebewesen. Das heißt: Der Mensch ist eben *auch* Lebewesen, tierähnlich, verwandt mit dem natürlichen Leben.

Die neodarwinistische Evolutionstheorie, die Ökologie, die Genetik, die Neurowissenschaften – sie alle liefern unabweisbare Indizien dafür, dass zwischen Menschen und Tieren *keine* wirkliche Kluft existiert, dass also die Menschen mit der Natur innerlich verwandt sind. Auch wenn man blind bleibt gegenüber der faktischen *Abhängigkeit* von der Natur – der menschliche Körper besteht aus transformierten Stoffen, die aus Tierleichen und Pflanzenteilen aufgebaut wurden –, so lässt sich doch die faktische Abhängigkeit von der und die Verwandtschaft mit der Natur nicht leugnen. Gleichwohl *handeln* die Menschen, die der blinden Logik des *homo oeconomicus* erliegen, ganz anders.

Da die gefährdete dynamische Stabilität des Erdklimas und verheerende ökologische Katastrophen heute unübersehbar geworden sind und wenigstens die Versicherungsgesellschaften Alarm schlagen, haben auch Ökonomen die Ökologie für sich entdeckt. Doch die meisten *Lösungen*, die sie vorschlagen, multiplizieren nur die Blindheit gegenüber der gegenseitigen Abhängigkeit von Wirtschaft und Natursystemen. Man betrachtet die Natur weiterhin als *Ressource*, die durch Eigentumsrechte zerstückelt und an Börsen durch Zertifikate handelbar gemacht werden soll. Dass hier die Geldgier nur einen neuen Weg gefunden hat, auch aus diesem Versuch einer *Ordnung* der Blindheit des Wettbewerbs einen Profit zu schlagen, scheint offenkundig: Man braucht nur die internationalen Verhandlungen über den Klimaschutz zu rekapitulieren, um sich davon zu überzeugen. Selbst das Leben künftiger Generationen von Menschen (zu schweigen von anderen Lebewesen) spielt hier keine Rolle: Das kognitive Fenster des *homo oeconomicus* ist räumlich, zeitlich und sachlich beschränkt.

Die Verblendung des Ego-Prozesses, in der Wirtschaft angetrieben von der Gier nach immer mehr Geld und einem beispiellosen Zynismus gegenüber dem Leben von Menschen und Tieren, hat in der ökologischen Zerstörung ihren Höhepunkt gefunden. Hier ist die einfache Wahrheit der gegenseitigen Abhängigkeit im Reich der Lebewesen nicht mehr von der Hand zu weisen. Doch die Verblendung, also die Geldgier und die „Sachzwänge des globalen Wettbewerbs", verhindern auf vielfältige Weise die Versuche, diesen Prozess durch *moralische Regeln* oder Gesetze zu begrenzen. Auch hier gilt die betrübliche Einsicht: Die *implizite Ethik* des wirtschaftlichen Handelns, der zugrundeliegende Egoismus als zentrales Motiv, entfaltet Wirkungen, die *nachträglich* durch eine Moral zu begrenzen, sich immer wieder als gescheiterter Versuch erwiesen hat.

Im Sinn der buddhistischen Wirtschaftsethik kann hier nur eine dauerhafte Veränderung erreicht werden, wenn auch die *Motivation* der Handlungen in Produktion und Konsum und die *Wahrnehmung* der Natur sich grundlegend wandeln. Die Wissenschaften bieten, auch ohne Rückgriff auf die buddhistische Theorie der gegenseitigen Abhängigkeit, reichliches Material. Und Buddhisten treten sehr gerne zurück, wenn sich nur richtiges Handeln, also ein Handeln, das auf der Erkenntnis der ökologischen Bedingungen beruht, praktisch umsetzen lässt. Ökologie im oben interpretierten Sinne und buddhistische Wirtschaftsethik fließen hier fast nahtlos zusammen, weswegen fast ausnahmslos Buddhisten ökologische Positionen übernehmen und umgekehrt viele Ökologen ihre Sympathie mit dem Buddhismus bekunden. Im äußersten Missbrauch der Natur ist die gegenseitige Abhängigkeit aller Phänomene, also die *Wahrheit der Wirklichkeit*, immer unübersehbarer geworden. Insofern verschmilzt in dieser Frage die Kritik der buddhistischen Wirtschaftsethik mit der Kritik der Ökologen.

4.2.5 Die Illusion der Dualitäten

Die buddhistische Philosophie kann man als *systematische Kritik* an dualen Denkformen bezeichnen (vgl. 2.1.3). *Kritik*, weil sich in dualen Denkformen eine Täuschung verbirgt. Denn wenn A von B unterschieden wird, dann denkt man A und B als je selbständige Entitäten, denen ein inneres Wesen zukommen soll. Man vergisst das, *worin* A und B unterschieden werden. Vom Standpunkt des Apoha-Prinzips aus ist A nur das, was *nicht* B ist und umgekehrt. Diese (hier nur angedeutete) Kritik hat einen *systematischen* Charakter, weil darin ausgedrückt wird, dass es unmöglich ist, *getrennte*, isolierte Entitäten als Grundlage einer Erklärung zu verwenden. Vielmehr bilden verschiedene Phänomene und ihre Begriffe stets ein *System* gegenseitiger abhängiger Beziehungen, in dem es keine *letzte* Ursache, keinen letzten Grund gibt.[94]

Das bedeutet, alle Phänomene, auch und besonders in der Wirtschaft, sind nur dann verständlich, wenn man ihre gegenseitige Abhängigkeit, ihre wechselseitige Bedingtheit *auch theoretisch* reflektiert. Ich möchte dieses Apoha-Prinzip an einigen für die Ökonomie charakteristischen Dualitäten demonstrieren und zeigen, wie sich in solchen Denkformen Illusionen verbergen, die ihrerseits Handlungen lenken und somit die relative Wirklichkeit verändern.

Eine grundlegende Trennung in der ökonomischen Theorie ist die zwischen Produktion und Konsum. So gibt es eine eigenständige Disziplin „Produktionstheorie" und viele Formen der Konsumtheorie, von der Nutzentheorie bis zur Marktforschung. Zwar wird in Gleichgewichtsmodellen, wie sie im Anschluss an Leon Walras entwickelt wurden, gesehen, dass das Einkommen der Konsumenten durch das entsteht, was sie in der Produktion leisten; umgekehrt bieten die Haushalte den Unternehmen Arbeitsleistungen an. Doch die Produktionstechnik und die Konsumentenpräferenzen gelten als völlig unabhängige Größen.

---

94 Vgl. dazu ausführlich: K.-H. Brodbeck, Der Zirkel des Wissens. Vom gesellschaftlichen Prozess der Täuschung, Aachen 2002.

Dies kann mit Hilfe des Apoha-Prinzips als eine grundlegende Illusion interpretiert werden. Menschen werden durch das geprägt, was sie täglich tun. Wir leben in der Illusion, durch unser Handeln ein Ziel zu erreichen, wobei wir das Handeln vom Ziel trennen. Doch jedes „Ziel", jedes Motiv, jedes Bedürfnis ist immer vermittelt durch Emotionen, Wahrnehmungen und Denkprozesse. Bedürfnisse sind damit im Sinn der buddhistischen Wirtschaftsethik Ausdruck einer *Gewohnheitsenergie*, die sich als Prozess der fünf Skandhas (vgl. 2.2.3) zeigt. „Handeln" (arbeiten, planen, praktisch tätig sein) heißt aber, sich in diesen situativen Modalitäten zu bewegen und damit Gewohnheiten zu bilden. Diese Gewohnheiten, die *während des Handelns* entstehen, heißen „Karma". Das Handeln ist niemals bloß ein neutrales Mittel für einen Zweck. Das Handeln ist eine eigene Wirklichkeit, die das Fühlen, Wahrnehmen, Denken und damit die Motive und Präferenzen verändert und überhaupt *ausbildet*. „Präferenzen" sind im Verständnis der buddhistischen Wirtschaftsethik Gewohnheiten (*samskara*), also *Karma*.

Der Kern des Karma-Gesetzes ist nicht nur, dass jede Handlung eine spätere Wirkung besitzt – oftmals eine unbeabsichtigte oder unerkannte Wirkung. Die Pointe des Karma-Gesetzes besteht darin, dass man Zweck und Mittel, Handlungsziel und Handlung nicht trennen kann. Mehr noch. Das Handeln verändert und gestaltet die „Präferenzen", die in der Ökonomie letztlich als „Daten" behandelt werden. (Wirtschaftswissenschaftler gehen von der Voraussetzung aus, dass Präferenzen „gegeben" und individuell verankert sind.) Während einer Handlung bilden sich Gewohnheiten des Fühlens, der Wahrnehmung, des Denkens aus, die Grundlage späterer Bedürfnisse, Wünsche, Pläne und Hoffnungen sind. Diese Bildung von Gewohnheiten erfolgt ohne jede Absicht, blind und unbewusst. Erst *nachträglich* kommen die so entstandenen Bedürfnisse zu Bewusstsein.

Adam Smith hat in einem viel zu wenig beachteten Teil seines ökonomischen Hauptwerks über die Wirkungen der Arbeitsteilung dieses Prinzip sehr klar ausgesprochen: „Nun formt aber die Alltagsbeschäftigung ganz zwangsläufig das Verständnis der meisten Menschen. Jemand, der tagtäglich nur wenige einfache Handgriffe ausführt, die zudem immer das gleiche oder ein ähnliches Ergebnis haben, hat keinerlei Gelegenheit, seinen Verstand zu üben."[95] Das gilt für *jede* Form der Beschäftigung. Der Alltag in einem Slum hat ebenso ein ganz eigentümliches Karma wie die Tätigkeit eines Hochschullehrers. Die Tücke der Illusion im Ego-Prozess liegt darin, dass das so akkumulierte Karma der Gewohnheiten und Erfahrungen „selbstverständlich" wird. Es bildet im wörtlichen Sinn das „Selbstbild" der Menschen. Gedanken, Emotionen und Muster der Wahrnehmung erscheinen abhängig von diesem Karma dann als überzeugende Realität, der sich Gedanken als scheinbar unvermeidbare Konsequenz anschließen.

Jede Handlung prägt Gewohnheiten, die wiederum die Grundlage für Wahrnehmungen und die Formulierung von Zielen sind. Ich habe schon darauf hingewiesen, wie bereits das Studium der Wirtschaftswissenschaften einen zynischen und egoistischen Charakter ausprägt. Das ist eine einfache Konsequenz der von Adam Smith festgestellten Beziehung, die im Buddhismus *Karma* heißt. Die *ethische* Dimension liegt auf der Hand. Auch das *Wort* Ethik gibt hier einen wichtigen Hinweis: Die Wortwurzel *ethos* hat im Griechischen auch die Bedeutung „Brauchtum, Gewohnheit". Die moralische Regel ist in den Gewohnheiten des Handelns und Wahrnehmens *enthalten* (implizite Ethik). Werden diese Gewohnheiten *reflektiert* und bilden sie die Grundlagen der *Denkformen*, die das Handeln lenken und begleiten, so ist diese implizite Ethik auch im Denken gegenwärtig – keineswegs nur bei Studenten der Ökonomie, sondern bei jedermann.

Die in der Ökonomie gebräuchlichen Dualitäten beruhen auf einer Missachtung dieses Karma-Gesetzes und führen deshalb notwendig zu falschen Urteilen, deren Konsequenz ein verwirrtes Handeln ist, das nahezu immer Probleme nach sich zieht. Die produktiven Tätigkeiten der Menschen bestimmen ihre Präferenzen. Die Produktionsstätten und das, was man bloße „Distribution" nennt, also die vielen Formen des Verkaufs und des Marketings, sind selbst eine sehr *wirksame Wirklichkeit*. Das Leben in Städten, die durch diese Handlungsformen dominiert werden, formen den Alltag, in dem sich Bedürfnisse je nach Stadtteil, sozialer Schicht usw. ausbilden auf der Basis

---

95   A. Smith, Der Wohlstand der Nationen, München 1978, S. 662. Vgl. K.-H. Brodbeck, Erfolgsfaktor Kreativität aaO., S. 155, 177 und ausführlich Kapitel 9.

des Karmas der Alltagshandlungen, während des Jobs und in der Freizeit, inmitten einer vom Verkauf geprägten Kultur.

Es gibt also keine isolierte „Produktion", „Konsumtion" oder „Distribution". Das sind Illusionen, die sogar relativ leicht zu durchschauen sind und von Wirtschaftswissenschaftlern *eigentlich* erkannt werden müssten: Sie bräuchten nur das erste Kapitel im fünften Buch von Adam Smith´s *Wealth of Nations* gründlich zu studieren. Auch John Maynard Keynes hat den Einfluss der Wahrnehmung auf die Erwartungen und damit die Entscheidungen, die ihrerseits wirtschaftliche *Wirklichkeit erzeugen*, sehr klar betont. Ähnliches Gedankengut findet sich bei den amerikanischen Institutionalisten.[96] Doch das Karma der akademischen Karriere, der Anpassung an die Denkformen und das Gehaben der Umgebung, hat viele Ökonomen hier weitgehend blind gemacht. Die buddhistische Wirtschaftsethik hat deshalb die *Kritik* dieser ökonomischen Illusionen als eine Hauptaufgabe, um den ethischen Kern dessen freizulegen, was sich in dieser Disziplin hinter „Wertfreiheit" und „Individualismus" verbirgt.

Andere gebräuchliche Dualitäten scheitern an einer analogen Kritik. Auch die Trennung von „Staat" („Wirtschaftsordnung" im engeren Sinn) und „Markt" ist eine duale Illusion. Ihr entspricht die Trennung von Organisation und Prozess (Aufbau- und Ablauforganisation) in der Betriebswirtschaftslehre. Philosophisch ausgedrückt, verbirgt sich dahinter das Denkmodell der Dualität von Form und Inhalt. Ein Kernsatz des Buddhismus (aus dem „Herz-Sutra") aber lautet: „Form ist Leerheit und Leerheit ist Form". Damit ist gesagt, dass das, was man „Inhalt" nennt, nur die gegenseitige Abhängigkeit der Formen, ihre funktionale Beziehung ist, die eines letzten Grundes, einer letzten Ursache entbehrt. Der „Inhalt" ist der *Prozess der Formen*.

Blickt man auf die Dualität von Staat und Markt, so zeigt sich das unmittelbar. Zwar kann man Gesetze meist von ihrer Anwendung unterscheiden, doch sowohl die Gesetzgebung wie ihre Anwendung ist eine *Handlung*, die mit anderen Handlungen kognitiv vernetzt ist. Der Markt ist kein Ding, sondern ein leerer Begriff. Was ist *genau* ein Automarkt? Die Verkaufshallen der Händ-

---

96 Vgl. N. Reuter, Der Institutionalismus. Geschichte und Theorie der evolutionären Ökonomie, Marburg ²1996.

ler oder die Autotransporte auf LKW´s oder das Internet-Angebot oder die
Preisliste für verschiedene Modelle? Die Aufzählung ist beliebig zu verlängern.
Die alltägliche Verblendung sagt in solch einem Fall: „Irgendwie alles zu-
sammen". Hinter diesem „Irgendwie" verbirgt sich aber nichts weniger als die
Täuschung der getrennten Wesenheit. Der Markt ist keine faßbare Entität.
Man kann im Sinn der relativen Wahrheit natürlich in konkreten Situationen
dieses Wort sinnvoll verwenden. Es hat einen spezifischen, situativen Sinn, so
z. B. beim Vergleich der Preisentwicklung auf dem Automarkt und dem Markt
für Rohöl. In einem relativen, funktionalen Sinn haben hier die Begriffe eine
Bedeutung, denn sie sind durch *Unterschiede* definiert, also durch das, was der je
andere Begriff nicht ist (Apoha-Prinzip).

Ebenso kann man für bestimmte Fälle zwischen einem Gesetzestext, einem
Gerichtsverfahren und dem Verkauf bestimmter Produkte unterscheiden.
Doch diese Unterschiede verlieren ihre *relative*, funktionale Bedeutung, sobald
sich der situative Kontext verändert. Die Gesetze, die für die Marktprozesse
einen bloßen Rahmen bilden sollen, werden selbst Gegenstand und Inhalt von
Marktentscheidungen – nicht zuletzt darin, wie man sie umgeht. Sie *formen*
nicht einen Prozess von außen, sondern nehmen an diesem Prozess *teil.* Jedes
größere Unternehmen besitzt eine Rechtsabteilung mit einem Schwarm von
Anwälten, und fast jeder Politiker umgibt sich mit wirtschaftlichen Beratern.
Staatliches und wirtschaftliches Handeln finden also in *einer* Situation statt. Es
gibt hier immer wieder relative, fallweise und funktionale Trennungen, nicht
aber eine Dualität von zwei unterschiedenen Wesenheiten. Das Karma des
wirtschaftlichen Alltags formt jene Überzeugungen, die den Gesetzen und
politischen Entscheidungen zugrunde liegen. Die vernetzte kognitive Struktur
der sozialen Beziehungen ist *ein Prozess*, nicht das Verhältnis dualer Faktoren.

Diese Grundeinsicht der buddhistischen Wirtschaftsethik hat für zahlreiche
ökonomische Theorien einschneidende Konsequenzen. Die Trennung von
Ordnungspolitik und Marktprozess erweist sich als unhaltbar. Das gilt auch für
den Marxismus. Wenn im Marxismus gesagt wird, dass die wirtschaftliche
Basis den politisch-kulturellen Überbau *bestimme*, so setzt dies die Dualität von
Basis und Überbau voraus. Es gibt aber kein Handeln *außerhalb* der Denkformen, die im Marxismus als bloßer „Überbau" gelten. Die „Basis" ist das

vernetzte Handeln in einer wahrgenommenen Welt, und diese Wahrnehmung ist durch das Handeln selbst (das Karma des Handelns) bestimmt. Man kann allerdings ein Körnchen Wahrheit in der Ideologietheorie entdecken, denn tatsächlich sind die sozialen Handlungen nicht von Erkenntnis, sondern von einem verblendeten Bewusstsein bestimmt. Die beim Handeln sich bildenden Gewohnheiten der Wahrnehmung sind nicht das Resultat der vernünftigen Planung und Entscheidung eines autonomen Egos. Dennoch sind es *Denkformen*. Die Gewohnheiten sind nicht „materiell" determiniert (durch die Klassenstruktur, die Genetik oder konditionierte Reflexe in der Kindheit), sondern durch die Dynamik des Ego-Prozesses, und dieser Prozess vollzieht sich immer auch als *bewusster*, gleichwohl von Irrtümern durchsetzter Vorgang.

Die buddhistische Wirtschaftsethik ist *mittlerer Weg*. Es ist kein Weg *zwischen* dualen Extremen wie Allgemeinwohl und individuelles Interesse, Produktion und Verbrauch, Ordnung und Markt, Angebot und Nachfrage usw. Vielmehr stellt die buddhistische Wirtschaftsethik fest, dass derartige Dualitäten *funktionale Täuschungen* sind. Man verwandelt einen *einheitlichen, vernetzten* Prozess in duale Gebilde, deren Relation man dann *nachträglich* diskutiert. Da aber die Bedeutung von Begriffen nur durch das Unterscheiden *konstituiert* wird, verbirgt sich in jeder isolierenden Definition eine dunkle Stelle. Diese „dunkle Stelle", der blinde Fleck der Begriffbildung, sind die *ausgeklammerten* anderen Begriffe, von denen sich ein Begriff *unterscheidet*.

Die zur staatlichen Ordnung kristallisierten Gewohnheiten des Handelns bleiben auch als *moralische Ordnung* mit diesem blinden Fleck behaftet. Gleichwohl sind moralische Regeln dann eine Hilfe, das *Erleiden von ökonomischen Sachzwängen* zu mindern, wenn sie einen Weg, ein Hilfsmittel darstellen, die blinde Macht des Ego-Prozesses erkennbar zu machen und zu mildern. Eine formale Unterwerfung unter Ordnungsregeln kann ein Weg sein, das eigene Ego im Bewusstsein universeller Abhängigkeiten zu zügeln. Die buddhistische Wirtschaftsethik kann also die Notwendigkeit institutioneller Regeln durchaus begründen. Das Ziel bleibt aber hierbei stets die *Förderung der individuellen Erkenntnis, die Verwandlung der egoistischen Motivation und die Hilfe zur Befreiung von*

Abhängigkeiten durch das Erleiden fiktiver Sachzwänge.[97] Keine Wirtschaftsordnung kann letztlich ihre Notwendigkeit aus *fremden* Gründen wie einer transzendenten Gesetzgebung oder mit dem Hinweis auf eine historische oder evolutionäre Notwendigkeit rechtfertigen, denn Ordnungen sind veränderbar, wenn die Motive und Gewohnheiten, auf denen sie ruhen, verändert werden.

4.3 Ethik des Mitgefühls

> „Voll Liebe und Mitleid zu allen lebenden Wesen
> läutert er sein Herz von Gehässigkeit."[98]

In der Ethik des Mitgefühls kristallisiert sich der positive Kern des kritischen Teils der buddhistischen Wirtschaftsethik. Die Kritik betont die Täuschungen, die darin liegen, dass man die gegenseitige Abhängigkeit aller Phänomene nicht erkennt und sich statt dessen in dualen Begriffbildungen verfängt, deren Unklarheit und Dunkelheit die Grundlage jener Denkprozesse bilden, die das wirtschaftliche Handeln lenken. Die *Gewöhnung* an solche Denkprozesse formt ein Karma, das zukünftige Handlungen begrenzt und einschränkt durch eine implizite Ethik. Das Handeln des Egos, das aus Täuschungen hervorgeht, erlebt sich als vielfältig abhängig von wirtschaftlichen „Sachzwängen", die wiederum als selbständige Wesenheiten fehlgedeutet werden, nicht als Resultat des Denkens und Handelns.

Nutzt man die Erkenntnis dieser Täuschung, so lässt sich daraus *positiv* eine Anleitung für das Handeln geben, die schrittweise den Grund für das Erleiden von Sachzwängen erkennbar macht und jedem damit die Möglichkeit gibt, sich aus diesen Sachzwängen zu befreien. Der *Weg*, dies zu erreichen, besteht darin, die blinde Macht des Ego-Prozesses und seiner vielfältigen Wirkungen in der Ökonomie einzuschränken. Und dieser Weg, begründet durch die Erkenntnis der gegenseitigen Abhängigkeit aller wirtschaftlichen Prozesse und Hand-

---

97 Vgl. „Der Buddhismus ist an sich selbst organisationsschwach, nicht nur aus organisatorischem Unvermögen, sondern weil er seiner eigenen Lehre nach den Versuchen und Versuchungen einer organisierten Betriebsamkeit mit dem milden Lächeln innerer Distanz gegenübersteht." E. Benz, Buddhas Wiederkehr und die Zukunft Asiens, München 1963, S. 8.
98 Digha-Nikaya III, hrsg. v. E. Neumann, erster Band, S. 147.

lungen, ist die *Praxis des Mitgefühls*. Die Praxis des Mitgefühls ist *kreative buddhistische Ethik*.

Daraus ergibt sich, dass die buddhistische Wirtschaftsethik zwar einige Regeln des Handelns empfehlen kann. Der Weg, auf dem diese Regeln aber *verändernd* wirken, kann nur das Vorbild und die Überzeugung sein. Es ist eine große Hilfe, wenn Menschen in der Politik, in Unternehmen, in den Medien und in den Schulen mit Prinzipien der buddhistischen Ethik vertraut werden, wenn sie überhaupt eine Chance haben, sie kennenzulernen. Es würde jedoch der buddhistischen Ethik völlig widerstreiten, solche Prinzipien zu einer *Vorschrift* oder einem äußeren *Zwang* zu machen. Es ist sicherlich hilfreich, wenn z. B. Gesetzgeber die Prinzipien gegenseitiger Abhängigkeit, des Vermeidens der Extreme, der Gewaltfreiheit usw. kennen und anwenden. Doch darf man sich von *mechanischen* Regelungen allein keine *ethische* Wirkung erwarten.

Unheilvolle Handlungen kann man praktisch vor allem dadurch beschränken, dass man die zugrundeliegenden Gedanken kritisiert, nicht aber die *Handelnden* persönlich angreift. Viele Menschen fühlen sich verletzt, wenn man „ihre" Meinung kritisiert; das zeigt, dass die Meinungsbildung zu jener Gewohnheit gehört, die den Ego-Prozess charakterisiert. Deshalb hat Buddha die Empfehlung gegeben, in der Kritik falscher Anschauungen eine milde, einfühlende Form zu wählen.

Das *praktische* Grundprinzip der Ethik des Mitgefühls in der Wirtschaft beruht auf den verschiedenen Formen der *Achtsamkeit*. Achtsamkeit heißt zunächst einfach: Etwas oder jemand „achten", ihm seine persönliche Würde zu lassen. Achtsamkeit heißt aber auch, die Achtsamkeit des je anderen aufzuwecken, damit er sie selbst in der Erkenntnis zur Einsicht verwenden kann. Das erste Prinzip der buddhistischen Ethik des Mitgefühls ist deshalb die Achtung anderer Überzeugungen, ohne ihnen allerdings *zuzustimmen*, wenn sie Täuschungen enthalten. Das ist das buddhistische *Toleranzprinzip*. Ashoka empfiehlt im 12. Pfeileredikt, „dass ein jeder der Sittenlehre des anderen Gehör und Aufmerksamkeit schenke". Darin sind zwei Prinzipien enthalten: *Erstens* die Toleranz gegenüber anderen ethischen Systemen, *zweitens* aber die Empfehlung, die ethischen Systeme einer aufmerksamen Prüfung zu unterwerfen. Es gibt keine letzten moralischen Werte, die ohne Diskussion und eigene Erkenntnis anzunehmen sind.

Das bedeutet für die Wirtschaftsethik: Da es im Bereich des menschlichen Handelns keine unveränderlichen *Fakten* gibt, sind alle Motive und Handlungsregeln einer kritischen Prüfung zu unterziehen. Wer z. B. den Egoismus des *homo oeconomicus* als „Naturgesetz" behauptet, der vertritt in der Form einer impliziten Ethik einen strengen *Dogmatismus*, der dem mittelalterlichen Dogmatismus noch unterlegen ist, weil er auf Begründungen weitgehend verzichtet. Die Berufung auf „Sachzwänge" in der Wirtschaft widerspricht dem einfachen Toleranzgebot. Deshalb fordert die Ethik des Mitgefühls zugleich die kritische Prüfung aller Theorien und Handlungsnormen, denn nur solch eine Prüfung verhindert, dass durch eigene oder fremde Handlungen *Leid* verursacht wird. Kritik und Mitgefühl gehen hier Hand in Hand – ein Punkt, der oft mißverstanden wurde. Nagarjuna übte an zeitgenössischen Denksystemen Kritik *gerade aus der Haltung des Mitgefühls*, weil er sah, zu welchen Konsequenzen bestimmte Denkformen führen.

Die zweite Form der praktischen Entfaltung des Mitgefühls ist der Verzicht auf jegliche Form von *Gewalt*, aber auch – im Sinn der fünf Regeln (vgl. 3.3) – der Verzicht auf jede Form von Täuschung und Lüge. Jemand anzulügen, heißt dessen Geist zu vergewaltigen. Daraus ergeben sich für das wirtschaftliche Handeln eine ganze Fülle von Konsequenzen. Der Verzicht auf Gewalt bezieht sich *auch* auf die Natur. Da Tiere nicht über die Möglichkeit des *vernünftigen Widerspruchs* verfügen, erwächst hier für das ökonomische Handeln sogar eine ganz besondere Verantwortung. Die buddhistische Wirtschaftsethik verteidigt darin ein Recht der Tiere. Das bedeutet, dass man auf die vielfältigen Leiden der Tiere hinweist und sie in die ökonomische Zielsetzung mit einbezieht. Buddha hat empfohlen, auf fleischliche Nahrung zu verzichten. Man kann das kaum als Moral *vorschreiben*. Doch der Hinweis auf die Konsequenzen tierischer Nahrung kann die Achtsamkeit dafür wecken, dass wenigstens durch eine Verminderung fleischlicher Produkte einmal tierisches Leben geschont, zum anderen (da die Ernährung durch Fleisch energetisch höchst ineffizient ist) die weltweite Nahrungsmittelproduktion entlastet und der Hunger abgeschafft werden könnte.[99]

Der Verzicht auf *Lüge*, die Vortäuschung von Sachverhalten trifft ins Herz moderner Ökonomie. Das Marketing, die Personalpolitik, die Selbstdarstellung von „wirtschaftlichen Erfolgen" durch die Politik, durch das Management ist von Halbwahrheiten, Falschinformationen, prahlerischer Behauptung und schlichter Lüge durchsetzt. Hier kann an jeder Stelle des Wirtschaftsprozesses schon ein wenig mehr *Fairness* eine deutliche Verbesserung der zwischenmenschlichen Beziehungen herstellen. Die Allgegenwart der Vortäuschung von Sachverhalten ist allerdings auch hier nur das Produkt der Selbsttäuschung des Ego-Prozesses, der zur Motivation durch Geldgier und aggressivem Konkurrenzdenken führt. Die Ethik des Mitgefühls setzt am *Kern* des Egoismus – bei der Motivation – an, nicht bei einer *äußeren* und nachträglichen Regulierung der Konsequenzen aus egoistischen Wettbewerbsprozessen.

In ihrer stärkeren Form ist die Ethik des Mitgefühls nicht nur durch Achtsamkeit, Toleranz, Gewaltfreiheit und den Verzicht auf das Lügen charakterisiert, sondern durch *aktiven Altruismus*. Der Altruismus bedeutet, dass man bei seinen Handlungen die Tatsache der gegenseitigen Abhängigkeit aller ökonomischen und aller kognitiven Prozesse zugrunde legt.[100] Altruismus im Sinn der buddhistischen Wirtschaftsethik heißt nicht: Vorrang des *anderen* Ego-Prozesses vor dem *eigenen* Ego-Prozess, sondern bedeutet eine Sicht- und Handlungsweise *jenseits* egoistischer Motive. Buddha empfiehlt für die Alltagspraxis den Gedanken: „Die Gewinn wünschen, sollen gewinnen; die Verdienst wünschen, sollen verdienstliche Werke tun". So ist *jeder* Handelnde in *jeder* Situation „befriedigten Herzens und froh über den Gewinn der anderen, wie er zufriedenen Herzens und froh ist über den eigenen Gewinn."[101]

Der Altruismus im buddhistischen Sinn hat zunächst auch das einfache Mitgefühl mit den schwächeren, armen, benachteiligten Menschen und den

99 Vgl. hierzu ausführlicher: K.-H. Brodbeck, Die Jagd nach dem Schein. Wie die buddhistische Ökonomie zu Lebensperspektiven im Umgang mit der Nahrung führt, Ethik Letter 2/2001, S. 2-9; ders., Mitgefühl mit Hungernden, Ethik Letter 3/2001, S. 11-12.

100 Vgl. zur kritischen Diskussion des Altruismus-Begriffs im Buddhismus: J. Wetlesen, Did Santideva Destroy the Bodhisattva Path? Journal of Buddhist Ethics 9 (2002), S. 34-88.

101 Samyutta-Nikaya II. 198, übers. v. W. Geiger, Herrnschrot 1997, S. 258.

hilflosen Tieren zum Inhalt. Insofern liegt darin die Anerkennung jener moralischen Regeln, die auch in anderen Religionen und ethischen Systemen zu
einer Praxis der *Hilfe* auffordern. Buddhisten können hier sogar sehr viel von
ihren christlichen Freunden lernen, die oftmals vorbildliches soziales Engagement zeigen – der Dalai Lama hat das immer wieder betont. Es kommt hier
auf die faktische Hilfe an, nicht auf ein Etikett. Ashoka forderte im bereits
zitierten 12. Pfeileredikt seine Bürger auf: „(A)lle religiösen Vereinigungen
möchten begierig sein, noch etwas hinzuzulernen".

Im Sinn dieses praktischen Altruismus enthält also die buddhistische Wirtschaftsethik die einfache Aufforderung, möglichst viel *gemeinsam* mit anderen
ethischen und religiösen Gruppen zusammenzuarbeiten, die ähnliche Ziele
verfolgen und der Minderung des Leidens der Menschen und anderer Lebewesen dienen. Im Sinn eines *kreativen Buddhismus* können darüber jeweils *lokale
Gruppen* (im Sinn von Schumachers „Small is beautiful") sehr viel besser *selbst
entscheiden*, was zu tun ist.[102] Die buddhistische Wirtschaftsethik hat – wenigstens in meinem Verständnis – nicht die Aufgabe, hier irgendetwas *vorzuschrei-
ben*, auch wenn Ratschläge oder praktische Hinweise durchaus einzuschließen
sind und sich auch vielfach finden.

Es gibt aber noch eine tiefere Form des Altruismus. Sie ist *spirituell* motiviert.
Im Buddhismus zeigt sich die Spannweite des Altruismus besonders in den
„sechs Vollkommenheiten" (*paramitas*), die das ethische Verhalten eines Bodhi-
sattvas beschreiben, eines Menschen, der sein Handeln ausschließlich in den
Dienst anderer Lebewesen stellt. Die sechs Vollkommenheiten eines Bodhi-
sattvas können als Stufenleiter des Altruismus betrachtet werden, angefangen
von der auch für die Wirtschaft wichtigen Motivation der Freigebigkeit bis hin

---

102 Diese Vorstellung deckt sich weitgehend mit dem *Subsidiaritätsprinzip* aus der Enzyklika
    Quadragesimo anno § 79, das besagt, dass das, „was die kleineren und untergeordneten
    Gemeinwesen leisten und zum guten Ende führen können" nicht großen Organisationen
    überantwortet werden sollte – übrigens weder internationalen Konzern, noch staatlichen oder
    kirchlichen Zentralinstanzen. Ein Prinzip, das sich im Buddhismus auch darin ausdrückt, dass
    er weder Päpste noch Zentralinstanzen kennt.

zur Erkenntnis.[103] Diese Stufenfolge altruistischen Handelns setzt auch beim Wirtschaften ein, weist aber über den Bereich der *Wirtschaft* hinaus.

Ich möchte das etwas erläutern: Die traditionelle ökonomische Theorie ist weitgehend blind gegen wichtige Grundtatsachen des Lebens. Der *Tod* kommt darin nur im Sinn einer Sterbestatistik bei Versicherungen oder bei Fragen des Bevölkerungswachstums als abstrakte „Mortalitätsrate" vor. Die *Endlichkeit* jedes Lebens zeigt aber, dass *letztlich* das Streben nach materiellem Besitz vergeblich ist. Eine Wirtschaftstheorie, die blauäugig das Glück mit materiellem Wohlstand gleichsetzt, ist bestenfalls naiv, faktisch jedoch eine Konsequenz der vielfältigen Täuschungen in der Wirtschaft, von denen im kritischen Teil die Rede war.

Die Ökonomen betrachten es als *selbstverständlich*, dass das *Ergreifen* von Gütern, das *Anhaften* an materiellen Dingen das Glück der Individuen fördert. Doch das ist nicht einmal als *empirische Tatsache* richtig. Die nicht sehr zahlreichen Untersuchungen zum Glück der Menschen[104] zeigen, dass Glücksempfindungen nicht notwendig vom Wohlstandsniveau kausal abhängig sind. Zwar gilt der *negative Satz*, dass Elend oder Armut viele Menschen daran hindern, ein erfülltes Leben zu führen. Doch „Armut" ist immer ein *Relationsbegriff*. Ein Bettelmönch, der auf Besitz verzichtet, ist fast immer sehr viel glücklicher als ein materiell gut ausgestatteter Mittelschichteuropäer. Der Grund liegt in der Fähigkeit zur *mentalen* Zufriedenheit als Voraussetzung für das Glück. Zwar kennt die ökonomische Theorie „immaterielle Güter"; sie sind aber stets so definiert, dass sie im Prozess der *materiellen* Produktion nur eine vermittelnde Funktion erfüllen, wie technische Informationen, Rechte usw.

Hier wurden im Buddhismus vielfältige Methoden des mentalen Trainings entwickelt, von den alltäglichen Achtsamkeitsübungen, über die meditative Analyse der psychischen Prozesse, Visualisierungsübungen bis zu verschiedenen Formen der stillen Meditation. Zur Entfaltung von Mitgefühl gibt es eine Vielzahl Übungen die zeigen, dass Meditation, Erkenntnis und Mitgefühl als *ein*

---

103 Die sechs Paramitas sind: (1) Freude am Geben, (2) ethisches Handeln, (3) Geduld, (4) Energie, (5) Meditation und (6) Erkenntnis; vgl. Santideva, Bodhicaryavatara; Eintritt in das Leben zur Erleuchtung aaO., A. Wayman (ed.), Ethics of Tibet aaO.
104 Vgl. P. Mayring, Psychologie des Glücks, Stuttgart-Berlin-Köln 1991.

Prozess individuell praktisch entfaltet werden können. Daneben gibt es, her-kommend aus den klösterlichen Traditionen, ein ausgefeiltes Training für das logische Denken, das darauf abzielt, die gewohnten Denkmuster in ihrer täuschenden Funktion zu durchschauen.[105] Diese Vielfalt an Methoden ist ein Angebot, das zur Illusion, das Ergreifen und Festhalten einer wachsenden Fülle materieller Güter führe zu Glück oder wenigstens zu Zufriedenheit, eine sehr effektive praktische Alternative anbietet. In diesem Entwurf zu einer Lebenspraxis liegt im Sinn der buddhistischen Wirtschaftsethik das *direkte* Angebot, einen Weg zum eigenen Glück *ohne Abhängigkeit von äußeren Gütern* zu finden. Es handelt sich um die Kunst eines gelingenden Lebens jenseits der Trennung von Produktion und Konsum. Sie setzt eine Grundversorgung mit materiellen Gütern voraus – die sicherzustellen Aufgabe der Ökonomie bleibt –, *ersetzt* aber zugleich durch das Geistestraining eine Vielzahl von Angeboten der Märkte.

Die Selbstgestaltung des Lebens aus dem kreativen Potential der Menschen wird durch die Märkte zerrissen; das Handeln und die Produkte des Handelns (die Konsumgüter) werden in fremde Lebensbereiche verwandelt. Die darin liegende *Effizienzsteigerung* durch die Arbeitsteilung zieht zugleich die Ent-fremdung der Menschen von ihren eigenen Möglichkeiten nach sich. Die menschliche Kreativität wird durch die Ökonomie völlig funktionalisiert und in einen bloßen „Erfolgsfaktor" verwandelt. Die Kreativität der *Selbsterfahrung und Selbstgestaltung* wird im ökonomischen Betrachtungshorizont ausgeklam-mert.

Man könnte hier einwenden, dass das auch gar nicht die *Aufgabe* der Ökono-mie sei, die sich eben nur um die *materielle Güterproduktion* bemühe. Doch dieser Einwand beruht auf einer nicht haltbaren Dualität von Geist und Körper, von spirituellen und materiellen Prozessen. Auch hier gilt das Prinzip der gegensei-tigen Abhängigkeit. Das, was Güter sind und was als wirtschaftliches Gut *wahrgenommen* wird, hängt ab vom Wissen, der Erfahrung, der Erkenntnis, also

---

105 Auf Hinweise zur Literatur über das buddhistische Geistestraining, zur buddhistischen Logik oder die Vielfalt an Meditationspraktiken muss ich an dieser Stelle verzichten; sie würden den hier gesteckten Rahmen weit überschreiten. Weitere Informationen kann die Leserin, der Leser z. B. im Literaturverzeichnis meines Buches „Der Spiel-Raum der Leerheit" oder auf meiner Homepage finden.

vom *Karma* des Handelns. Mit einer Veränderung des Wissens und der Wahrnehmung verändern sich die *Bedürfnisse*. Das zeigt sich empirisch schon daran, dass Bedürfnisse abhängig sind von der Ausbildung, vom Lebensniveau der Konsumenten usw. Um Freude an einem Gedicht von Paul Celan zu empfinden, muss man nicht nur einfach *lesen* können, sondern eine Fülle weiterer geistiger Erfahrungen gemacht haben.[106]

Die Ökonomie des Kapitalismus überlässt es wenigen Planern von Investitionen, *welche* Güter auf welche Weise bis zur technische Reife entwickelt, produziert und durch entsprechende Marketingstrategien vertrieben werden. Diejenigen, die dafür verantwortlich sind, verfügen in aller Regel weder über eine vernünftige philosophisch-spirituelle Vorbildung, noch verstehen sie besonders viel von der Ruhe des Geistes und dem Glück des Erkennens. Sie sind Sklaven von Täuschungen, die deshalb so mächtig sind, weil sie gar nicht *als* Täuschungen geahnt werden.

Die Ethik des Mitgefühls richtet sich deshalb auch auf jene Dinge, die den Menschen *tatsächlich* helfen, in der Endlichkeit ihres Lebens so etwas wie *geistiges Glück* zu erfahren. Die buddhistische Wirtschaftsethik hat auch die Aufgabe, den *Inhalt* des Glücks, nach dem in der Auffassung vieler ethischer Systeme die Menschen streben, aufzuhellen und ihn zu den Motiven und Zielen *in der Wirtschaft* in kritische Beziehung zu bringen. Es ist schon rein intuitiv nicht zu erwarten, dass die Experten in Sachen *Geldgier* die geeigneten Entscheidungsträger für das Glück der gesamten Menschheit sind. Man kann zwar nicht ausschließen, dass auch sehr reiche oder im Kapitalismus erfolgreiche Menschen etwas vom Glück verstehen. Besonders wahrscheinlich ist es nicht.

Das Mitgefühl ist nicht nur eine Emotion, es ist auch ein Geisteszustand, und wer auch nur ein wenig von dem Geistestraining, das auch außerhalb des Buddhismus in vielen Formen angeboten wird, ausprobiert hat, der hat die einfache Erfahrung gemacht: Ein ruhiger Geist ist die eigentliche Quelle des Glücks. Schon im Begriff der „Befriedigung" eines Bedürfnisses liegt der

---

106 „Da nun unser individuelles Bewusstsein ein Teil des gesellschaftlichen Bewusstseins ist, sind viele unserer Bedürfnisse gesellschaftlicher Natur. Wenn aus unseren Begierden das Element der Nächstenliebe verschwände, bliebe fast nichts übrig." Nishida Kitaro, Über das Gute, Frankfurt/M. 1989, S. 181.

Friede, die Ruhe als das eigentlich erstrebte Glück, das im stillen, achtsamen Verweilen nach dem Verschwinden der für das Bedürfnis verantwortlichen *Anspannung* liegt. Die Achtsamkeit als Kern des Mitgefühls ist deshalb nicht nur ein Weg, sondern zugleich das Ziel der buddhistischen Ethik. Das Glück findet man nicht im Ergreifen, sondern im Loslassen, in der Gelassenheit.

Das ist eine Einsicht, die viele ethische und spirituelle Systeme teilen. Wer sein Ego *lässt*, der findet *sich*. Dieses „Sich finden" nennt man im Buddhismus die Buddha-Natur oder das *absolute Bodhicitta* (den Erleuchtungsgeist, der identisch ist mit dem Mitgefühl). Der Zen-Meister Dogen sagt: „Den Buddha-Weg zu erfahren, bedeutet, sich selbst erfahren. Sich selbst erfahren heißt sich selbst vergessen. Sich selbst vergessen heißt, sich selbst wahrnehmen in allen Dingen."[107] Jesus sagt etwas Vergleichbares: „Wer sucht, soll nicht aufhören zu suchen, bis er findet; und wenn er findet, wird er erschüttert sein; und wenn er erschüttert worden ist, wird er sich wundern und wird über alles herrschen." – „Spaltet Holz und ich bin da! Hebt einen Stein auf und ihr werdet mich finden."[108]

Die buddhistische Wirtschaftsethik verweist damit in der Ethik des Mitgefühls notwendig über die Wirtschaft und ihre Ziele *hinaus*. Erst durch solch eine *spirituelle* Perspektive, die auch in der Sprache anderer Religionen oder Ethiken formulierbar ist (hier gilt für Buddhisten das Prinzip der Toleranz und der Verzicht auf die Missionierung für die eigene Denkform), ist eine *wirkliche* ethische Formung des Handelns möglich.

Die Wirtschaft wird gemäß dem Apoha-Prinzip durch das *definiert*, was sie nicht ist. Auch die wirtschaftlichen Motive und Ziele werden durch das definiert, was über sie hinausweist. Deshalb bleibt eine Wirtschaftsethik ohne spirituelle Perspektive in einer Täuschung gefangen. Dies ist die Tragik aller ökonomischen Systeme, die versuchen, aus rein *materiellen* Prinzipien wirtschaftliches Handeln zu erklären und zu begründen. Das ist auch der *eigentliche Grund*, weshalb die kommunistischen und die liberalen Experimente immer

---

107 Dogen, Shobogenzo Bd. I, Zürich 1975, S. 24.
108 Thomas-Evangelium, Log. 2 und 77; A. Guillaumont, H.-Ch. Puech, G. Quispel et al. (Hrsg.), Evangelium nach Thomas, Leiden 1959, S. 3 und 43.; leicht korrigiert nach der Übersetzung von Juliane Bobrowski.

wieder gescheitert sind und sogar das Leiden der Menschen noch vermehrt und die ökologischen Systeme in wachsendem Umfang zerstört haben. Man kann „Materie" nur in *Differenz* zu „Geist" definieren.

Das materielle Streben und das darauf gegründete Handeln, also das *ökonomische Handeln*, offenbart nur eine *Leerheit*, wenn seine Trennung von der Spiritualität der Menschen nicht aufgehoben wird. Das ist das Geheimnis vieler destruktiver Entwicklungen, die im 20. Jahrhundert in wachsendem Umfang um sich gegriffen haben. Man kann den Grund dafür erkennen – und deshalb bleibt die Chance erhalten, drohendes Unheil zu vermeiden, das sich in der Form globaler Krisen in Wirtschaft und Natur abzeichnet.

5 Das Verhältnis zu anderen ethischen Systemen

> „So ist denn nur das Zusammengehen gut, auf dass ein jeder
> der Ethik des anderen Gehör und Aufmerksamkeit schenke."[109]

5.1 Vorbemerkung

Der Buddhismus als Philosophie ist eine Sammlung kluger Hilfsmittel, sich von Irrtümern zu befreien. Er hat zwar eine Vielzahl von philosophischen Entwürfen vorgelegt und ist sicher in seiner Geschichte nicht frei von Dogmatismus gewesen. Gleichwohl widerspricht es seiner innersten Intention, positive oder dogmatische Systeme aufzustellen, die man nur annehmen oder ablehnen kann. Philosophisch ist die buddhistische Ethik, damit auch die Wirtschaftsethik, ausdrücklich eine *kritische* Philosophie. „Kritik" hat hier eine etwas andere Bedeutung als in der Philosophie Kants oder bei Marx und seiner „Kritik der Politischen Ökonomie". „Kritik" heißt im buddhistischen Verständnis wörtlich: *Ent-Täuschungen* bei täuschenden Gedanken herbeizuführen.

Insofern hat Buddha ausdrücklich gesagt: „Theorien zu haben geziemt sich nicht für einen Vollendeten."[110] Die „Lust an Theorien"[111] zu überwinden, gehört zum Loslassen, dem Ziel der buddhistischen Ethik. Mit dem, was Buddha ironisch „Theorien-Gestrüpp, Theorien-Gaukelei, Theorien-Sport, Theorien-Fessel" nennt, „kann ein unkundiger Weltling nicht frei werden".[112] Die kritische Arbeit mit zeitgenössischen Theorien wurde von einer Schule des Buddhismus, der Madhyamika-Philosophie, die Nagarjuna im 2. Jahrhundert unserer Zeitrechnung begründet hat, systematisch weiterentwickelt. Nagarjuna

---

109 Ashoka, 12. Pfeiler-Edikt.
110 Majjhima-Nikaya 72 aaO., S. 204.
111 Anguttara-Nikaya II, 38; Freiburg im Breisgau 1984, Band I, S. 72.
112 Majjhima-Nikaya 2 aaO., S. 17.

sagt: „Know that the mind is just like a / Painting on water".[113] Das heißt: Theorien und besonderen Gedankeninhalten kommt keine selbständige Natur oder Realität zu. Vielmehr gehört der Glaube, dass eine Theorie eine und nur eine *bestimmte* Bedeutung hat, zu den Illusionen des Ego-Prozesses.

Daraus ergibt sich für die Beziehung zu anderen ethischen Systemen: Da *erstens* die Buddhisten der Auffassung sind, dass es gerade das irrtümliche Festhalten an (auch theoretischen) Entitäten ist, das zu allerlei Abhängigkeiten und dem Erleiden von Sachzwängen führt, hat die Kritik bestimmter Auffassung stets einen positiven Inhalt, nämlich die Ursachen der durch Irrtümer herbeigeführten negativen Sachzwänge zu beseitigen. *Zweitens* hat der Buddhismus keine *besondere* Doktrin zu verteidigen. Deshalb hat er historisch immer wieder die Sprache der lokalen Kultur und der lokalen Überzeugungen adaptieren können, ohne dabei seinen Kern (die Einsicht in die Leerheit) aufzugeben. Das gilt auch für *wissenschaftliche Theorien der westlichen Moderne.* Diese Toleranz gegenüber anderen Überzeugungen bedeutet aber *drittens* nicht, dass der in solchen Theorien enthaltene *Irrtum* geteilt wird. Und „Irrtum" heißt hier der Glaube an letzte Gründe und Wesenheiten der Dinge oder einen bleibenden Ich-Kern.

Bezüglich anderer ethischer Überzeugungen bleibt also auch hier der Buddhismus *mittlerer Weg.* Jene Elemente, die auf die gegenseitige Abhängigkeit aller Phänomene in einer Theorie hinweisen, die den Charakter der Täuschung in der Wahrnehmung aufdecken, die altruistische gegenüber egoistischen Verhaltensweisen betonen, können übernommen werden. Wenn aber in einem System dogmatische „Werte" auftauchen, dann ist es die Aufgabe der buddhistischen Wirtschaftsethik, den täuschenden Charakter solcher Überzeugungen und die unheilvollen Konsequenzen für das Handeln herauszuarbeiten.

---

113 Nagarjuna, Instructions from a Spiritual Friend, 17, Emeryville 1975, S. 20. Was ist ein Gedanke? „A swinging bell of ideas which engage in attributing a name and a genus to an entity." Tson-Kha-Pa, Calming the Mind aaO., S. 223.

5.2 Buddhismus und Wirtschaftssystem

Jedes Wirtschaftssystem gründet nicht nur auf einer bestimmten Erklärung der Ökonomie, es impliziert auch eine *Ethik*, die vor allem im jeweiligen Menschenbild zum Ausdruck kommt. Auch in der – in diesem Text schon mehrfach kritisierten – Behauptung, die Vernunft des Staates oder des Marktes übersteige die Erkenntnismöglichkeiten der Menschen und sei deshalb als reine Faktizität oder als Schicksal hinzunehmen, werden moralische Regeln mit Naturgesetzen verwechselt.[114] Insofern kann man also jedes objektivierende Modell der Wirtschaft, darauf gründend jedes Modell eines Wirtschaftssystems, als *implizite Ethik* interpretieren. Dies ist eine Einsicht, die im ursprünglichen Namen für die Sozialwissenschaften noch unmittelbar zum Ausdruck kam, wenn man sie als *moral sciences* bezeichnet hat.

Zieht nun der Buddhismus vor dem Hintergrund seiner eigenen Ethik und unter diesen genannten Voraussetzungen ein besonderes Wirtschaftssystem vor? Diese Frage ist aus zwei Gründen falsch gestellt: *Erstens* gibt es, wie gesagt, nicht so etwas wie ein dogmatisches System „Buddhismus", das bestimmte Gesellschaftsformen vorschreiben würde, und *zweitens* besitzt kein „Wirtschaftssystem" eine innere Natur, ein isoliertes Wesen. Es wird nur durch das definiert, was ein System vom anderen *unterscheidet* (Apoha-Prinzip). Vom Islam wird vielfach gesagt, dass diese Religion mit einer Staatsform identisch sei. „Der Islam ist eine Religion und ein Staat", heißt ein vielzitiertes Postulat.[115] Blickt man aber auf verschiedene islamische Länder, so kann man gravierende Unterschiede entdecken. Ebenso beeinflussten die christlichen Kirchen sehr unterschiedliche Staats- und Wirtschaftssysteme, vom mittelalterlichen Feudalismus und Zunfthandwerk bis zum protestantisch geprägten

---

114 „Das ethische Gesetz herrscht in der Natur; das Naturgesetz ist das ethische", L. Brentano, *Der wirtschafende Mensch in der Geschichte*, Leipzig 1923, S. 69. Motive sind aber keine *Ursachen*: „Motiv ist ein Beweggrund für menschliches Handeln; Kausalität: Beweggrund für Abfolgen innerhalb des Naturprozesses." M. Heidegger, Zollikoner Seminare, hrsg. v. M. Boss, Frankfurt/M 1987, S. 28.

115 Vgl. H. Halm, Der Islam. Geschichte und Gegenwart, München 2000, S. 57.

Kapitalismus in den USA. Dennoch ist die Frage, wie sich der Buddhismus zu verschiedenen Wirtschaftssystemen verhält, nicht schlechterdings abzuweisen. Die Buddhisten und die Interpreten des Buddhismus sind sich hier keineswegs einig und haben sehr unterschiedliche Antworten parat. Bevor ich die Frage zu beantworten versuche, möchte ich einige dieser Stimmen erwähnen.

In recht dogmatischer Weise stellt E. Conze fest: „Der Buddhismus bringt nicht nur allen, die nicht von dieser Welt sind, geistigen Frieden, sondern liefert auch die Welt denen aus, die sich gern ihrer bemächtigen möchten. Außerdem bringt der Glaube, die Welt sei unverbesserlich und es gebe in ihr kein wahres Glück, jede Kritik an der Regierung zum Schweigen." Conze fügt hinzu, dass die Herrschenden den Buddhismus als Lehre auch deshalb begrüßen, weil durch ihn die Beherrschten friedlich, freigebig und besonders leicht auszubeuten seien. Die Herrschenden werden „durch den Mangel an Besitz nicht gestört, und es ist leichter, über ein heiteres als über ein unwilliges und mürrisches Volk zu herrschen."[116] Der Buddhismus erscheint hier geradezu als eine ideologische Erfindung derer, die eine versklavte Menschheit wünschen. Auch Max Weber meinte: „Für die weltliche Gewalt bestand das Interesse, die Mönche als Domestikationsmittel der Massen zu gebrauchen."[117]

Diese Überlegungen sind ziemlich abwegig. Sie übersehen nicht nur die Realität in den Ländern, in denen der Buddhismus seine Wirkung entfaltet hat, sie widersprechen auch nahezu vollständig den Aussagen Buddhas. Altruismus heißt nicht, einen *anderen* Ego-Prozess durch eigenen Verzicht noch zu unterstützen, sondern altruistisches Handeln enthält immer das *kritische Element*, das eine egoistische Motivation (eigene *und* fremde) durch Erkenntnis und moralische Regeln einzugrenzen sucht. Für das Wohl *aller* Lebewesen einzutreten, schließt das eigene Wohl mit ein: „Sich selber schützend, schützt man die anderen; die anderen schützend, schützt man sich selbst."[118]

Auch wenn man nicht auf den passiven Widerstand der Mönche in Tibet gegen die chinesischen Besatzer oder gegen die Verantwortlichen für den

---

116 E. Conze, Der Buddhismus, Stuttgart et al. [6]1977, S. 68.
117 M. Weber, Gesammelte Aufsätze zur Religionssoziologie II, Tübingen 1988, S. 365.
118 S 47, 19; übers. von Nyanaponika; in: Zur Erkenntnis geneigt. Festschrift zum 85. Geburtstag des Ehrwürdigen Nyanaponika Mahathera, Konstanz 1986, S. 174.

Vietnamkrieg blickt, zeigt die *Praxis* des Buddhismus eher das Gegenteil der oben zitierten Überlegung: Die kritische, gegen Täuschungen in jeder Form gerichtete Erkenntnis verhindert seine *ideologische Funktionalisierung.* „Der Anreiz, gerade die buddhistische Religion aus politischen Gründen zu fördern war auch deshalb kaum sehr stark, weil die buddhistische Religion den Herrschern keine ideologische Begründung ihrer Herrschaft liefern konnte, die dem ‚Gottesgnadentum' entspräche", sagt deshalb H. Bechert zurecht.[119]

Dort, wo man den Buddhismus eng mit einer Regierung oder einem König verbunden sah, kann nur gesagt werden, dass sich die *Herrscher* vom Buddhismus beeinflusst zeigten und dies auch in ihren Handlungen offenbarten. Das wichtigste Beispiel ist hier wiederum das Reich von König Ashoka, den ich schon mehrfach zitiert habe. Bechert sagt hierzu: „Es ist sehr zweifelhaft, ob der Buddhismus im Reiche Ashokas als Staatsreligion bezeichnet werden kann. Der Buddhismus ist die Religion des Herrschers, die dieser nach Kräften fördert, wobei er auch die Hilfe seiner Behörden in Anspruch nimmt. Die Anhänger anderer Religionen bleiben jedoch gleichberechtigt, und auch ihre religiösen Institutionen werden gefördert. Überdies geschieht nichts, wodurch etwa besondere Vorrechte des Buddhismus institutionalisiert würden."[120]

Es ist wichtig, daran zu erinnern, weil vor allem Tibet eine westliche Mystifizierung erfahren hat, die weder dem buddhistischen Gehalt der tibetischen Tradition noch der historischen Realität gerecht wird.[121] Es lässt sich nur feststellen, dass *verantwortliche Führer* in Staat oder Wirtschaft, motiviert von buddhistischen Einsichten, Handlungen oder Institutionen initiiert haben, die eine Haltung von Toleranz, ökologischer Verantwortung und Gewaltfreiheit erkennen lassen.[122] Hierbei handelt es sich jedoch stets um die Lösung konkreter Aufgaben, so dass die Antworten, die Buddhisten praktisch und theore-

---

119 H. Bechert, Buddhismus, Staat und Gesellschaft in den Ländern des Theravada-Buddhismus, Erster Band, Frankfurt/M.-Berlin 1966, S. 22.

120 H. Bechert, Buddhismus aaO., S. 23.

121 Vgl. Jamyang Norbu, Hinter dem verlorenen Horizont: Zur Notwendigkeit der Demystifizierung Tibets; in: Mythos Tibet. Wahrnehmungen, Projektionen, Phantasien, Köln 1997, S. 313-317.

122 Vgl. zur kritischen Analyse der praktischen Umsetzung vor allem der Gewaltfreiheit in „buddhistischen" Ländern: A. Payer, Soziale und politische Aspekte des Theravâda-buddhismus (Vortrag vom 9. November 1998); Internet-Text.

tisch gegeben haben, nicht auf ein bestimmtes buddhistisches Wirtschafts-
oder Gesellschaftssystem zu schließen erlauben.

Übrigens waren es fast immer die Buddhisten selbst, die eine zu große Nähe
anderer Buddhisten zu Regierungen, Gewohnheiten der Menschen oder wirtschaftlichen Interessen kritisiert und aus eigener Kraft solche Anschauungen
auch wieder beseitigt haben. Es gab in Tibet, in China und in Japan immer
wieder sektiererische Tendenzen, eine Kollaboration mit Machtinteressen, die
durch Gegenbewegungen beantwortet wurden.[123] Die schärfsten Kritiker des
Buddhismus waren fast immer die Buddhisten selbst. „Der echte Buddhismus
ist eine permanente Revolution gegen Priestertum, Dogmatismus, Tempelkult,
Klassen- und Kastenprivilegien und gegen all die Mythologien, mit denen die
Priesterklasse sich an der Macht hält"[124] – im Sinn einer buddhistischen Wirtschaftsethik wäre zu ergänzen: Auch und gerade die „orthodoxen Priester der
Ökonomie"[125] sind von dieser Kritik nicht ausgenommen.

Zur *engeren Frage* nach einzelnen Aspekten des Wirtschaftssystems lässt sich
gleichfalls keine dogmatische, positive Festlegung im Buddhismus entdecken.
Es gab und gibt immer wieder die Hoffnung, dass durch die Haltung des
Mitgefühls eine bessere Welt mit weniger Sachzwängen und Leiden möglich
sein könnte. Tschögyam Trungpa formuliert in jüngerer Zeit die Hoffnung auf
eine „erleuchtete Gesellschaft", aber auch der Dalai Lama äußert sich fast
immer optimistisch über die Möglichkeiten einer Reform der Weltwirtschaft.
Ein besonderes *Modell* schwebt hierbei allerdings gerade nicht vor. Der Dalai
Lama betont auch hier die Pluralität und Toleranz, wenn er sagt, dass keines
„der gegenwärtigen gesellschaftlichen Systeme besser ist als die anderen und

---

123 In Tibet wäre die Rückkehr zu mönchischen Regeln durch Tson-Kha-Pa oder die Rime-
    Bewegung im 19. Jahrhundert zu nennen; in China die vielfach erneuerte Zen-Bewegung, in
    Sri Lanka die Kritik von Vijayavardhana am „Establishment" der buddhistischen Sangha und
    in Japan die Diskussion in jüngerer Zeit um den „kritischen Buddhismus". Vgl. z. B. den
    Beitrag von P. J. Hopkins in: Mythos Tibet aaO., S. 254ff. und J. Hubbard, P. L. Swanson,
    Pruning the Bodhi Tree. The Storm over Critical Buddhism, Honolulu 1997. Zur traditionell
    engen Verbindung zwischen Sangha und Regierung in Thailand sagte Suksamran, dass bei
    einem Missbrauch dieser Unterstützung „Buddhism and the Sangha may cease to provide a
    major source of legitimacy." S. Suksamran, Political Buddhism aaO., S. 121.
124 E. Benz, Buddhas Wiederkehr aaO., S. 124.
125 Samuelson nennt Solow einen „orthodoxen Priester der MIT-Schule", vgl. K.-H. Brodbeck,
    Die fragwürdigen Grundlagen aaO., S. 61.

darum von allen angenommen werden müsste. Im Gegenteil, eine Vielfalt an Systemen und Ideologien ist wünschenswert, da es innerhalb der menschlichen Gemeinschaft verschiedene Voraussetzungen gibt. Diese Vielfalt könnte zum kollektiven Glück der Menschen beitragen."[126]

Legt man die Lehrreden Buddhas (Sutren) zugrunde, so ergibt sich allerdings das Bild einer Vielzahl von Verhaltensweisen, die in *jeder* Gesellschaft zu vermeiden sind, weil sie – gründend auf einer verblendeten Motivation – scheinbare Sachzwänge erzeugen und das Leiden vermehren. In *diesem Sinn* kann man von einem direkten Einfluss des Buddhismus auf *jedes* Wirtschaftssystem sprechen. Doch stets verläuft hier der Einfluss über die individuelle Motivation und ihre Veränderung, nicht über die *Institutionalisierung* oder äußere *Erzwingung* von Verhaltensweisen durch Gesetze oder „Anreizsysteme".

Einige Beispiele: Viele Autoren sehen in der Gemeinschaft der Mönche und Nonnen (*Sangha*), im freundlich-höflichen Umgang miteinander, in der Bereitschaft zu rationaler Diskussion und der wechselseitigen Bestärkung achtsamen Verhaltens ein Modell für die gesamte Gesellschaft: „Die Sangha kann als Modell einer sozialen Ordnung angesehen werden, die Buddha schaffen wollte."[127] Das bedeutet vor allem, dass Probleme durch den Dialog und durch Verständigung, nicht durch *mechanische Regeln* gelöst werden. Buddha traut keiner Institution, die eine Kristallisation von *Gewohnheiten* ist, sondern nur der klaren Erkenntnis. Das ist eine Haltung, die in jeder Wirtschaftsweise als Voraussetzung für Problemlösungen anwendbar ist. Für unsere Zeit bedeutet dies: Weder die Institution des „Marktes" noch die des „Staates" ist ein Wert, der vom Handeln, von der Kommunikation der Menschen zu trennen wäre. Das gilt auch für den fiktiven Gegensatz von *Plan- und Marktwirtschaft*, worauf wir schon hingewiesen haben (vgl. Abschnitt 4.2.3). Aus dieser Skepsis gegen leere Wesenheiten wie „Markt", „Plan" oder „Staat" ergeben sich umgekehrt aber durchaus auch *positive* Lösungsvorschläge.

S. N. Sharma hat versucht, aus dem Modell der Sangha für eine buddhistisch beeinflusste Wirtschafts- und Gesellschaftsform folgende Prinzipien herauszudestillieren:

---

126 Dalai Lama, Ausgewählte Texte, München 1987, S. 195.
127 S. N. Sharma, Buddhist Social and Moral Education, Delhi 1994, S. 53; meine Übersetzung.

1) Rationalität („glaubt nicht, was ihr nicht prüft")[128]
2) Vermeidung von Ungleichheit
3) Ausgleich zwischen Extremen
4) Moralische Grundlage des Handelns
5) Eine fortschreitende, dynamische Gesellschaft (da alles vergänglich ist)
6) Altruismus als Prinzip.[129]

Auch diese sechs Vorschläge, denen andere zur Seite gestellt werden könnten, zielen ausschließlich auf die Motivation des *individuellen* Handelns und bleiben nicht an eine *besondere* Wirtschaftsweise gebunden. So widerstrebt beispielsweise kein dogmatisches Prinzip, diese Grundsätze mit einer stärker geplanten oder mit einer überwiegend durch Tauschprozesse gelenkten Wirtschaft zu verbinden, sofern die Grundsätze der rationalen Erkenntnis und eine Abwesenheit von täuschenden Prozessen verwirklicht sind. Allerdings werden viele Handlungsweisen *innerhalb* solcher Wirtschaftssysteme von diesen vorgeschlagenen Regeln unmittelbar tangiert.

Fast alle Interpreten Buddhas gehen allerdings davon aus, dass die Lehre von der gegenseitigen Abhängigkeit oder Leerheit das Modell einer *statischen* oder *ständischen* Gesellschaft eher ausschließt. Buddhas Kernsatz, dass *alles* vergänglich ist, bedeutet im Gegenzug, dass immer wieder *Neues* entsteht. Und dies kann man zurecht mit Wijesekera „an *evolutionary* view of the world and society"[130] nennen. Allerdings vertritt Buddha hierbei keine *mechanische Evolutionstheorie*, schon gar nicht eine Theorie, in der „die Evolution" zur Entschuldigung für Armut oder soziale Ungleichheit herzuhalten hätte, wie in zahlreichen sozialdarwinistischen und neoliberalen Konzepten. Es gibt hier eine Berührung mit dem Marxismus, der es gleichfalls ablehnt, Ungleichheiten (bei Buddha im indischen Kastensystem, bei Marx durch die Trennung von Klassen) durch den Verweis auf externe Prinzipien zu rechtfertigen: „Beide, Karl Marx und Sakypautra Gautama, vertraten die Auffassung, dass die Menschen in ur-

---

128 „The vision of the new society by the Buddha was ordered on more rationale principles than the Brahmanical system". U. Chakravarti, The Social Dimension of Early Buddhism, New Delhi 1996, S. 180f.
129 S. N. Sharma, Buddhist Social aaO., S. 76-78.
130 O. H. De A. Wijesekera, Buddhist and Vedic Studies aaO., S. 56.

sprünglicher Zeit in einer klassenlosen Gesellschaft lebten."[131] Auch der Dalai Lama sagt: „Alle Religionen treten gegen Ausbeutung und soziale Ungerechtigkeit auf. Der Buddha selbst hat auf revolutionäre Weise die starren Klassengrenzen überwunden und ein System geschaffen, das für die geistige Entwicklung aller Menschen aus allen sozialen Schichten offen ist."[132]

Mit der Evolution der Gesellschaft, der Erkenntnis des Wandels ist allerdings im Buddhismus kein *linearer Fortschritt* gemeint. Vielmehr zeigt sich die Vergänglichkeit in der Wirtschaft daran, dass alles einmal Erreichte auch wieder vergehen muss. *Auch der Fortschritt ist vergänglich.* Deshalb kommt es oft zu einer Wiederkehr längst überwunden geglaubter Verhaltensweisen. „Buddha betrachtete den sozialen Fortschritt nicht nur als dynamischen, sondern ebenso als *zyklischen* Prozess. Perioden des Verfalls folgen regelmäßig Perioden der Erneuerung."[133] Bezüglich der Wirtschaftssysteme folgt daraus, dass auch sie der Vergänglichkeit unterworfen sind, dass aber auch schon längst vergangen geglaubte Konzeptionen der Wirtschaft wiederkehren können – eine Beobachtung, die in der Wirtschaftsgeschichte leicht zu bestätigen ist, wenn wir z. B. auf das Wechselspiel von staatlicher Intervention und Liberalisierung der Märkte blicken, bei dem in den letzten 200 Jahren in Europa und den USA das Pendel mehrfach in beide Richtungen ausgeschlagen hat.

Was allerdings den Buddhismus darüber hinaus von anderen modernen Lebens- und Gesellschaftsentwürfen unterscheidet, ist die von alters her erfolgte Einbeziehung *nichtmenschlichen Lebens* in die Motivation des sozialen Handelns. Um nochmals die Interpretation von Wijesekera zu zitieren: „Der buddhistische Begriff von ‚Gesellschaft' würde, in seinem tiefsten ethischen Sinn, alle Lebewesen dieser Welt (*loka*) zu einer gegebenen Zeit einbeziehen, nicht nur die Menschen, sondern auch Tiere und andere niedere Kreaturen ebenso."[134] Deshalb ist der Begriff „sozial", wie Wijesekera hinzufügt, in der abendländischen Deutung ein unscharfer Begriff. Das „Wirtschaftssystem" umfasst

---

131 S. K. Pathak, Dhammavinaya Solves Contradictions of the Modern Age; in: G. Kuppuram, K. Kumudamani (eds.), Buddhist Heritage in India and Abroad, Delhi 1992, S. 165; meine Übersetzung.

132 Dalai Lama, Buddhismus und Marxismus; in: Ausgewählte Texte, München 1987, S. 216.

133 O. H. De A. Wijesekera, Buddhist and Vedic Studies aaO., S. 59; meine Übersetzung.

134 O. H. De A. Wijesekera, Buddhist and Vedic Studies aaO., S. 61; meine Übersetzung.

im Verständnis der buddhistischen Wirtschaftsethik stets auch die Natursysteme, etwas, was erst in jüngerer Zeit in verschiedenen Konzepten ökologischer Wirtschaftsweisen einen Niederschlag gefunden hat.

Insofern kann man sagen, dass Buddhisten, vor die Wahl gestellt, stets eine *ökologische Orientierung* von Wirtschaftssystemen präferieren und unterstützen würden, während sie den meisten heiß diskutierten Fragen der aktuellen wirtschaftspolitischen Debatte eher mit gelassener Distanz gegenüberstehen könnten. Doch die distanzierte Gelassenheit verbietet sich angesichts der Tatsache, dass die Handlungen, die ideologischen Überzeugungen in der Wirtschaftspolitik nachfolgen, oftmals eine ökonomische, militärische oder politische Verwüstung nach sich ziehen. Deshalb besteht die angemessene Stellungnahme zu den meisten Fragen des modernen Wirtschaftens nicht darin, eine Partei zu ergreifen, sondern auf den illusionären Charakter solcher Ideologien zu verweisen.

5.3 Christliche Wirtschaftsethik

Die christliche Ethik ist kein homogenes Gebilde, auch nicht innerhalb der verschiedenen christlichen Sekten (Kirchen). Seit den Untersuchungen von Max Weber wird dem *Protestantismus* – keineswegs nur dem Calvinismus – eine *innere* Nähe zur kapitalistischen Wirtschaftsform nachgesagt.[135] Tatsächlich ist die für den Protestantismus charakteristische Trennung von Glauben und Wissen auch im Bereich der Ethik erkennbar, und man kann die von Max Weber nachdrücklich geforderte Unterscheidung von Faktum und Wert als säkulares Erbe der protestantischen Ethik betrachten. Auch in der von Theologen formulierten *protestantischen Wirtschaftsethik* lässt sich dieser Grundzug erkennen. So sagt Georg Wünsch in seiner „Evangelischen Wirtschaftsethik" von der Ökonomie als Wissenschaft: „Als solche Wissenschaft ist die Nationalökonomie für uns Theologen belehrende Autorität; sie ist die Quelle, aus

---

135 Vgl. M. Weber, Die protestantische Ethik I und II, Tübingen ²1969. Eine andere, vielfach umstrittene und kritisch gegen Max Weber gewendete Zurechnung des Kapitalismus zu einer Religion, dem Judentum, hat W. Sombart versucht; vgl. W. Sombart, Die Juden und das Wirtschaftsleben, München-Leipzig 1920. Vgl. P. Ulrich, Integrative Wirtschaftsethik aaO., S. 132ff.

der wir unsere sachlichen Kenntnisse schöpfen".[136] Diese These wird auch von H. Pesch vertreten: „Die Volkswirtschaftslehre hat also ein anderes Formalobjekt wie die Moralwissenschaft. Es ist nicht die Aufgabe des Volkswirtes, festzustellen, was sittlich gut oder verwerflich ist."[137] Zahlreiche Ansätze der zeitgenössischen Wirtschaftsethik bewegen sich in einem ähnlichen Fahrwasser: Man betrachtet die Ökonomie als empirische Wissenschaft, die gültige und wahre Urteile über die wirtschaftliche Wirklichkeit ausspricht und versucht, auf der Basis dieser „Erkenntnisse" ethische Forderungen zu formulieren, die mit den Prinzipien der liberalen Ökonomie vereinbar sind.

Doch schon bei Wünsch zeigt sich die Unhaltbarkeit dieses Gedankens. Denn Wünsch bemerkt nicht, dass die Wirtschaftswissenschaften von einem *unwandelbaren Axiom* des Handelns (*homo oeconomicus*) ausgehen, das dem Gedanken: „der Mensch ist in seiner Gesinnung wandelbar"[138] widerspricht und deshalb eine andere, gegen diese These gerichtete *kritische* Wirtschaftstheorie erforderlich macht. Man kann nicht die Ethik von der „reinen" Theorie trennen, wenn sich diese Theorie auf *menschliches Handeln* bezieht und dafür ein Modell postuliert, das ethischen Maximen direkt widerspricht. Das gilt vor allem von der Voraussetzung *jeder* Ethik, dass Menschen eine *Wahl* haben, sich also frei entscheiden können. Die Aussage: „(D)er Mensch ist ethisch grundsätzlich wandelbar, er kann Bekehrungen erleben und ist in seiner sittlichen Haltung nicht an einen für uns erkennbaren Zwang gebunden: er ist frei",[139] die durchaus mit der Position der buddhistischen Ethik übereinstimmt, widerspricht der nationalökonomischen These, die Mises so ausdrückt: „Ziele und Zwecke selbst liegen jenseits des Handelns".[140]

In dem Versuch, eine „positive Wissenschaft des menschlichen Handelns" zu formulieren, liegt eine Unmöglichkeit: Das Handeln ist nicht von seinen Zielen und Zwecken zu trennen, ohne aufzuhören, ein *Handeln* zu sein. Trennt man das Handeln von seinen Zielen (damit auch von der kreativen Freiheit der

---

136 G. Wünsch, Evangelische Wirtschaftsethik aaO., S. 280.
137 H. Pesch, Ethik und Volkswirtschaft, Freiburg im Breisgau 1918, S. 122. Pesch bleibt in diesem Punkt widersprüchlich, weil er dem Handeln durchaus einen Eigenwert zuschreibt.
138 G. Wünsch, aaO, S. 429.
139 G. Wünsch, aaO., S. 428.
140 L. von Mises, Nationalökonomie aaO., S. 15.

Veränderung von Zielen und der freien Wahl zwischen Alternativen), dann reduziert man das Handeln auf bloßes *Verhalten*. Deshalb kann keine Wirtschaftsethik die modernen Wirtschaftswissenschaften als „belehrende Autorität" akzeptieren, ohne sich selbst *als* Ethik aufzugeben.

Die Wirtschaftsethik im buddhistischen Verständnis enthält gegenüber einem Kotau vor der schieren Übermacht der ökonomischen Theorien den *theoretisch-kritischen* Impuls, der sich auch auf vermeintlich „wertneutrale Erkenntnisse" der Ökonomik bezieht. Die Trennung von Faktum und Wert erweist sich als eine Täuschung, die in der Anerkennung der traditionellen (neoklassischen oder neoliberalen) Ökonomik reproduziert wird.

In der katholischen Soziallehre kann durchaus ein vergleichbares Verständnis gefunden werden: Weil Glauben und Wissen im Katholizismus nicht strikt *getrennt* sind, weil dem Handeln nicht nur eine positive Faktizität (als *bloßes Verhalten*) bescheinigt wird, sondern im Handeln ein *innerer ethischer Wert* erkannt wird, deshalb kann eine „Wissenschaft vom Handeln", als die sich die ökonomische Theorie versteht, niemals „wertneutral" oder „positiv" formuliert werden. Und darum liegt im Handeln selbst ein ethisches Verdienst, das auch eine spirituelle Dimension besitzt. Diese Erkenntnis teilt der Buddhismus mit dem Katholizismus.

Doch ich möchte zunächst einen Unterschied zwischen buddhistischer und katholischer Wirtschaftsethik klar betonen: Die katholische Soziallehre ist eine *Ordnungslehre*.[141] Sofern damit behauptet wird, dass die Ordnung der Wirtschaft sich einer transzendenten, ordnenden und göttlichen Macht verdankt[142], kann

---

141 Eben deshalb formulierten frühe katholische Kritiker auch zum Kapitalismus als Ordnungssystem einen *direkten* Gegensatz: „Das kapitalistische Wirtschafts- und Sozialsystem, welches jetzt die ganze civilisierte Welt absolut beherrscht, heute jedoch den Kulminationspunkt seiner Herrschaft bereits überschritten hat und dem Untergange zueilt, steht in einem unversöhnlichen Widerspruche zu der gesamten ethischen Veranlagung des Christentums. Ein dauerndes Nebeneinanderbestehen beider entgegengesetzten Systeme ist unmöglich." Carl von Vogelsang, Zins und Wucher, Wien 1884, S. 1.

142 „Nach christlicher Auffassung ist der Mensch mit seiner gesellschaftlichen Anlage von Gott geschaffen, um in der Gesellschaft und in Unterordnung unter die gottgesetzte gesellschaftliche Autorität sich zur ganzen Fülle und zum ganzen Reichtum dessen, was Gott an Anlagen in ihn hineingelegt hat, zur Ehre Gottes zu entfalten". Quadragesimo anno § 118. „Gemeinschaft ist die dauernde Vereinigung einer Mehrzahl von Individuen, die, von einer ordnenden Intelligenz geleitet, einem gemeinsamen Ziel oder Wert tätig zustreben." O. von Nell-Breuning, Wirtschaft und Gesellschaft Heute, Bd. I aaO., S. 19.

die buddhistische Wirtschaftsethik diese Auffassung nicht teilen. Das darin liegende Dilemma ist *theologischer* Natur und gründet in der Theorie von einem *Schöpfergott* (Demiurg bei Platon), der wie ein kosmischer Handwerker die Welt erschaffen habe. Es gibt im Buddhismus eine Vielzahl sehr kritischer Einwände gegen diese Theorie von einem Demiurgen, dem die Welt ihre Existenz verdanken soll; ich möchte das hier nicht vertiefen.[143] Sehr versöhnlich sagt der Dalai Lama: „Vielleicht gibt es einen Gott, aber man sollte nichts von ihm erwarten."[144]

Man kann Aussagen aus überlieferten Texten als Morallehre übernehmen (wie dem Dekalog oder Aussagen von Jesus). Wichtig ist hierbei, dass dogmatische Festlegungen vermieden werden, denn sie führen in aller Regel nur zu einem Missbrauch. Dass vor dem Hintergrund der christliche Religion eine sehr kritische Wirtschaftsethik möglich ist, die in wichtigen Punkten mit der buddhistischen Kritik übereinstimmt, zeigen einige Äußerungen von Päpsten und katholischen Sozialphilosophen. Ich möchte mich auf diese *positiven Berührungspunkte* konzentrieren.

Hierzu wähle ich den vielleicht wichtigsten Vertreter der katholischen Soziallehre, Oswald von Nell-Breuning. Nell-Breuning formuliert eine sehr wichtige und zutreffende Kritik an der *Marktideologie* und deckt die darin liegende implizite Ethik auf – ohne diesen Begriff zu verwenden. Eine der Kernaussagen der ökonomischen Theorie ist die Lehre von der *unsichtbaren Hand*. Darin wird gesagt, dass der Markt kraft einer inneren Marktrationalität das allgemein Beste hervorbringe und seine Dynamik stets so gerichtet sei, als würde eine unbekannte Kraft (*invisible hand*) das für die Gesellschaft Vorteilhafteste bewirken. Hier drückt sich, so kann man diese Einsicht zusammenfassen, die Illusion aus, als sei der Markt eine autonome Wesenheit mit einer verborgenen Absicht.

---

143 Nagarjuna sagt, das wichtigste Argument gegen die Annahme eines allmächtigen Schöpfergottes liegt in der einfachen Feststellung: Gott ist „unfähig, die Leiden der Vergänglichkeit zu vertreiben." Nagarjuna, Mahaprajnaparamitashastra, ed. Etienne Lamotte, Bd. I, S. 141. Vgl. ausführlich hierzu H. von Glasenapp, Der Buddhismus – eine atheistische Religion, München 1966; S. Radhakrishnan, Indische Philosophie, Band I, Darmstadt-Baden-Baden-Genf 1956, S. 386ff. Für eine erkenntnistheoretische Kritik siehe auch: K.-H. Brodbeck, Der Zirkel des Wissens aaO., Kapitel 5.4.

144 Dalai Lama, J.-C. Carrière, Die Kraft des Buddhismus aaO., S. 111.

Man charakterisiert den Marktprozess gerne durch einen Vergleich mit einer demokratischen Abstimmung. Nell-Breuning nimmt dieses Bild auf und sagt hierzu: Nach einem „viel und gern gebrauchten Bild ist der Markt ein Vorgang unmittelbarer *Demokratie:* eine ununterbrochene Volksbefragung und Volksabstimmung; die in Geld gezahlten Preise sind die Stimmzettel, mittels derer diese Abstimmung durchgeführt wird." Diese Illusion kritisiert Nell-Breuning mit der plausiblen Überlegung, „dass diese angeblich so überaus vollkommene Demokratie des Marktes in Wahrheit eine *Plutokratie* ist: die immerwährende Abstimmung vollzieht sich nicht nach Köpfen, sondern nach Kaufkraft, und ist damit noch ungleich plutokratischer als etwa das alte preußische Dreiklassenwahlrecht." Für die Mehrheit der Bevölkerung bedeutet eine Preiserhöhung nicht einen „Anreiz", sondern „den gebieterischen Zwang, ihre Lebenshaltung weiter einzuschränken".[145]

Nell-Breuning nennt den neoliberalen Glauben an den Markt, demzufolge man sich nach dem Markt als dem *eigentlichen Subjekt* des Handelns zu richten habe, „Marktgehorsam".[146] Der Markt erscheint nicht mehr als etwas, das Menschen machen, sondern als eine autonome Macht, dem sich die Handelnden *freiwillig* unterwerfen. Das Geld als Vermittler von Tauschprozessen ist tatsächlich unentbehrlich geworden, aber, sagt der Dalai Lama schlicht, „es ist falsch das Geld als einen Gott oder eine Substanz mit einer eigenen Macht zu betrachten."[147] Diese Verselbständigung des Geldes zeigt sich besonders in den internationalen Finanzströmen.

Hier formulierten die Päpste mehrfach recht eindeutige Aussagen als Grundlage der katholischen Soziallehre. In der Enzyklika *Populorum progressio* nennt Paul VI den „ungehemmten Liberalismus" eine „Diktatur" des „internationalen Finanzkapitals" (§ 26) – eine Bemerkung, die weitsichtig bereits 1967 die Entwicklungen der 90er Jahre ahnt. Die Päpste sprechen immer wieder vom „internationalen Finanzimperialismus" als einer großen Gefahr für die Wirtschaft. Es gibt keinen Grund, angesichts der jüngsten Entwicklungen, hiervon ein Jota abzuziehen, nur weil es in der Gegenwart opportun scheint, die Frei-

---

145 O. von Nell-Breuning S. J., Wirtschaft und Gesellschaft Heute, Bd. I aaO., S. 129f.
146 Vgl. K.-H. Brodbeck, Vom Doppelsinn des Marktgehorsams, Ethik Letter 3/2000, S. 4-9.
147 Dalai Lama, Imagine All the People aaO., S. 5; meine Übersetzung.

heit weltweiter Finanzströme als Segnung der „Globalisierung" zu feiern. Diese Warnungen der Päpste verdienen, mehr denn je, gehört zu werden.

Wenn die *Funktion* des Geldes im Marktprozess sich in eine täuschende Wesenheit verwandelt, denen sich die Handelnden wie einer fremden Macht unterwerfen, dann findet in der Wirtschaft eine völlige Verkehrung statt, die auch die Produktion bestimmt. Dies stellt das „Verhältnis von Subjekt und Objekt auf den Kopf",[148] sagt Nell-Breuning. Auch Papst Johannes Paul II hat mehrfach kritisiert, dass in der Wirtschaft die Menschen zu Dienern von abstrakten Dingen werden, so in seiner Enzyklika *Laborem Exercens*. Dort betont Papst Johannes-Paul II ausdrücklich auch bei der Arbeit den *Vorrang des Subjekts* vor den *Zwecken* der Arbeit. Er bekräftigt die Lehre der Enzyklika *Populorum progressio*, die im § 24 feststellt, „dass die Wirtschaft ausschließlich dem Menschen zu dienen hat".[149]

Hier zeigt sich also eine wichtige Übereinstimmung zwischen der buddhistischen und der katholischen Wirtschaftsethik, auch wenn beide Ethiken jeweils eine andere Sprache wählen. Die sachliche Form, die als Kapital, als Zweck der Arbeit oder als Marktprozess erscheint, enthält die Täuschung einer autonomen Wesenheit. Doch dahinter verbergen sich immer *menschliche Handlungen*, die allerdings in ihrer Verblendung vom Glauben an fiktive Mächte wie „Markt" oder „Geschäftsergebnis" gelenkt werden. Die Menschen unterwerfen sich diesen täuschenden „Gottheiten". Die katholische Soziallehre knüpft an die scholastische Einsicht an, dass es kein „Seiendes" gibt, das nicht zugleich einen ethischen Wert verkörpert. Es gibt keine absolute Trennung zwischen Fakten und Werten. Das entspricht durchaus auch der buddhistischen Auffassung, die ich mit dem Begriff der *impliziten Ethik* zu umschreiben versucht habe.

Gleichwohl verbleiben wichtige Unterschiede. Die Differenz zur buddhistischen Wirtschaftsethik kann an einem Gedanken aus der Enzyklika *Mater et magistra* von Johannes XXIII verdeutlicht werden. Dort heißt es im § 219:

---

148 O. von Nell-Breuning, Wirtschaft und Gesellschaft, Bd. I aaO., S. 129.
149 O. von Nell-Breuning (Hrsg.), Texte zur katholischen Soziallehre, Vaihingen 1977, S. 444f.

„Nach dem obersten Grundsatz dieser Lehre muss der Mensch der Träger, Schöpfer und das Ziel aller gesellschaftlichen Einrichtungen sein. Und zwar der Mensch, sofern er von Natur aus auf Mit-Sein angelegt und zugleich zu einer höheren Ordnung berufen ist, die die Natur übersteigt und diese zugleich überwindet."[150]

Dem ersten Satz lässt sich sofort zustimmen; er wiederholt jenen Gedanken, den ich eben am Beispiel der Marktkritik von Nell-Breuning skizziert habe. Der zweite Gedanke macht allerdings einen Unterschied deutlich. Dass die Menschen (wie in einem Terminus von Heidegger gesagt wird) auf „Mit-Sein" angelegt seien, ist nicht zu bestreiten, auch wenn der ontologische Ausdruck leicht in die Irre führen kann. Wenn Johannes XXIII mit der Berufung zur „höheren Ordnung" sagen möchte, dass Menschen nicht auf materielle, ökonomische Zwecke *reduziert* werden können, so entspricht auch das der buddhistischen Lehre. Kritisch bleibt die Vorstellung, dass damit die „Natur überstiegen" und „überwunden" werde. Eben dies verkennt nach buddhistischer Auffassung die gegenseitige Abhängigkeit von Menschen und Natursystemen, die kein Verhältnis der *Unterordnung* ist. Hier vertreten die katholische Soziallehre und liberale Markt- und Ressourcenökonomie dieselbe metaphysische Grundanschauung, die von einem Macht- oder Unterordnungsverhältnis von Mensch und Natur ausgeht.

Erscheint also eine enge Verbindung zwischen katholischer Soziallehre und buddhistischer Wirtschaftsethik in Fragen der *ethischen Begrenzung* von Marktprozessen sehr gut möglich, so dürften Differenzen in Fragen der Ökologie oder der Ernährung verbleiben.[151] Auch in der Beurteilung des Bevölkerungswachstums gehen die beiden ethischen Systeme erheblich auseinander (vgl. 6.2). Die kritische Differenz liegt hier aber nicht darin, dass im Buddhismus eine bestimmte Position *gegen* die katholische verteidigt würde, sondern vielmehr in der Beobachtung, dass das katholische Dogma zu unheilvollen Hand-

---

150 O. von Nell-Breuning (Hrsg.), Texte aaO., S. 259.

151 Es gab allerdings bereits früh Stimmen, die Anderes erkennen lassen; so Georg Ratzinger, wenn er sagt: „Es muß das richtige Verhältnis des Menschen zur Erde gefunden werden. Der Mensch darf sie nicht ausbeuten, erschöpfen, verwüsten; er muß sie pflegen, bebauen, fruchtbar machen. Der Mensch tritt ferner nicht als selbständige Einzelerscheinung in die Welt, sondern als hilfloses Glied einer Gesamtheit, welche ihn erst zur wirtschaftlichen Selbständigkeit erzieht." G. Ratzinger, Die Volkswirtschaft in ihren sittlichen Grundlagen, Freiburg ²1895, S. 1.

lungsweisen und zusätzlichem Leiden führen kann. Eine *Überwindung der Natur* widerspricht der Erfahrung und auch der Einsicht der Biologie. Den Menschen kommt nicht *a priori* ein höheres Lebensrecht als anderen Lebewesen zu.

In den Erzählungen über frühere Geburten Buddhas vor seiner schließlichen Inkarnation als Gautama aus dem Geschlecht der Sakyas findet sich auch die Geschichte, wonach Buddha einer hungernden, trächtigen Tigerin seinen Körper aus Mitgefühl geopfert hat. Der *ethische Gehalt* solcher Erzählungen ist einfach: Es gibt keinen prinzipiellen Vorrang für menschliches Leben vor dem Leben anderer Lebewesen. Er ist weder als Erfahrung noch in den Wissenschaften als dogmatische Differenz aufweisbar.

5.4 Marxismus

Karl Marx sagt zu seiner Motivation, die ihn antrieb, sein Hauptwerk („Das Kapital") trotz Krankheit und einer ärmlichen Lebensweise fertigzustellen, in einem Brief vom 30. April 1867 an Sigfrid Meyer:

> „Ich lache über die sog. ‚praktischen' Männer und ihre Weisheit. Wenn man ein Ochse sein wollte, könnte man natürlich den Menschheitsqualen den Rücken kehren und für seine eigne Haut sorgen. Aber ich hätte mich wirklich für unpraktisch gehalten, wenn ich krepiert wäre, ohne mein Buch, wenigstens im Manuskript, ganz fertigzumachen."[152]

Es war nicht seine Gepflogenheit, sich über Mitgefühl zu äußern. Gleichwohl lässt sich diese Motivation für seine Theorie klar erkennen. Gegenüber Franziska Kugelmann machte Marx jedoch einmal eine Ausnahme und äußerte sich über Arthur Schopenhauer, der sich in seiner Mitgefühlsethik dem Buddhismus weitgehend annäherte und sich selbst als „Buddhaist"[153] bezeichnete. Marx sagte, dass Schopenhauer „in den Grundgedanken der Ethik das Gebot ausspricht, in der Wesenseinheit alles Organischen die Pflicht zu erkennen, weder Mensch noch Tier Leiden zu verursachen. Keinem lebendigen

---

152 K. Marx an S. Meyer vom 30. April 1867, MEW Bd. 31, S. 542.
153 Brief vom 10. Mai 1852 an Adam Ludwig von Voß; Schopenhauer's Briefe, hrsg. v. E. Grisebach, Leipzig 1894, S. 358.

Wesen Unrecht zu tun, bezeichnete er (Schopenhauer, KHB), bei der Hilfsbedürftigkeit alles Bestehenden als einfaches Gebot der Gerechtigkeit, die zum Mitleid führt, zu dem Satz: ‚Hilf allen, soviel du kannst.' Tiefer ethisch sozial", so zitiert Franziska Kugelmann weiter die Äußerung von Marx, „hätte keine sentimentale Regung das Gebot der Nächstenliebe verkündet."[154]

In der Aufzeichnung dieses Gesprächs wird deutlich, weshalb Marx es vermied, von Mitgefühl explizit zu sprechen: Er lehnte die moralische Heuchelei und die bloß sentimentale Regung ab. Der zustimmende Bezug auf Schopenhauer macht deutlich, dass in der Motivation von Schopenhauer und Marx kaum eine Differenz zur Mitgefühlsethik des Buddhismus erkennbar ist. Dieser Punkt ist wichtig, wenn man den Marxismus als *theoretisches System* beurteilen möchte.

Marx knüpfte in seiner *Theorie* an den wissenschaftlichen Materialismus des 17. Jahrhunderts an. Ein Grundzug dieses Materialismus ist die These, dass geistige Prozesse auf *materielle* Bedingungen reduziert werden können. Das Bewusstsein erscheint als ein *Produkt* anderer Faktoren. Die Marxsche Formel: „Es ist nicht das Bewusstsein der Menschen, das ihr Sein, sondern umgekehrt ihr gesellschaftliches Sein, das ihr Bewusstsein bestimmt"[155], reiht sich ein in eine schrittweise Folge des wissenschaftlichen Reduktionismus, der in der Gegenwart erst seinen Höhepunkt erreicht. So führte der englische Empirismus zuerst mentale Prozesse auf Sinneseindrücke zurück. Die Sinnlichkeit wiederum wurde durch körperliche Funktionen erklärt. Darwin – dem Marx sein Hauptwerk „Das Kapital" widmen wollte – sagte, dass die *körperliche* Organisation des Menschen durch einen Evolutionsprozess aus dem Tierreich entstanden ist. Dieser Reduktionsprozess wird in den modernen Neurowissenschaften und der Genetik konsequent weitergeführt.

Karl Marx fügte (zusammen mit Friedrich Engels) diesem Reduktionismus den Gedanken hinzu, dass die *Denkformen* durch soziale Strukturen zu erklären sind (Ideologietheorie) und dass der gesellschaftliche Prozess nur die Weiter-

---

154 Franziska Kugelmann April/Mai 1867; Gespräche mit Marx und Engels, hrsg. v. H. M. Enzensberger, Frankfurt/M. 1981, S. 316.
155 K. Marx, Zur Kritik der politischen Ökonomie, MEW Bd. 13, S. 9.

führung eines Naturprozesses darstellt. Dieser Gedanke, der heute wohl von vielen Wissenschaftler geteilt wird, lautet in der Formulierung von Marx:

> „Da der Denkprozess selbst aus den Verhältnissen herauswächst, selbst ein *Natur-prozess* ist, so kann das wirklich begreifende Denken immer nur dasselbe sein, und nur graduell, nach der Reife der Entwicklung, also auch des Organs, womit gedacht wird, sich unterscheiden. Alles andre ist Faselei."[156]

Im Unterschied zum Materialismus der bürgerlichen Ökonomen oder der Naturwissenschaftler hielt jedoch Marx an dem Gedanken Hegels fest, dass die Vernunft nicht nur eine *äußere, nominale* Zuschreibung zu den materiellen Phänomenen vornimmt. Für Hegel war die Wirklichkeit die *Erscheinung* der Vernunft selbst. Marx hat das kritisiert und für die menschliche Gesellschaft ein „noch nicht" hinzugefügt. In der *gegenwärtigen*, in der bürgerlichen Form existiert die Vernunft noch nicht ausdrücklich als herrschendes Prinzip in Staat und Ökonomie. Marx sagt: „Die Vernunft hat immer existiert, nur nicht immer in der vernünftigen Form" und überträgt diesen Gedanken auf die Wirtschaft: „Der Witz der bürgerlichen Gesellschaft besteht ja eben darin, dass a priori keine bewusste gesellschaftliche Regelung der Produktion stattfindet. Das Vernünftige und Naturnotwendige setzt sich nur als blindwirkender Durchschnitt durch."[157] Die Vernunft wird erst in einem langwierigen historischen Prozess geboren, in dem diejenigen, die den Kapitalismus *erleiden* (das Proletariat), aus ihrem Erleiden zum Widerstand gegen den Kapitalismus angetrieben werden, der in seinen Krisen das Elend der Massen vermehrt.

Marx und Engels trauten in diesem historischen Prozess dem Bewusstsein keine eigenständige Rolle zu.[158] Erst Lenin und die russischen Kommunisten verwandelten den Marxismus in eine *voluntaristische Bewegung*, die zwar auf objektive Umstände Rücksicht nahm, insgesamt aber das *herbeiführen* wollte,

---

156 K. Marx an Ludwig Kugelmann vom 11. Juli 1868, MEW Bd. 32, S. 553.

157 K. Marx, MEW Bd. 1, S. 345 und MEW Bd. 32, S. 553.

158 „Es handelt sich nicht darum, was dieser oder jener Proletarier oder selbst das ganze Proletariat als Ziel sich einstweilen vorstellt. Es handelt sich darum, was es ist und was es diesem Sein gemäß geschichtlich zu tun gezwungen wird." K. Marx, MEW Bd. 2, S. 38. „Eine Revolution ist ein reines Naturphänomen", F. Engels, MEW Bd. 27, S. 190. „Ihr habt 15, 20, 50 Jahre Bürgerkrieg und Völkerkämpfe durchzumachen, nicht nur um die Verhältnisse zu ändern, sondern um euch selbst zu ändern und zur politischen Herrschaft zu befähigen". K. Marx, MEW Bd. 8, S. 412.

was bei Marx das Ergebnis einer historischen *Selbsterziehung* der Arbeiterklasse sein sollte. Bei Lenin, Trotzki, Stalin, Mao Zedong wurde der Marxismus zu einer bloßen *Machttechnologie*, einem bloßen Spiegel der industriellen Technik, die in der Politik nicht nur die Natur, sondern auch die Gesellschaft gewaltsam erobert.

Es versteht sich von selbst, dass das buddhistische Prinzip der *Gewaltfreiheit* der leninistischen Form des Marxismus völlig widerspricht. Worin liegt dann aber der Denkfehler, dass aus der ursprünglich am Mitgefühl orientierten Motivation von Marx am Ende die zynische Gewalt des Stalinismus werden konnte? Der kritische Punkt ist hierbei die Funktion des Bewusstseins. Auch Buddha hat immer wieder gesagt, dass das Bewusstsein *bedingt* ist: „Unmöglich ist es, Abscheiden, Insdaseintreten, Wachstum und Entwicklung des Bewusstseins anzugeben, unabhängig von Körperlichkeit, Gefühl, Wahrnehmung und Gewohnheitsmustern".[159] Das Bewusstsein ist bedingt durch körperliche Prozesse, es ist also keine *selbstseiende Wesenheit*. Wie jedes andere Phänomen, ist auch das Bewusstsein *für sich* leer, also funktional abhängig. Doch jede Abhängigkeit ist *zweiseitig*. Gerade, *weil* das Bewusstsein auf vielfältige Weise von anderen Faktoren abhängt, hängen auch diese Faktoren vom Bewusstsein ab.

Hinzu kommt, dass das Bewusstsein in dieser Verkettung der Faktoren der einzige Faktor ist, der über Reflexivität verfügt. Das Bewusstsein kann sich selbst verändern und erschaffen. „Der Geist erschafft sich selbst, in jedem Augenblick."[160] Das ist keine bloße These, sondern kann durch die Übung der Achtsamkeit von jedermann überprüft werden. Das Bewusstsein kennt viele „Zustände", es nimmt viele Formen an. Die Bedingtheit von Bewusstseinsprozessen verwandelt also nicht das Bewusstsein in einen bloßen Naturvorgang. Friedrich Engels sagt von den ökonomischen Gesetzen, es seien „Naturgesetze", die auf „der Bewusstlosigkeit der Beteiligten" beruhten.[161] Dem kann die buddhistische Wirtschaftsethik teilweise zustimmen: Gewohnheiten, die den Ego-Prozess dominieren, sind tatsächlich vielfach *unbewusst*. Doch was

---

159 Samyutta-Nikaya XII, 53.
160 Dalai Lama, J.-C. Carrière aaO., S. 172. Der Dalai Lama fügt hinzu: „Daher seine fundamentale Verantwortung."
161 F. Engels, Umrisse zu einer Kritik der Nationalökonomie, MEW Bd. 1, S. 515.

unbewusst ist, kann jeder *individuell* sich wieder bewusst machen, können sich Gruppen oder ganze Gesellschaften auch *kollektiv* bewusst machen. Marx glaubte, dass dies nur durch den *äußeren Zwang* von Wirtschaftskrisen, Revolutionen usw. geschehen würde. Das Klassenbewusstsein sollte das Ergebnis eines historischen Erziehungsprogramms werden. Er übersah dabei, dass Gewalt nur gewalttätige Gedanken provoziert, nicht aber ein Bewusstsein zur Aufhebung von blinden Gewohnheitsmustern erzeugen kann.

Die Gedanken sind insofern *bedingt*, als sie *unbewusst* ablaufen. Sie können aber bewusst werden und damit das *Steuerruder* übernehmen. Insofern sagt Buddha: „Durch das Denken wird die Welt geleitet; durch das Denken wird die Welt hin und her gezerrt. Das Denken ist das einzige, dessen Gewalt alle folgten."[162] Die *empirische Richtigkeit* dieser Überlegung zeigte die Entwicklung des Marxismus selbst. Da die Revolution ausblieb, die das von Marx erhoffte Bewusstsein *entzünden* sollte, verwandelte sich der Marxismus in den bolschewistischen *Voluntarismus*, der das, was entstehen *sollte*, mit Gewalt herbeiführen *wollte*. Doch hier gilt die schlichte Einsicht: „Durch Hass fürwahr kann nimmermehr / Zur Ruhe bringen man den Hass".[163]

In der negativen Beurteilung der Wirkung von Geldgier und Wettbewerb gibt es zwischen dem ursprünglichen Marxismus und der buddhistischen Wirtschaftsethik keinen grundlegenden Unterschied, wohl aber in der Beurteilung der *Ursachen*. Der zitierte Satz von Engels, dass die sogenannten ökonomischen Gesetze auf „der Bewusstlosigkeit der Beteiligten" beruhen, bietet die Basis für eine rationale Verständigung zwischen der Auffassung des Marxismus und der buddhistischen These. Auch wenn Marx und Engels glaubten, dass das Bewusstsein durch natürliche, ökonomische oder soziale Prozesse determiniert sei, so eröffnen sie doch immerhin die Möglichkeit, diese Determination *aufzuheben*. Allerdings glaubten sie, die Aufhebung der *Unbewusstheit*, der Verdinglichung von Wirtschaftsprozessen sei nur im Verlauf eines langen historischen Prozesses möglich, der durch Wirtschaftskrisen und Klassenkämpfe die notwendigen Bedingungen für eine neue Gesellschaft hervor-

---

162 Samyutta-Nikaya I, 39; ed. Geiger Bd. I, S. 62.
163 Dhammapada, Vers 5; hrsg. v. Nyanatiloka, S. 24.

bringen sollte. Der objektive Geschichtsprozess, nicht das Bewusstsein der Menschen, sollte letztlich hierfür verantwortlich sein.

Buddha sagt dagegen: „Was irgend hier entsteht an Leiden, durch das Bewusstsein ist all dies bedingt."[164] Wenn soziale Prozesse nicht eine *Form* des Bewusstseins wären, dann könnten sie auch niemals „bewusst" gemacht werden. Marx bleibt hier in seinem Urteil unklar. Wenn die Vernunft nur noch nicht in einer „vernünftigen Form" existiert, dann *existiert* sie immerhin schon. Die Frage lautet also: Welche Eigenschaften besitzt das Bewusstsein, wenn es zugleich die Form von etwas Fremdem, etwas Verdinglichten annehmen kann? Marx hat diese Frage nicht explizit gestellt. Er hat sich aber implizit mit ihr auseinandergesetzt, sofern er sagt, dass die Menschen sich im Geld eigentlich selbst als soziale Wesen begegnen, dies aber nicht erkennen, sondern das Geld als Fetisch, als ein Ding, als eine Sache betrachten. Dieser Satz steht durchaus in Einklang mit der im vierten Kapitel skizzierten buddhistischen Erklärung wirtschaftlicher Prozesse.

Wenn aber das Geld diese täuschende Funktion übernehmen kann, wenn diese Täuschung verantwortlich ist für das vielfältige Leiden, das durch ökonomische Prozesse erzeugt wird (anstatt dazu zu dienen, die menschlichen Bedürfnisse zu befriedigen), dann *beruht* die Funktion der Wirtschaft auf einem *Irrtum*. Irren kann sich aber nur ein Bewusstsein, nicht eine fiktive Wesenheit wie der „Markt", der „Austausch" usw. Marx konnte nicht erklären, wie und weshalb *im Bewusstsein* jedes Einzelnen eine Täuschung entsteht, die die Macht des Geld-Scheins überhaupt *ermöglicht*.

Das „gesellschaftliche Sein" kann das Bewusstsein nicht als unabhängigen und objektiven Grund bestimmen, weil dieses gesellschaftliche „Sein" als vernetztes Handeln selbst ein *bewusster* Prozess ist. Allerdings ist es ein Bewusstsein, das *verblendet* wird durch unbewusste Gewohnheiten des Handelns, des Wahrnehmens und Denkens. Erst auf der Grundlage dieser Verblendung ist so etwas wie eine *kollektive Verblendung* überhaupt möglich, die dann an den Börsen, bei nationalistischer Raserei ganzer Staaten oder bei der Plünderung natürlicher Systeme sichtbar wird. Weil aber Irrtümer schon eine Form von

---

164 Sutta-Nipata 33.

Bewusstsein sind, kann das Bewusstsein *verändert* werden, und die wichtigste Kraft hierbei ist das *Mitgefühl.*

Marx zeigt an seiner eigenen Person, dass es diese Kraft des Mitgefühls war, die ihn befähigte, die vielfältigen Illusionen der Ökonomen seiner Zeit zu erkennen, hinter scheinbar objektiv-sachlichen Wirtschaftsprozessen *menschliche Beziehungen* zu entdecken und die gesamte Ökonomie des Kapitalismus als einen Prozess der *Täuschung* zu durchschauen. Das Bewusstsein der Einzelperson Karl Marx war also durchaus fähig, die Täuschungen, motiviert durch sein Mitgefühl, zu verwandeln. Es bedurfte dazu weder einer Revolution, noch vielfältiger Organisationen. Was Marx *tat*, nämlich erkennend sein Bewusstsein zu verwandeln und eine Theorie der Täuschung im Kapitalismus zu entwickeln, das leugnete er zugleich *inhaltlich* in seiner Theorie.

Die bloße Tatsache der Existenz der Marxschen Theorie widerspricht damit ihrer zentralen Aussage, und die Marxisten hatten angesichts dieses Zirkels immer ein großes Erklärungsproblem: Wenn der Marxismus richtig ist, dann kann er als Theorie nicht so entstanden sein, wie Marx und Engels von anderen Theorien behaupten, nämlich als bloß ideologisches Nebelgebilde. Der Mangel dieses Zirkels kann ausgeräumt werden, wenn man die Einsicht gewinnt, dass nicht eine Kausalität von Basis und Überbau das Denken bestimmt, sondern ein vielfältig vernetzter Prozess, in dem Menschen auf der Grundlage einer irrigen Gewohnheit handeln. Viele Kritikpunkte, die Marx vorgetragen hat, erweisen sich dann als einsichtig und auch (mit Modifikationen) für die buddhistische Wirtschaftsethik annehmbar.[165]

Wenn Marx, wie eingangs zitiert, sagt: „Wenn man ein Ochse sein wollte, könnte man natürlich den Menschheitsqualen den Rücken kehren und für seine eigne Haut sorgen", dann drückt er zugleich ein zentrales Motiv des Buddhismus aus: Die Abkehr vom Leiden der Menschen (und anderer Lebewesen) beruht auf einem *intellektuellen Fehler*, auf einer *Dummheit.* Der wirtschaftliche Egoismus *ist diese Dummheit* in seiner massenhaften Gestalt. Man kann also verstehen, dass viele Buddhisten immer wieder ihre Sympathie mit dem Marxismus bekundet haben, auch wenn sie die *Gewalt* des Marxismus-

---

165 Vgl. K.-H. Brodbeck, Der Zirkel des Wissens aaO., Kapitel 7.

Leninismus ablehnen, die sich nicht zuletzt in der Ermordung von Tausenden von Mönchen und Nonnen und der Vernichtung von Klöstern durch die Roten Garden in Tibet in ihrer Verblendung gezeigt hat. Hier gilt: „Anstrengungen, um Gleichheit in der Gesellschaft zu realisieren, werden nicht fruchtbar sein, solange Begierde, Aggression und Unwissenheit den menschlichen Geist beherrschen."[166]

5.5 Liberalismus

Wie jede fiktive Entität, ist auch „Liberalismus" nur ein Label, ein Name, der in unterschiedlichen Kontexten sehr verschieden verwendet wird. Auch der Liberalismus ist nur als offenes Konzept durch das definierbar, was er *nicht* ist (Apoha-Prinzip). Der Liberalismus hat sich historisch entwickelt in der Abgrenzung gegen den Staat und der Einschränkung staatlicher Gewalt durch überprüfbare Anwendung von Gesetzen. Er betont die Rechte des Individuums und sagt, dass der Staat für die Individuen, nicht die Individuen für den Staat da sind.

Man hat auch den Buddhismus *individualistisch* genannt. So sagt Radhakrishnan: „Die buddhistische Ethik ist mehr individuell als sozial."[167] Tatsächlich kennt der Buddhismus keine Verbeugung vor einer transzendenten Autorität, einer staatlichen Ordnung, die gottgewollt oder durch eine biologische Determination den Menschen *verordnet* wäre. „Entsprechend der Lehre des Buddhismus hat sich eine Regierung mit Individuen zu befassen, die mehr als alles andere *psychologische* ‚Einheiten' sind, weswegen das Gesetz nicht als ein Automat funktionieren kann. Gesetze sind für Menschen gemacht, nicht Menschen für die Gesetze."[168] Das ist keineswegs nur die Überzeugung des ursprünglichen Buddhismus. Auch im Mahayana-Buddhismus, in dem das Mitgefühl an die erste Stelle rückt, bleibt das Individuum im Zentrum aller Praxis. Es ist stets der *individuelle* Geist, von dem Veränderungen ausgehen. So sagt der Dalai Lama: „Changes in the state of the world depend on individual

---

166 S. K. Pathak, Dhammavinaya Solves Contradictions aaO., S. 165; meine Übersetzung.
167 S. Radhakrishnan, Indische Philosophie aaO., S. 362.
168 O. H. De A. Wijesekera, Buddhist and Vedic Studies aaO., S. 6; meine Übersetzung.

behaviour."[169] Und auch im chinesischen und japanischen Zen-Buddhismus gilt: „Persönliches Erlebnis ist also alles beim Zen."[170]

Insoweit besteht also zwischen dem Liberalismus und der buddhistischen Ethik eine Verbindung. Dennoch habe ich im ersten Teil dieses Buches die Bausteine der buddhistischen Wirtschaftsethik sehr häufig vor dem Hintergrund einer Kritik an *neoliberalen* Auffassungen formuliert. Wie ist es möglich, dass auf der Grundlage der gemeinsamen Wertschätzung individueller Erfahrung, Denk- und Handlungsweisen die buddhistische Wirtschaftsethik dem Wirtschaftsliberalismus weitgehend *verneinend* entgegentreten und die ihm eigenen *Täuschungen* kritisieren muss?

Der Grund ist ein doppelter. Einmal verwendet der Liberalismus ein ganz anderes „Modell" des Menschen, der menschlichen Persönlichkeit als der Buddhismus.[171] Zum anderen ergibt sich als Konsequenz aus diesem ersten Grund eine völlig andere Interpretation der Begriffs „Freiheit" beim Liberalismus gegenüber der buddhistischen Vorstellung. Genauer gesagt: Das, was der Liberalismus als Modell des Menschen verwendet und darauf gründend als „Freiheit" definiert, ist genau das, was in der buddhistischen Erkenntnistheorie als *Kern der Ich-Illusion* entdeckt wird.

Trotz dieses grundlegenden Unterschieds kann man vom Standpunkt der buddhistischen Wirtschaftsethik aus vielen Aussagen des Liberalismus zustimmen. Wenn Adam Smith im Feudalismus seiner Zeit ein Übermaß an *Staatsgewalt* kritisiert, wenn Hayek totalitäre Staatssysteme wie den Nationalsozialismus oder den Kommunismus als „Weg in die Knechtschaft" brandmarkt, so wird wohl kaum ein buddhistischer Mönch widersprechen, der staatliche Gewalt als Opfer erfahren hat. Diese Staatsgewalt ist allerdings nur die auffäl-

---

169 Dalai Lama, Imagine All the People aaO., S. 37.

170 T. D. Suzuki, Die große Befreiung, Frankfurt/M. 1975, S. 31. Vgl. aber hierzu die kulturelle Bedeutungsdifferenz zwischen Japan und Europa in den Begriffen: S. Graupe, Japanese Modes of Business Behaviour. A Cultural Perspective on Efficiency and Accountability in the Japanese Context, praxis-perspektiven Band 5 (2002), S. 47-54.

171 Immerhin sagt Adam Smith in der Einleitung zu seiner Theory of Moral Sentiments den bedenkswerten Satz: „Mag man den Menschen für noch so egoistisch halten, es liegen doch offenbar gewisse Prinzipien in seiner Natur, die ihn dazu bestimmen, an dem Schicksal anderer Anteil zu nehmen, und die ihm selbst die Glückseligkeit dieser anderen zum Bedürfnis machen, obgleich er keinen anderen Vorteil daraus zieht, als das Vergnügen, Zeuge davon zu sein." A. Smith, Theorie der ethischen Gefühle, Hamburg 1977, S. 1.

ligste, direkt erfahrbare Macht einer verblendeten *Gewohnheit.* John Stuart Mill, der Verteidiger des Liberalismus im 19. Jahrhundert, grenzt den Begriff der Freiheit vom Begriff der *Gewohnheit* deutlich ab und sagt: „Der, der etwas tut, weil es Gewohnheit ist, trifft keine Wahl."[172] Das ist exakt jene Erkenntnis, die der Praxis der Achtsamkeit zugrunde liegt. Leider steht diese Einsicht ziemlich allein innerhalb der Schule des Liberalismus; zudem hebt diese Einsicht eine wichtige Annahme des Liberalismus auf. Denn es bedarf nur eines kleinen Schrittes einzusehen, dass auch das *Ego* nur ein *Gewohnheitsprozess* ist und damit nicht etwas, dessen „Freiheit" man als *positives* Fundament einer Sozialphilosophie ansetzen kann.

Die Schwierigkeit, das Individuum und seine Freiheit als Ausgangspunkt der Ökonomie zu bestimmen, haben wir bereits ausführlich vorgestellt und hier beim Neoliberalismus (die gegenwärtige Form des Liberalismus, wie sie von der österreichischen Schule und der Chicago-Schule in der Ökonomie vertreten wird) die zugrundeliegende Täuschung über die Natur des Ego-Prozesses und seine Auswirkungen beschrieben. Hierin liegt der Kern der Differenz zwischen der liberalen und der buddhistischen Wirtschaftsethik. *Der Liberalismus verwechselt Individualität und Ego.* Für den Buddhismus gilt aber: „Individualität ist verschieden von der Illusion der Ichheit."[173] Deshalb *scheitert* der Liberalismus auch immer wieder daran, dass die behauptete Freiheit der Individuen sich in Wahrheit als Freiheit fiktiver Gebilde in der Ökonomie erweist, von denen sich die Individuen abhängig sehen.

Die universelle Befreiung *des Egos* zu seinem auf Unwissenheit gestützten Tun kann sich in der Wirtschaft nur als Prozess des *Scheins* entfalten, der zu vielfältigen Sachzwängen führt, in denen dann die „freien Individuen" nur weiter abhängig werden von Marktprozessen. Die Märkte beherrschen *sie* – nicht umgekehrt. Die wirkliche Individualität und Freiheit ist Befreiung von der Täuschung des Ego-Prozesses, die sich im praktizierten Mitgefühl entfaltet. Weil wir Menschen untereinander und mit der Natur *wesentlich* vernetzt sind,

---

172 J. S. Mill, Über Freiheit, Wien 1969, S. 71.
173 Lama Anagarika Govinda, Schöpferische Meditation und Multidimensionales Bewußtsein, Freiburg im Breisgau ²1982, S. 59.

deshalb muss die fiktive Wesenheit „Ego", zur Grundlage einer Wirtschaftsethik gemacht, ihre fiktive Natur immer wieder in Enttäuschungen zeigen.

Es ist also keineswegs ein Widerspruch, die Individualität in die Mitte einer
Ethik zu stellen, und zugleich nur im Mitgefühl, im altruistischen Handeln die
der Individualität *adäquate* Handlungsweise zu sehen. Wenn also Radhakrishnan, wie bereits zitiert, sagt: „Die buddhistische Ethik ist mehr individuell
als sozial", so wäre zu ergänzen: Die buddhistische Wirtschaftsethik ist auch
nicht *asozial*. Der Gegensatz zwischen Individuum und Gesellschaft ist nur
dann keine Dualität, wenn man das Individuum nicht als ein *Ego* begreift. Das
Ego lebt in der Fiktion einer Unabhängigkeit, die sich in ihrem Wesen unabhängig von anderen Menschen und der Natur zu sein wähnt. Wenn man das
Wort „sozial" als *Gemeinschaft der Egos* begreift, dann kann man auch hier sagen,
dass die buddhistische Wirtschaftsethik ein *mittlerer Weg* zwischen den Extremen ist: *Weder* ein vereinzeltes Ego *noch* eine Gesellschaft von vielen Egos
sind eine verlässliche Grundlage; wohl aber ist diese duale Illusion der Grund
für die vielfältigen Täuschungen, Krisen und Leiden als Folge des Wirtschaftsprozesses.

Die *innere Schwierigkeit* des Liberalismus, der *theoretisch* den modernen Wirtschaftswissenschaften zugrunde liegt, hat sich auch als Widerspruch im Liberalismus selbst gezeigt. Der Liberalismus geht aus einer Dualität (Staat und
Markt) hervor, versuchte darin aber, eine Seite – den Markt – als in sich stabi-
les und selbständig existierendes System zu denken. Der Markt gilt als ein
autonomes Organisationsprinzip, als eine „spontane Ordnung". Doch die Theoretiker des Liberalismus mussten anerkennen, dass jeder Markt immer auch
eine Wirtschaftsordnung benötigt, um – wie dies ausgedrückt wird – die
„Einhaltung der Spielregeln des Wettbewerbs" zu garantieren. Hier hat sich
nun gezeigt, dass das *Verhältnis* zwischen Markt und institutionellen Arrangements ungeklärt bleibt. Hayek hat versucht, eine Theorie der Selektion *ethischer
Regeln* zu entwickeln, die sich *neben* dem Marktprozess vollzieht. Das führte ihn
aber dazu, als Grundelement nicht mehr das Individuum, sondern ganze
Gruppen von Handelnden vorauszusetzen. Damit wird nichts weniger als die
grundlegende Position des Liberalismus aufgegeben.

Auch die *Spieltheorie* hat gezeigt, dass der egoistische Wettbewerb zu unlösbaren Dilemmata wie dem berühmten „Gefangenendilemma" führt. Das Gefangenen-Dilemma beruht auf einer Geschichte von zwei Gefangenen, die man – hätten sie beide geschwiegen – nicht hätte verurteilen können. Da sie, aus gegenseitigem Misstrauen, auf die Verlockung des Versprechens hereinfielen, bei der Beschuldigung des je anderen als Mittäter eine Strafminderung zu erhalten, standen sie am Ende mit einer zweifachen Gefängnisstrafe viel schlechter da als bei gegenseitigem Vertrauen. Verallgemeinert führt diese (moralisch zweideutige) Geschichte zu der spieltheoretischen Erkenntnis, dass die Verweigerung der Zusammenarbeit, das Ignorieren gegenseitiger Abhängigkeit bei menschlichen Handlungen zu einem *insgesamt* für alle Beteiligten schlechteren Ergebnis führt, gerade, *weil* jeder egoistisch für sich ein maximales Ergebnis erreichen möchte.

Viele Ökonomen haben sich den Überlegungen von Robert Axelrod[174] angeschlossen, der im Anschluss an dieses Ergebnis der Spieltheorie folgenden Gedanken entwickelt: Aufgrund der Tatsache, dass der reine Wettbewerb der Egoisten zu suboptimalen Ergebnissen führt, überlagert sich dem Marktprozess ein Wettbewerb von *Kooperationen*. Solche Überlegungen haben auch Eingang in die Biologie gefunden. Sie erlauben zu erklären, wie und weshalb sich *Zusammenarbeit*, also der Verzicht auf egoistisches Verhalten, als vorteilhaft für alle Beteiligten erweist. Derartige Erklärungen zeigen immerhin, dass der reine Wettbewerbsegoismus das Gegenteil dessen ergibt, was Adam Smith erhoffte: Die Förderung des Allgemeinwohls.

Aus buddhistischer Perspektive erscheint allerdings auch die Erklärung von Axelrod oder von Hayek in einem wesentlich Punkt als ungenügend: Sie reduzieren zunächst den Menschen auf dessen „Selbstinteresse"[175], der dann *von außen* durch den Wettbewerb und die daraus sich ergebenen Spielregeln und Institutionen gezwungen werden soll, sein egoistisches Verhalten zu modifizieren. Dass man die *Motivation* verändern und aufheben kann, taucht in diesen

---

174 R. Axelrod, Die Evolution der Kooperation, München ⁵2000.
175 „Wir gehen von der Annahme des Selbstinteresses aus", R. Axelrod aaO., S. 6. Axelrod gesteht aber zu, dass seine Theorie auf der Basis dieser Annahme das Problem der Kooperation „keineswegs vollständig löst" aaO.

Überlegungen überhaupt nicht auf. Das Ego gilt als unhinterfragbare, dogmatische Voraussetzung. Deshalb kehrt die dem Ego-Prozess eigentümliche Dunkelheit und Verblendung an den ungelösten Fragen der Theorie wieder.

Das zeigt sich auch darin, dass die Sozialwissenschaften *sich selbst* als soziales Verhalten – Wissenschaft ist soziales Handeln – nicht erklären können. Der Liberalismus als politische Form der neoklassischen Theorie in der Ökonomie steht wie der Marxismus vor dem ungelösten Rätsel seiner eigenen Existenz als Theorie. Das wird in seiner *konsequentesten* Form besonders deutlich: dem „ökonomischen Ansatz" (vertreten vor allem von G. S. Becker), der behauptet, dass *jedes* menschliche Verhalten in wesentlichen Grundzügen durch den Egoismus des *homo oeconomicus* zu charakterisieren sei. Doch auch die Tätigkeit des *ökonomischen Theoretikers* müsste dann bloßer Ausdruck eines egoistischen und zynischen Maximierungsverhaltens sein, das vor Täuschung und Betrug im Interesse des individuellen Wissenschaftserfolges (Maximierung der Zahl von Zitationen, Schülern, Finanzmitteln usw.) nicht zurückschreckt. Wie kann dann diese Theorie und das darauf gegründete wirtschaftspolitische Konzept der verschiedenen Spielarten des Liberalismus *wahr* sein? Es ergibt sich die Paradoxie, dass das allgemein angewandte Modell des *homo oeconomicus* falsch sein *müsste*, selbst wenn es wahr wäre. Wenn es wahre wissenschaftliche Erkenntnis des Wirtschaftsprozesses gibt, dann kann diese Erkenntnis nicht dem maximierenden Zynismus des *homo oeconomicus* entspringen. Gibt es aber noch ganz *andere* Quellen menschlichen Verhaltens, dann erweist sich die Begründung des Liberalismus und der zugehörigen ökonomischen Theorie als unhaltbar.[176]

Ist das ökonomische Handeln der Menschen, wie in der buddhistischen Wirtschaftsethik gesagt wird, nur deshalb egoistisch, weil es durch Gewohnheit und mechanische Blindheit gelenkt wird, also auf einer *Täuschung* beruht, dann kann man verstehen, wie es zu einer *Ent-Täuschung,* also zur Erkenntnis kommen kann. Täuschungen haben eine *kognitive* Natur; es sind ihrer Qualität nach Denk- und Bewusstseinsformen. *Deshalb* können sie aus sich selbst auch zur

---

176 Vgl. zu einer ausführlichen Darstellung und Kritik dieser Auffassung K.-H. Brodbeck, K.-H. Brodbeck, Die fragwürdigen Grundlagen des Neoliberalismus aaO., S. 54-58; ders., Ökonomische Theorie als implizite Ethik aaO.

Reinigung vom eigenen Irrtum gelangen und damit zur Erkenntnis sozialer Prozesse. Wenn aber Erkenntnisse nur eine bloße *Widerspiegelung der Basis* als Ideologie darstellen, wie Marx meinte, oder wenn sie, wie Hayek sagt, „nur durch äußere Faktoren zustande kommen",[177] dann bleibt völlig unverständlich, wie Marxismus und Liberalismus *als Wissenschaften*, die sie sein wollen, wahre Aussagen machen können.

Die buddhistische Wirtschaftsethik braucht weder zu bestreiten, dass es eine Evolution von moralischen Regeln oder von Institutionen gibt, noch, dass diese Evolution durch den Wettbewerb egoistischer Individuen vorangetrieben wird. Um die täuschende Natur dieser Grundlage wissend, wird sie allerdings nicht ein Opfer der Illusion, darin ein höheres Prinzip, eine „Naturordnung" (*ordre naturel*), eine *invisible hand* oder das unvermeidliche Schicksal der Globalisierung zu sehen. Buddhisten werden auch nicht erwarten, dass sich im Wirtschaftsprozess ein historisches Gesetz der „Höherentwicklung" und des „Fortschritts" verbirgt, das entweder als endloses Wirtschaftswachstum modelliert oder als künftiges kommunistisches Paradies phantasiert wird. Solange nicht die Menschen *selber erkennen*, dass sie das, wovon sie sich durch Sachzwänge beherrscht sehen, selber hervorbringen und zu einer Scheinwirklichkeit stabilisieren, ist nicht zu erwarten, dass das „Erleiden von Sachzwängen" oder das Leiden unter Wirtschaftskrisen, unter Armut oder unter der Destruktion kultureller und ökologischer Systeme, sich verringern wird.

5.6 Kant, Rawls und Habermas

Die Erklärung von Kooperationen ist für die ökonomische Theorie und für jene wirtschaftsethischen Modelle, die diese Theorie nur *ergänzen* wollen, sie faktisch aber voraussetzen, ein Fallstrick geworden. Die Rechtfertigung für den Egoismus in der Wirtschaft lag in der These, dass egoistisches Handeln sich *im Wettbewerb* wechselseitig aufheben und so zu einem stabilen, spontanen System des Marktes führen würde. Zahlreiche Gegenbeispiele auch innerhalb der neoklassischen Wirtschaftswissenschaft, vor allem aber der *Spieltheorie* zeigen

---

177 F. A. von Hayek, Die Anmaßung von Wissen, Tübingen 1996, S. 123.

jedoch, dass der Wettbewerb keineswegs zu einer harmonischen Ordnung, sondern vielfach zu *schlechteren* Ergebnissen als institutionelle Arrangements führt. So stehen in der Wirtschaftswissenschaft heute vielfältige, höchst widersprüchliche Modelle und Erklärungen *nebeneinander.* Die einstige „Königin unter den Sozialwissenschaften" präsentiert sich in der Gegenwart als buntes Warenhaus sich widersprechender Aussagen, aus denen sich jeder wahlweise bedienen kann.

Dieses faktische Scheitern der Ökonomie als Wissenschaft – das nicht nur an einem stetig anwachsenden Berg von Fehlprognosen erkennbar ist – gründet in ihrer Voraussetzung: *Erstens* ist die Ökonomie eine reduktionistische und materialistische Theorie geblieben. „Bewusste" Entscheidungen werden nach dem Modell des *homo oeconomicus* so dargestellt, dass man sie *berechnen* kann. Das führt aber schlicht zu einer „Elimination der wirtschaftenden Person".[178] Zuerst geht man im Konzept des „methodologischen Individualismus"[179] von *Individuen* aus, beschreibt sie sodann als nutzenmaximierende Automaten, um sie schließlich durch ein bloßes *Kalkül*, eine mathematische Formel zu ersetzen. Wir Menschen handeln, sagt auch Hayek, nicht als vernünftige Subjekte, „sondern mittels eines Mechanismus, über den wir nicht bewusste Kontrolle ausüben".[180]

Zweitens übersehen die Ökonomen, dass der Wettbewerb niemals nur eine bloß *mechanische* Beziehung, sondern eine *kognitive Dynamik* darstellt. Im Wettbewerb gibt es das Vortäuschen von Sachverhalten, unfaire Verhaltensweisen, das Verschweigen von für den Verbraucher wichtigen Informationen, Lüge und Betrug usw. All diese Verhaltensweisen setzen eine *gemeinsame Sphäre* der Erkenntnis und der Sprache voraus. Wie eine Täuschung zugleich verrät, dass sie eine Form der *Erkenntnis* darstellt (wenn auch eine falsche oder irrtümliche

178 J. von Kempski, Handlung, Maxime und Situation, in: H. Albert (Hrsg.), Theorie und Realität, Tübingen 1964, S. 245.

179 Der Ausdruck stammt von Schumpeter: J. A. Schumpeter, Das Wesen und der Hauptinhalt der theoretischen Nationalökonomie, Berlin 1908, VI. Kapitel, S. 88ff. Zur Kritik vgl. K.-H. Brodbeck, Ökonomische Theorie als implizite Ethik aaO.

180 F. A. von Hayek, Recht, Gesetzgebung und Freiheit. Band 1: Regeln und Ordnung, Landsberg 1986, S. 49.

Erkenntnis), so verrät der Gegensatz egoistischer Konkurrenten zugleich sein Gegenteil: Eine versteckte Gemeinsamkeit und Abhängigkeit.

Kant nannte diese verbindende Gemeinsamkeit die „Vernunft". Sein kategorischer Imperativ verlangt, dass man aus Gründen der Vernunft nur jene moralischen Regeln akzeptieren soll, die zugleich als Grundlage einer *allgemeinen Gesetzgebung* dienen können. Hier spielt die Vernunft die Rolle einer verbindenden Gemeinsamkeit, vor allen individuellen und egoistischen Interessen.[181] Hegel führt diesen Gedanken weiter fort, wenn er im Staat ein vernünftiges Prinzip entdecken möchte, das er die „Wirklichkeit der sittlichen Idee" nennt.

Die nachfolgende Philosophie, die Ergebnisse der Wissenschaften und die Kritik des Marxismus haben die Illusion in diesem Gedanken teilweise aufgedeckt. Die Menschen verfügen nicht über so etwas wie eine innere Substanz, der ein gemeinsames Prinzip der Vernunft einwohnen würde. Psychologie und Neurowissenschaften haben die Vorstellung eines Geistes, der die Maschine des Körpers belebt (wie noch Descartes glaubte), aufgeben müssen: Eine solche Geistsubstanz konnte nicht entdeckt werden. Mit dem Verschwinden des Geistes verlor zugleich die Moral ihren Träger, genauso wie zuvor schon Gott als moralischer Gesetzgeber durch die Aufklärungsphilosophie in ein fernes Prinzip verwandelt worden war, das eigentlich mit den Naturgesetzen identisch ist.

In dieser Situation knüpfen viele ethische Neubegründungen an eine ganz andere Überlegung an. Die Frage lautet nun: Gibt es im Sinn der Sozialwissenschaft so etwas wie ein gemeinsames, verbindendes Band der Menschen in Gesellschaften, die durch Egoismus und Wettbewerb bestimmt werden? Und die wichtigste Antwort auf diese Frage war in der Philosophie und Soziologie des 20. Jahrhunderts die Feststellung, dass die Menschen wenigstens in der *Sprache* ein gemeinsames Band besitzen. Was auch immer Wettbewerbsprozesse sonst noch sein mögen, sie vollziehen sich in der Sphäre der Sprache, der Kommunikation.

Jürgen Habermas hat aus dieser Beobachtung (ähnlich wie Karl-Otto Apel) folgende Begründung für ein moralisches System versucht: Wenn Menschen

---

181 Vgl. aber die Hinweise in Kapitel 4.2.3.

zusammen sprechen, auch wenn sie streiten und argumentieren, dann ist dabei schon unterstellt, dass jeder vom anderen *Argumente* erwartet. In der Sprechsituation ist *faktisch* eine Gemeinschaft und Kooperation hergestellt, auch wenn die *Inhalte*, worüber gesprochen wird, strittig sein mögen, sofern sie der Einschränkung egoistischer Zielsetzungen dienen. Da es aber nicht nur *reine* Sprechsituationen gibt, wählt Habermas als Modell der Ethik eine *ideale Sprechsituation*, die durch eine Abwesenheit von Gewalt, Beeinflussung und Täuschung (Habermas spricht hier von „strategischem Handeln") bestimmt wird.

Tatsächlich schlägt auch Buddha zur Konfliktlösung in der Sangha, in der Gemeinschaft der Mönche und Nonnen, etwas ähnliches vor, und einige Autoren wie S. N. Sharma sehen darin ein Modell *sozialer und ökonomischer* Konfliktbewältigung. Buddha gibt folgenden Ratschlag: „Fähig zur Fühlungnahme und Verständigung, sind sie (die Streitenden, KHB) nachgiebig. Nicht sprechen sie von jenem Streitfall so, als ob dies nur die Wahrheit ist und alles andere töricht; sie halten nicht hartnäckig an ihrer Meinung fest, und versteifen sich nicht auf sie."[182] Im Unterschied zu Habermas und Apel betont aber Buddha, dass diese Umgangsform, wiewohl durch bewusste Veränderung der Motivation erreichbar, das Resultat einer *Anstrengung* ist, nicht ein verborgenes Ideal, das im Sprechen als solchem schon enthalten wäre. Immerhin ergibt sich hier aber eine gewisse Anknüpfungsmöglichkeit der buddhistischen Wirtschaftsethik an die Theorie vom kommunikativen Handeln.

Eine ähnliche Idealvorstellung wie Jürgen Habermas hat auch *John Rawls* entwickelt. Er geht von einer „ursprünglichen Situation der Gleichheit" aus, an der gemessen Normen für die Wirtschaft abgeleitet werden sollen.[183] Um Moral begründen zu können, wird die *ethische Reflexion* an einem Idealzustand gemessen. Gleichwohl setzt Rawls den Standpunkt der ökonomischen Theorie und den darin liegenden *methodischen Individualismus* voraus, der bei ihm dahin übersetzt wird, dass die Menschen „keine aufeinander gerichteten Interessen haben."[184] Habermas hingegen differenziert die Subjektivität, indem er der

---

182 Anguttara-Nikaya II, 52; Band I, S. 80.
183 J. Rawls, Eine Theorie der Gerechtigkeit, Frankfurt/M. 1975, S. 28. Rawls sagt, dass dieser Urzustand bei ihm „dieselbe Rolle wie der Naturzustand in der herkömmlichen Theorie des Gesellschaftsvertrags" spielt und nennt dies ein „Gedankenexperiment", aaO., S. 35.
184 J. Rawls, Eine Theorie aaO., S. 30.

Gesellschaft *sprechender Wesen* wie Kant Vernunft zubilligt, ohne allerdings diese Vernunft *substanziell* zu interpretieren.

Das Problem in der ethischen Begründung von Habermas ist der uneingelöste „Universalisierungsgrundsatz".[185] Moralische Regeln müssen nicht nur für alle ausgedacht, sie müssen auch von allen *anerkannt* werden, sollen sie eine Gemeinschaft von Menschen zusammenhalten. Auch Rawls steht vor dieser Frage. Man mag eine ideale Sprechsituation oder einen Urzustand als Maßstab der Ethik zur Ableitung moralischer Regeln wohl voraussetzen, damit aber ist die *Verwirklichung* dieser Regeln, ihre universelle und *praktische* Geltung noch keineswegs gewährleistet. Die Aussage, dass eigentlich jeder „vernünftigerweise" zustimmen müsste, die Kants kategorischen Imperativ in eine moderne Sprache übersetzt, drückt nur einen Wunsch aus. Selbst wenn man das Mitgefühl als *moralische* Regel empfiehlt, steht man vor demselben Problem.[186] Hier können die Ökonomen im gewohnten Zynismus einwenden: Das sind eben nur schöne Ideale, die Realität ist aber durch den *Egoismus* bestimmt. Und egoistisches Handeln heißt, dass jedes Ideal, jede Regel, jede Einigung zu kooperativem Handeln in der Wirtschaft *zu eigenen Zwecken* ge- und missbraucht werden kann und wird. Deshalb empfehlen Ökonomen „Anreizsysteme", die den Egoismus des *homo oeconomicus* als unveränderliche Gegebenheit dogmatisch voraussetzen.

In der buddhistischen Wirtschaftsethik kann man den Gegensatz zwischen (egoistischen) Entscheidungen und äußerer Regelung dann auflösen, wenn man eine (stillschweigende) Voraussetzung aufhebt, die sowohl die ökonomische Theorie wie die Ethik von Habermas benötigt. Wenn man Handlungen durch den *homo oeconomicus* oder durch das Modell der idealen Sprechsituation

---

185 J. Habermas, Moralbewußtsein und kommunikatives Handeln, Frankfurt/M. 1983, S. 74. Vgl. „Im Buddhismus gibt es nichts, das man nicht leicht von einem Teil der Welt auf den anderen übertragen könnte." E. Conze, Der Buddhismus aaO., S. 71.

186 „Obwohl es sicher zutrifft, dass die Welt wie von selbst ein freundlicherer und friedlicherer Ort würde, wenn meine Vorschläge in bezug auf das Mitgefühl, auf innere Disziplin, kluge Urteilsfähigkeit und Entwicklung von Tugenden insgesamt in großem Ausmaß umgesetzt würden, so sehe ich doch auch, dass die Wirklichkeit es einfordert, dass wir unsere Probleme gleichzeitig auf der gesellschaftlichen und auf der persönlichen Eben angehen. (...) Zuvor muss ich jedoch betonen, dass es sich hier lediglich um meine persönlichen Ansichten handelt." Dalai Lama, Das Buch der Menschlichkeit aaO., S. 195.

beschreibt, dann unterstellt man eine bestimmte, unveränderliche Natur des Menschen oder der Gesellschaft.[187] Eben dies ist der Inhalt eines Ideals ebenso wie der eines Axioms: Die Fiktion eines eigenständigen, unveränderlichen Wesens. Doch Menschen *haben kein unveränderliches Wesen*. Sie sind das, wozu sie sich denkend und handelnd machen.

Ein herrschaftsfreier Dialog, der die blinde Mechanik von Marktprozessen einschränkt oder ganz substituiert, ist auch im buddhistischen Verständnis wünschenswert, denn er dient dazu, das blinde Erleiden von Sachzwängen zu mindern. Doch dieser herrschaftsfreie Dialog *muss hergestellt werden*, und er lässt sich nur herstellen, wenn die Individuen die in ihrem Denken und Handeln wirksamen Illusionen wenigstens teilweise durchschauen, durch die sie sich in einen mechanischen Wettbewerb getrieben finden. Was Buddha für seine Mönche und Nonnen vorschlägt, um Gemeinschaft und Vertrauen herzustellen, das ist nicht je schon in der Vernunft (Kant), im Sprechen (Habermas, Apel) oder der ursprünglichen Gleichheit der Menschen (Rawls) enthalten, sondern muss durch eine Veränderung der *Motivation* herbeigeführt werden.

Die ideale Sprechsituation ist ein Ideal. Um es wirklich werden zu lassen, müssen die Individuen etwas lernen und erkennen, Gewohnheiten verändern und dazu das kreativ verwenden, was in der Philosophie und Wissenschaft der Moderne überhaupt keine Rolle mehr zu spielen scheint: Das Bewusstsein, die Achtsamkeit. Zwar liegt es dem Buddhismus fern, eine Utopie realisieren zu wollen; er erliegt aber auch nicht dem Fatalismus der Ökonomen und Soziobiologen, die aufgrund einer sozialen oder genetischen Determination auf ein unveränderliches Menschenwesen schließen.

Die buddhistische Wirtschaftsethik bleibt also auch hier *mittlerer Weg*. Sie vermeidet die beiden Extreme: Utopisches Ideal und materielle Determination. Die soziale Wirklichkeit ist bereits durch eine Form des Bewusstseins be-

---

187 Obgleich Habermas mit Bezug auf die Gentechnik sagt: „Die Grenze zwischen der Natur, die wir ‚sind', und der organischen Ausstattung, die wir uns selber ‚geben', verschwimmt", J. Habermas, Die Zukunft der menschlichen Natur, Frankfurt/M. 2001, S. 28, hält er doch an einer unveränderlichen „Natur" des Sozialen fest: „Im Logos der Sprache verkörpert sich eine Macht des Intersubjektiven, die der Subjektivität der Sprecher voraus- und zugrunde liegt." J. Habermas aaO., S. 26. Diese behauptete „Macht *des* Intersubjektiven" ist eine ebenso täuschende Entität wie die „Natur" des Menschen; vgl. K.-H. Brodbeck, Der Zirkel des Wissens aaO., Kapitel 7.8.

stimmt. Allerdings besitzt dieses Bewusstsein einen verblendeten, täuschenden Charakter. Doch weil es bereits die Qualität besitzt, auch als verblendeter Denkprozess des Egos ein *Denkprozess* zu sein, deshalb kann die wirtschaftliche Wirklichkeit verändert werden, wenn der Denkprozess verändert wird. In diesem Verständnis gelten die beiden Sätze Buddhas: „Kein anderes Ding kenne ich das, unbezähmt, unbewacht und ungezügelt, zu so großem Unsegen führt wie der Geist." – „Kein anderes Ding kenne ich, das, bezähmt, behütet, bewacht und gezügelt, zu so großem Segen führt wie der Geist."[188]

---

188 Anguttara-Nikaya I,4; ed. Nyanatiloka Bd. 1, S. 20.

6 Einige Fragen der angewandten Wirtschaftsethik

In diesem Kapitel kann ich nur einige wichtige Frage aufgreifen und versuchen, daran die Sichtweise der buddhistischen Wirtschaftsethik zu erläutern und die Tragweite ihrer Aussagen zu erproben. Es kann im Rahmen der vorliegenden Einführung weder um Vollständigkeit noch um bloße „Aktualität" gehen. Viele Fragen der wirtschaftsethischen Diskussion wie die Rolle der Frauen in der Wirtschaft, die Funktion der Lohnarbeit, Probleme der Gesundheitsökonomie, der Altersvorsorge usw. werde ich ausklammern oder nur streifen. Ich denke und hoffe aber, dass meine Auswahl in ihrer Relevanz einsichtig ist oder dies im Fortgang der Darstellung wird. Die vorgeführte Methode und die überwiegend auf globale Märkte gerichtete Betrachtungsweise lässt sich dann, wie ich glaube, unschwer auf jeweils andere aktuelle Fragen übertragen.

6.1 Rechter Lebenserwerb und rechte Führung von Menschen

Im edlen achtfachen Pfad betont Buddha, dass zum ethischen Handeln unabtrennbar der *rechte Lebenserwerb* gehört. Darin liegt die Erkenntnis, dass zwar äußere Umstände geistige und emotionale Prozesse nicht eindeutig *determinieren*, gleichwohl aber begünstigen oder hemmen. Die Einhaltung bestimmter moralischer Regeln wirkt sich für die Erkenntnis förderlich aus. Es gibt aber auch Handlungsweisen, die Buddha ausdrücklich ausschließt, weil sie *direkt* jener Erkenntnis widersprechen, die auf dem Weg zu gewinnen ist. Damit sind vor allem Handlungen gemeint, die auf einem *professionellen* Verstoß gegen die fünf Regeln für den Laien beruhen. Im dritten Kapitel hatte ich diese Regeln vorgestellt; ich möchte sie hier zur Erinnerung wiederholen:

1) Keine empfindenden Lebewesen töten.
2) Nichts mit Gewalt oder ohne Erlaubnis nehmen (z. B. stehlen)
3) Keine lügenhafte, prahlerische oder hohle Rede
4) Kein durch Begierden geleitetes Fehlverhalten (z. B. sexueller Missbrauch)
5) Vermeidung von Drogen oder Verhaltensweisen, die das Bewusstsein trüben.

Diese fünf Vorschriften für die alltäglich Praxis lassen sich mit Bezug auf das wirtschaftliche Handeln so erläutern:

(1) Kein empfindendes Lebewesen zu töten oder Gewalt zu verüben heißt, dass bestimmte Berufe, deren Zweck das Töten von Leben beinhaltet, nicht nur schlichtweg aus Gründen des Mitgefühls abzulehnen sind, sondern auch verhindern, die gegenseitige Abhängigkeit aller Dinge und Lebewesen zu *erkennen*. Traditionell gilt dies für den Beruf der Metzger, Jäger oder Soldaten. Die buddhistische Wirtschaftsethik plädiert für eine *pazifistische* Gesellschaft, die auf dem Prinzip der Gewaltfreiheit beruht. Das schließt natürlich auch alle Handlungen ein, die Krankheit oder Tod anderer Lebewesen implizieren: Waffenproduktion, medizinische oder chemische Experimente, die Tiere zu Versuchszwecken quälen oder töten[189], Tabak- oder Chemiekonzerne, die den Tod ihrer Kunden wissentlich und billigend in Kauf nehmen usw. Davon sind auch jene nicht auszunehmen, die in der scheinbar fernen Abstraktion eines Bankkredits oder eines Aufsichtsratsgremiums Entscheidungen befürworten, die Krankheit oder Tod von Menschen oder den massenhaften Tod und das Leiden von Tieren zur Folge haben.

Es muss allerdings dem Urteil jedes einzelnen überlassen werden, inwieweit er eine Mitwirkung an bestimmten Handlungen, Unternehmen und Organisation verantworten kann. Es geht hier nicht um *Verbote*, sondern um eine einfache Wenn-Dann-Regel: Wer seine Wahrnehmung durch ein zynisches und

---

189 „Dass der Buddhist die Vivisektion aufs strengste verwerfen muss, ist ohne weiteres klar. Ich sprecke hier nicht nur als Buddhist, sondern auch als Arzt, wenn ich behaupte, dass die wissenschaftliche Tierfolter ungemein winzige Resultate ergeben hat und in Bezug auf das Heilgeschäft, worauf im letzten Grund es doch ankommt, vielleicht überhaupt nichts, was auf anderem Wege nicht auch hätte erreicht werden können." P. Dahlke, Buddhismus als Religion und Moral, München-Neubiberg ²1923, S. 296.

gleichgültiges Verhalten abstumpft, dem fehlt die Möglichkeit zur Befreiung aus dem Erleiden von selbstgeschaffenen Sachzwängen und damit die Möglichkeit, den Ego-Prozess zu beenden, oder wenigstens seine Macht zu mindern. Zudem erweist sich ein Handeln, das andere Wesen tötet oder deren Tod billigend in Kauf nimmt, als *kognitiv beschränkt*. Wer so handelt, verhält sich einfach weit weniger intelligent, als sein menschliches Potential es ihm erlauben würde.

(2) Die zweite Regel wird in einem bürgerlich-rechtsstaatlichen Umfeld scheinbar akzeptiert, sofern man sie mit dem Gebot „Du sollst nicht stehlen" übersetzt. Doch das ist eine Täuschung. Das *Eigentumsrecht* als juristische Kristallisation dieser moralischen Regel ist keineswegs eine *Erlaubnis* zu unbeschränktem Handeln, sofern nur Gesetze nicht verletzt werden. Genauer gesagt: Diese generelle Erlaubnis verbietet sich von einem *ethischen* Standpunkt aus. Man kann *innerhalb* des Rahmens eines gültigen Eigentumsrechts sehr wohl anderen etwas stehlen. Viele Vertragsbeziehungen enthalten eine faktische Erpressung, und auch die menschliche Arbeitskraft wird auf vielfältige Weise ausgebeutet: Eine Form des Diebstahls von Zeit, Lebensglück, Geld und Gesundheit.

Wenn ein Monopolanbieter seine Machtposition aus egoistischen Gewinnmotiven ausnutzt und die Preise so erhöht, wie die ökonomische Theorie dies schon in den Grundkursen des Studiums der Wirtschaftswissenschaften als „Rationalverhalten" erklärt, dann verhält er sich vielleicht *rechtlich* korrekt, ethisch handelt es sich aber darum, etwas zu nehmen, was nicht freiwillig gegeben wurde. Das gilt natürlich für *jede* Gruppe, die Ansprüche durch Machtpositionen zu verwirklichen trachtet – besonders für spekulative Geschäfte.

Spekulanten *missbrauchen eine soziale Funktion* (des Geldes, von Wertpapieren, Warenbörsen, Währungen etc.) für egoistische Interessen, motiviert durch ihre schlichte Geldgier oder die Geldgier der Firmen, für die sie als Angestellte tätig sind. Ein Spekulationsgewinn, erzielt durch eine Machtposition, die aus besonderen Informationen oder großen Kapitalsummen erwächst, muss von jemand bezahlt werden: höhere Preise, niedrigere Kurswerte usw. werden von

Käufern getragen. Professionelle Spekulation ist also kein „rechter Lebenserwerb" im Sinn des Buddhismus. Um dies an einem Beispiel zu erläutern: Ein
Broker wird, auf Spekulationsgeschäfte in der Folge der Anschläge vom 11.
September 2001 angesprochen, mit dem Satz zitiert: „Wir werden doch nicht
bezahlt, um zu trauern, sondern um Geld zu verdienen."[190] Ein Beruf, ein
Lebenserwerb, der darauf *beruht*, anderen selbst in Notsituation durch spekulative Manöver etwas (wenn auch rechtlich legal) zu stehlen, ist kaum von außen
moralisch zu zügeln. Der ethische Mangel liegt hier in der Motivation. Mehr
noch, der Mangel liegt schon darin, solche Berufe überhaupt *auszuüben* und sie
durch „liberale" Kapitalmarktverfassungen überhaupt zu ermöglichen.

(3) Der Verzicht auf Lügen, das Vortäuschen falscher Tatsachen, die Falsch-
information, die Verleumdung etc. wäre für zahlreiche Marktprozesse nichts
weniger als das Ende ihrer *Funktionsfähigkeit*. Sehr viele Prozesse in der realen
Marktwirtschaft gründen auf der bewussten Täuschung von Konsumenten,
Mitarbeitern und Konkurrenten. Subtrahierte man die fragwürdigen Informationen aus der Werbung, aus Geschäftberichten oder Kundeninformationen,
so würden nicht nur viele Privatfernsehsender und Printmedien insolvent, es
würde auch deutlich, wie wenig eine faire Kommunikation die Grundlage
marktwirtschaftlicher Prozesse ist. Die prahlerische Selbstdarstellung und das
leere Gerede, das Buddha immer wieder kritisiert hat, habe ich hier noch gar
nicht einbezogen. Ein großer Teil der *seelischen Probleme*, die aus der alltäglichen
Arbeit in einer Marktwirtschaft erwachsen, gründen in diesem Zwang zum
bloßen Scheinen durch Lügen, Vortäuschen und einem Handeln wider die
eigene Natur, die eigentlich auf Mitgefühl gerichtet ist.

(4) Die Aufforderung, sich nicht von seinen Begierden im Handeln leiten zu
lassen, wird traditionell im Buddhismus auf sexuelles Fehlverhalten bezogen.
Das Ausmaß solchen Fehlverhaltens hat durch die angebliche sexuelle Revolution keineswegs abgenommen. Für die Fragen der *Wirtschaftsethik* ist diese
Regel vor allem in zweierlei Hinsicht wichtig: *Erstens* bedeutet dies ein faires

---

190 DER SPIEGEL 38/2001, Online-Ausgabe.

Verhalten in Situationen, in denen in einem Unternehmen oder einer anderen Organisation durch eine Weisungsbefugnis ein *Abhängigkeitsverhältnis* geschaffen wird, das zu sexuellem Missbrauch, sexueller Belästigung, Mobbing usw. ausgenutzt werden könnte. Hier hat sich glücklicherweise bereits eine erkennbare Widerstandsfront gegen dieses Fehlverhalten etabliert. *Zweitens* enthält diese moralische Regel auch die schlichte Aufforderung, aus *ökonomischen* Gründen auf die Ausnützung sexueller Motive zu verzichten. Das bezieht sich nicht nur auf das Rotlichtmilieu, die Ausbeutung und Versklavung von Frauen und Kindern als Prostituierte, es beinhaltet auch, das sexuelle Fehlverhalten *anderer* nicht zu fördern oder auszunützen, um damit einen Marketingerfolg zu erzielen.

(5) Die Regel, Drogen und berauschende, das Bewusstsein trübende Mittel zu vermeiden, ist nicht nur motiviert durch die Erkenntnis, dass dumpfes und unbewusstes Verhalten ungeeignet ist, sich vom Erleiden ökonomischer Sachzwänge zu befreien. Sie beruht auch auf der Erkenntnis, dass unter dem Einfluss von Drogen viele unheilvolle Handlungen begangen werden und dass der *Verkauf* von Drogen, Teil der kriminellen Schattenwirtschaft, vielfältige Leiden von Konsumenten und den Anreiz zu Verbrechen für Händler nach sich zieht. Zum rechten Lebenserwerb zählt damit weder das Dealen mit harten Drogen noch die Werbung für den Konsum von Alkohol. In welchem Ausmaß Alkohol für das eigene Handeln nützlich oder schädlich ist, muss jeder selbst entscheiden. Jenen gegenüber, die nicht über genügend Einsicht und Widerstandskraft verfügen, auf Lügen und Tricks der Werbung hereinzufallen, wäre aber das Mitgefühl angebracht, das ihnen die Chance gibt, *nein* sagen zu können, wenn sie wollen.

Diese Skizze einer möglichen *ökonomischen* Konkretisierung der fünf moralischen Regeln aus dem buddhistischen Kanon möge hier hinreichend sein. Wichtig ist, dass diese Regeln immer in ihrer *Begründung* durchschaut werden, als *Wenn-Dann-Regeln*, nicht als bloß moralische Gebote gelten. Das schließt nicht aus, dass sich eine Gesellschaft dazu entschließt, in ihren *rechtlichen* Vorschriften sich von diesen fünf Regeln beeinflussen zu lassen. Von einem

buddhistischen Standpunkt aus gilt bei jeder *Strafhandlung* jedoch die Aufforderung zu einem *milden* Urteil und einer absoluten Priorität für die Chance
zur *Erkenntnis* eigenen Fehlverhaltens. Ashoka, um ihn ein weiteres Mal zu
zitieren, verfügte im 13. Felsenedikt die ausdrückliche Aufforderung an seine
Nachfolger, eine „Freude an milder Sinnesart und leichter Bestrafung" zu
pflegen. Und im 4. Pfeileredikt forderte er Justizbeamte zu Gerechtigkeit und
Milde auf, setzte aber sicherheitshalber Beamte ein, die dieses Verhalten über-
wachen und Klagen von Betroffenen hören sollten.

Ich möchte diese Überlegungen noch ergänzen durch einige Hinweise auf
das Verhalten von *Führungskräften*, sofern deren Entscheidungsmacht und -
kompetenz nicht durch äußere Vorschriften festgelegt ist, sondern zu einem
großen Teil aus *eigener* Motivation erwächst. Die vielfältig erörterten Fragen in
der Literatur zur Wirtschafts- und Unternehmensethik zu ethischen Kon-
fliktsituation im Alltag marktwirtschaftlicher Entscheidungsprozesse möchte
ich allerdings weitgehend ausklammern. Der Grund ist leicht einsichtig: *Einmal*
erwachsen die meisten Fragen der Unternehmensethik vor dem Hintergrund
des Gegensatzes zwischen Gewinnmaximierung und den moralischen Ansprü-
chen der Mitarbeiter oder der Stakeholder (Konsumenten, Öffentlichkeit etc.).
Die buddhistische Wirtschaftsethik hat hier zunächst und vor allem die Aufgabe, den *Grund* für diese Gegensätze aufzudecken. Und dieser Grund findet
sich in den im vierten Kapitel kritisierten Täuschungen und Illusionen, die vom
wirtschaftlichen Handeln als der sozialen und globalen Entfaltung des Ego-
Prozesses selbst hervorgerufen werden. Die Probleme der Unternehmensethik
sind eigentlich fast ausschließlich auf die beiden Gifte Gier und Aggression
zurückzuführen – auch wenn die einfache Sprache des Buddhismus hier für
viele Ohren befremdlich klingen mag. An ihrer Wahrheit tut dies keinen Ab-
bruch.

Zum anderen gibt es für Probleme im Management, in der Mitarbeiterführung,
im Umgang mit Kunden usw. die einfache Regel der buddhistischen Ethik:
Handle achtsam, mitfühlend, ohne Lüge und auf Vertrauen abzielend. Diese
Ethik umfasst mehr als bloße Fairness, die auf die Einhaltung von Spielregeln
abzielt, schließt aber selbstverständlich *faires Verhalten* mit ein. Aus einer
buddhistischen Perspektive kann jegliche Führungsaufgabe nur dann wirklich

in ethischer Verantwortung wahrgenommen werden, wenn die Führungskraft zu einer Perspektive fähig ist, die über ihre unmittelbaren Aufgaben hinausreicht. Genauer gesagt: Nur Menschen, die auch eine spirituelle Wurzel haben, verfügen über das Potential, andere Menschen *ohne Dominanz des Ego-Prozesses* führen zu können. Gleichgültig, an welcher Stelle: Nur wer über eine Einsicht verfügt, die es ihm erlaubt, seinen eigenen Irrtümern, Emotionen und Wahrnehmungen gegenüber immer wieder auch ein *distanziertes* Verhältnis einzunehmen und wer sich selbst gegenüber die *Ironie der Erkenntnis* besitzt, ist als Führungskraft geeignet.

Was die Handlungen jeweils *anderer* angeht, so gilt auch gegenüber Menschen in jenen Berufen, die nach buddhistischer Auffassung sehr nachteilig für andere und für den Tätigen selbst sind, kein *Vorurteil.* Die Aufgabe der buddhistischen Wirtschaftsethik kann hier nur eine *aufklärende*, nicht eine verurteilende sein. Das bedeutet nicht, dass man um den heißen Brei herumzureden braucht. Fairness der Rede liegt hier gerade darin, dass man *ehrlich* das sagt, was man erkannt hat als Partner von jemand, der in unheilsamen Vorstellungen gefangen ist. Daraus ergibt sich eigentlich auch für den Alltag eines Managers ein genügend großer Spielraum, als mitfühlende, vernünftige und achtsame Person zu handeln. Ein wenig mehr Fairness, Offenheit und der Verzicht auf Lügen wäre bereits eine große Hilfe.

6.2 Bevölkerungswachstum und Familienplanung

Die Kritik des Egoismus und die Aktivität des Mitgefühls sind die *praktische Form* einer Erkenntnis: der Erkenntnis der globalen Abhängigkeit aller Phänomene. Es gibt kein wirtschaftliches Handeln, das in einem isolierten Wirtschaftssubjekt gründet, mag man dieses Subjekt „Haushalt", „Unternehmen", „Staat", „Konsument" usw. nennen. Die in den Wirtschaftswissenschaften gebräuchliche Denkfigur des „Wirtschaftssubjekts" ist als Element in einem vernetzten Prozess zu denken, nicht als tragender Baustein. Das durch den Ego-Prozess motivierte Handeln beruht dagegen auf einen *Irrtum.* Ein Irrtum enthält immer auch ein Stückchen der Wahrheit. Die Wahrheit des Ich-Irrtums ist die Erfahrung des *Erleidens von Sachzwängen*, die keine Sachen, sondern Ergebnisse falscher Gedanken, Motive, Entscheidungen und Handlungen *von Menschen* sind.

Das wird besonders deutlich in der Frage, wie viele Menschen eigentlich auf diesem Planeten Erde leben können. Das Gesamtergebnis, die Zahl der Weltbevölkerung, erscheint als ein Verhängnis, als „Bevölkerungsbombe" oder in der Bedrohung durch die Migration aus anderen Ländern. Dennoch gründet dieses Gesamtergebnis in einer milliardenfachen Einzelentscheidung. Die Bevölkerungszahl wird bestimmt durch die Geburten- und die Sterblichkeitsrate. Beide Größen (Fertilität und Mortilität) sind durch unterschiedliche Ursache bestimmt, die in unterschiedlichem Ausmaß kontrollierbar sind.

Jeder ist *eigentlich* vollständig fähig, die Ursache für ein neues Menschenleben zu kontrollieren. Faktisch erscheint die Geburt eines Kindes aber nur sehr selten als Resultat einer abwägenden Entscheidung. Es ist vielfach der bloße Egoismus der Eltern, der für die Geburt eines Kindes verantwortlich ist: Kinder werden geboren als Resultat der Unachtsamkeit beim Sex, aus Begierde, ein Kind „haben" zu wollen, als Statussymbol, als potentielle Arbeitskraft zum Unterhalt der Familie oder als bloße Anpassung an die Gewohnheiten und Gepflogenheiten des Lebensumfeldes. Hinter einer Geburt steht also fast immer eine durch die drei Gifte motivierte Handlung, kaum die vernünftige Erwägung, was ein Kind zu erwarten und zu gewinnen hat, ob die zu erwartende Lebenssituation wünschenswert ist und einem neuen Leben auch Glück ermöglicht.

Das Sterben der Menschen ist eine biologische Unvermeidlichkeit. Doch auch hier spielen Entscheidungen eine wichtige Rolle, die von der Verblendung diktiert werden: Ausbeutung von Arbeit ohne Rücksicht auf gesundheitliche Schäden, Selbstvergiftung des Körpers durch vielfältige Suchtmittel bis hin zum gewaltsamen Tod durch Kriege oder vom Menschen mit verantwortete Naturkatastrophen. Die *Zahl* der Menschen auf diesem Planeten ist also überwiegend das Resultat eines vielfältig verschlungenen Prozesses aus den drei Giften, allen voran die Unwissenheit über die globale Verantwortung individuellen Handelns.

Es ist ein einfacher und richtiger Gedanke, dass in einem begrenzten Umfeld nur eine begrenzte Zahl von Lebewesen existieren kann. „Wenn wir das Leben und insbesondere die (sechs) Milliarden kostbaren Lebens schützen wollen, die sich gegenwärtig auf der Erde drängen, wenn wir ihnen ein wenig mehr Wohlstand, Gerechtigkeit und Glück schenken wollen, dann müssen wir uns versagen, immer mehr zu werden."[191] Die Menschen haben sich rücksichtslos auf Kosten anderer Lebewesen vermehrt, die sie einfach achtlos vernichten, aufessen, ausbeuten oder für Experimente benutzen. Es ist bislang kein wirksamer Faktor erkennbar, der die Entscheidungen über die globale Zahl der Menschen in eine Beziehung zum Lebensraum und den Lebensrechten anderer Lebewesen bringt. Für die buddhistische Wirtschaftsethik wäre diese globale Perspektive aber der Ausgangspunkt bezüglich nicht nur der wirtschaftlichen Handlungen, sondern auch bezüglich der bloßen Zahl von Menschen.

Hierbei scheint es wünschenswert, vor allem die Zahl der Geburten zu beschränken und statt dessen das Lebensniveau zu heben. Die Zahl der Geburten ist direkt kontrollierbar; die Zahl der Sterbenden ist auch abhängig von Armut, doch Armut könnte man bekämpfen und damit die Sterblichkeitsrate erheblich senken. Die *Motive*, die aber faktisch diese beiden Größen (Fertilitäts- und Mortalitätsrate) steuern, sind durch Blindheit, Unachtsamkeit, Begierde und Aggression bestimmt – allen voran aber durch die Unwissenheit. Die Armut kann zwar auch das Resultat einer zu großen Bevölkerung bei knappen Mitteln sein, sicher aber ist die Armut die *Hauptursache* einer fehlenden vernünftigen Familienplanung, und Armut wiederum gründet in mangelnder Ausbildung und Unwissenheit, wobei besonders der Ausbildung der Frauen eine Schlüsselrolle zukommt.[192]

Zu den moralisch umstrittensten Fragen gehört die Verhütung in der Sexualität und die Abtreibung. Es gibt kein einziges Argument im Kontext des

---

191 Dalai Lama, J.-C. Carrière, Die Kraft des Buddhismus aaO., S. 44. Ich habe die Zahl in Klammern aktualisiert; der Dalai Lama geht in diesem Text noch von fünf Milliarden Menschen aus.

192 „A 1999 analysis of malnutrition in 63 nations found that improvements in women's education, access to health care, and living environment were responsible for 75 percent of the reductions in underweight among children." Worldwatch News Release: Chronic Hunger and Obesity Epidemic Eroding Global Progress vom 4.März 2000.

Buddhismus, das gegen eine Verhütung als Mittel der Familienplanung sprechen würde; ganz im Gegenteil, alles spricht dafür.[193] Alle metaphysischen Gründe, die vorgebracht werden, sind kaum haltbar, was ich hier aber nicht vertiefen möchte. Anders steht es um die Abtreibung.[194] Es ist ein schlichter Grundsatz im Buddhismus, kein Leben zu töten. Doch dieses moralische Gebot gründet auf einer Erkenntnis, der Erkenntnis der universellen Abhängigkeit aller Lebensfaktoren. Es liegt hier also genau jenes Dilemma vor, das die menschliche Existenz überhaupt charakterisiert: Zu leben heißt, sich von anderem Leben zu ernähren, also durch den Tod der Pflanzen und Tiere sein Leben zu gewinnen. Für dieses Dilemma gibt es, wenn man einmal geboren wurde, keine Lösung. Man kann dies nur erkennen und darauf gegründet ein Leben führen, das Leiden möglichst mindert, man kann aber nicht diese Grundstruktur von *samsara* aufheben.

Das Gebot, nicht zu töten, bezieht sich im Buddhismus auf *empfindende* Lebewesen. Jede Empfindung enthält ein gewisses Maß an Subjektivität, die ein Buddhist auch einer Stubenfliege oder einem Regenwurm, nicht aber einem Getreidehalm zubilligen würde. Als *wissenschaftliches* Kriterium ist das aber nicht verfügbar und kann somit auch nicht in eine eindeutige Handlungsregel verwandelt werden. Allein der tägliche Verdauungsprozess lässt Millionen von Mikroben entstehen und tötet sie. Es gibt im Buddhismus deshalb auch keinen unstrittigen Standpunkt in der Frage der Abtreibung, außer jenem, dass jedes Töten von Leben eigentlich vermieden werden sollte. Man kann aber folgendes sagen: Ein Buddhist würde zwischen einem abgetriebenen Embryo als Lebewesen und einem getöteten Tier keinen grundsätzlichen oder metaphysischen Unterschied machen. Im Buddhismus akzeptiert man keine unsterbliche Seele als *differentia specifica* des Menschen, so dass unter ethischen Gesichtspunkten eine Abtreibung nicht anders zu beurteilen ist als z. B. das Töten eines Rindes.

---

193 „Sie sind also für Verhütung?" wird der Dalai Lama gefragt, und er antwortet: „Absolut. Wir müssen dafür sorgen, dass die Menschen darüber Bescheid wissen und sie anwenden." Dalai Lama, J.-C. Carrière aaO., S. 43.

194 „It is quite clear from a variety of sources that abortion has been severely disapproved of in the Buddhist tradition. It is also equally clear that abortion has been tolerated in Buddhist Japan and accommodated under exceptional circumstances by some modern Buddhists in the U.S." Barnhart, M. G., Buddhism and the Morality of Abortion, Journal of Buddhist Ethics 5 (1998), S. 277.

Deshalb liegt für die buddhistische Ethik hier *prinzipiell* keine andere Frage vor als bei der Beurteilung des Tötens von Tieren für die Ernährung oder für Versuchszwecke. In Dilemma-Situation ist es wichtig, vernünftig zu bleiben und sich nicht hinter metaphysischen Formeln zu verstecken.[195] Der Dalai Lama sagt in Abgrenzung gegenüber dem Standpunkt der christlichen Ethik hierzu:

> „Der Papst steht natürlich unter dem direkten Einfluss der religiösen Traditionen, die er repräsentiert. So hält er an dem Grundsatz fest, wonach das menschliche Leben etwas Kostbares ist, das möglichst vielen zuteil werden soll. Doch dem steht ein anderes Prinzip entgegen, in dem eine andere Form der Achtung vor dem Leben zum Ausdruck kommt. Dieses Prinzip besagt, dass jegliches Leben zu schützen ist, nicht nur das menschliche. Und was das menschliche Leben angeht, das in der Tat kostbar ist, gilt es, dessen Qualität zu schützen. Hier stehen zwei Prinzipien gegeneinander. Wir sind der Ansicht, dass man Entscheidungen nicht im Absoluten trifft, aus servilem Gehorsam gegenüber einem Prinzip."[196]

Im Sinn der buddhistischen *Wirtschafts*ethik ergeben sich hier zwei einfache Schlussfolgerungen: *Erstens* ist unvernünftiges Verhalten in der Familienplanung keineswegs nur das Resultat des *individuellen* oder *lokalen* Nichtwissens in Ländern, in denen die Armut Kinderreichtum als *ökonomischen Reichtum* interpretiert. Die Armut in diesen Ländern ist auch das Resultat globaler Wirtschaftsprozesse und wird damit auch von allen Menschen in den Ländern des Nordens mit verantwortet (vgl. 6.4). *Zweitens* ist Abtreibung sicher kein Mittel der *Bevölkerungsplanung*. Es bleibt (auch für die Frauen) ein gewaltsamer Eingriff, der durch Aufklärung und Verhütung weitgehend vermieden werden kann.

Wie bei anderen Handlungen, ergibt sich die ethische Differenz durch die *Motivation*. Der feministische Satz: „Mein Bauch gehört mir" enthält das zweifellose Recht von Frauen, sich nicht von „Ideologien alter Männer mit dicken Bäuchen" abhängig zu machen. Dennoch liegt darin auch ein *Egoismus*. Auch „Frau" ist als isolierte Entität gedacht eine Täuschung, eine leere Abstraktion,

---

195 „In short, though Buddhism encourages compassionate action, the question as to what is compassionate in the case of an unwanted pregnancy cannot be peremptorily answered by metaphysical proclamations as to when life begins." Barnhart, M. G., Buddhism and the Morality aaO., S. 292.

196 Dalai Lama, J.-C. Carrière aaO., S. 54.

solange man nicht sagt, was für Handlungen *genau* damit verknüpft sind.[197] Der Körper der Frauen und der Männer wird aufgebaut aus dem Tod unzähliger anderer Lebensformen. Darin liegt die schlichte Verantwortung, ihn nicht als egoistisches Eigentum seinen Begierden auszuliefern, sondern achtsam mit ihm umzugehen. Und wie alle Lebewesen körperlich ganz von anderem Leben abhängen, so hängt eine befruchtete Eizelle vom Körper der Frau ab. Wenn man hier eine Grenze des Egos errichtet, erliegt man einer Illusion.

Es geht in dieser Frage aber nicht um die Realisierung eines dogmatischen Ideals, sondern um die Minderung des Leidens in den Situationen, in denen sich Frauen weltweit *aktuell* befinden. Aus der Einsicht, dass Wünsche einer egoistischen Motivation entspringen, darf nicht auf Hilfe verzichtet oder auf „Beratung" beschränkt werden. Altruistisches Handeln fordert eine Hilfe besonders dann, wenn man die beschränkenden Denkformen kennt, die jemand in Schwierigkeiten gebracht haben. Zahlreiche Frauen sterben aufgrund zweifelhafter Abtreibungsmethoden. Metaphysische Debatten über die Natur der Seele bei der Empfängnis helfen hier niemandem.[198] Sicher ist eine medizinisch korrekte Abtreibung wünschenswerter als ein Pfusch in Hinterzimmern, aus Furcht, mit religiösen Anschauungen in Konflikt zu geraten.

Gleichwohl bleibt als Aufgabe für die Wirtschaftsethik das Bemühen zu fördern, die Geburt und das Sterben von Menschen weitgehend von *ökonomischen* Bedingungen zu befreien. Das Mitgefühl muss sich hierbei jeweils in konkreten Situationen so verhalten, dass Hilfe praktisch möglich wird. Es darf sich aber nicht nur auf die jetzt lebenden Menschen und Tiere beziehen. Das Mitgefühl erstreckt sich auch auf die noch Ungeborenen, die in ihrem Leben von uns abhängen. Kein egoistisches Interesse der gegenwärtigen Wirtschaftsweise rechtfertigt die Schädigung künftiger Lebewesen zur Befriedigung gegenwärtiger Begierden. Deshalb liegt in der Bevölkerungsplanung besonders eine langfristige Verantwortung für den künftigen Zustand unseres Planeten und damit der Lebensbedingungen der Menschen und anderer Lebewesen.

---

197 Zur Rolle der Frauen im Buddhismus vgl. K. L. Tsomo (ed.), Buddhist Women Across Cultrures, Delhi 2000.

198 Vgl. M. Lerdmaleewong, C. Francis, Abortion in Thailand: a Feminist Perspective, Journal of Buddhis Ethics 5 (1998), S. 26ff.

6.3 Konsum

Der Konsum ist für die Wirtschaft, damit auch für die Wirtschaftsethik eine Schlüsselgröße. Zahlreiche buddhistische Autoren haben mit der Kritik der egoistischen Motivation beim wirtschaftlichen Handeln deshalb auch den Zielen beim Konsum besondere Aufmerksamkeit geschenkt. Als Kerngedanke lässt sich hierbei herausschälen, dass die westliche Wirtschaftsweise und die darauf gegründete Wirtschaftstheorie Mittel und Zweck, also materielle Konsumgüter und das Glück der Menschen verwechselt. Ergänzt wird diese Kritik um den Aspekt des Mitgefühls auf der Basis gegenseitiger Abhängigkeit: Ein isoliertes, egoistisches Glück ist eine Illusion, weswegen der Dalai Lama häufig sagt, dass Altruismus die *intelligente* Form des Selbstinteresses ist.

Schuhmacher weist auf einen zentralen Denkfehler in der Konsumtheorie hin: „Da Verbrauch nichts anderes ist als ein Mittel zum Wohlbefinden des Menschen, müsste das Ziel das Erreichen eines Höchstmaßes an Wohlbefinden mit einem Mindestmaß an Verbrauch sein."[199] Die moderne Wirtschaftswissenschaft definiert als individuelles Glücksmaß den „Nutzen", den sie einfach kausal abhängig macht von der konsumierten Gütermenge. Minimiert wird nur das *Einkommen*, das zur Erreichung eines bestimmten Nutzenniveaus erforderlich ist. Damit ist jedoch einfach vorausgesetzt, dass mit der konsumierten Gütermenge eindeutig ein Maß des Wohlbefindens verknüpft ist. Die Beziehung zwischen Glück und Konsumgütern ist aber weder eine kausale noch eine *eindeutige* Beziehung. Ein dem ökonomischen Prinzip der Minimierung des Mitteleinsatzes tatsächlich entsprechendes Ziel wäre ein bestimmtes Maß an Wohlbefinden oder Zufriedenheit für jedes Individuum bei minimalem Einsatz materieller Güter. Das utilitaristische Ziel „größter Nutzen für die größte Zahl von Menschen" enthält zugleich die Aufforderung, *alle* Mittel einzusetzen, um den Nutzen zu vergrößern. Das ist angesichts einer endlichen

---

199 E. F. Schumacher, Buddhistische Wirtschaftslehre; in: Small is Beautiful, Heidelberg ²1995 S. 53.

Erde und der Tatsache, dass jedes konsumierte Gut ein Stück Natur oder das Leben anderer Lebewesen verbraucht und oftmals zerstört, irrational.

Auch Payutto schließt sich Schumachers Überlegung an und betont die Differenz zwischen Wohlbefinden und Konsum: „Konsum mag zwar sinnliche Begierden befriedigen, aber der eigentliche Zweck besteht darin, Wohlergehen zu erzeugen. (...) Vom buddhistischen Standpunkt aus ist Konsum dann sinnvoll, wenn er zu echtem Wohlergehen führt."[200] Die Annahme, dass ein *höherer* Güterverbrauch auch das Wohlergehen steigert, gar das Glücksgefühl, ist nicht empirisch begründet und begründbar, weil „Glück" eine *kognitive* Kategorie, keine *kausale* Größe darstellt. Glück kann man nicht messen, auch wenn sich an der Lebenweise, an den Vorlieben der Menschen in den Medien oder einfach nur an der Kriminalitätsstatistik durchaus ein Indiz ablesen lässt: In Ländern mit glücklichen Menschen wird man wohl kaum hohe Verbrechenszahlen oder Selbstmorde erwarten.

Ich möchte das durch ein paar Hinweise aus dem wichtigsten Land in Sachen Konsum und Kapitalismus belegen: Die USA gelten als das wohlhabendste Land der Erde. Dennoch, und das scheint wenig dazu zu passen, sind die Vereinigten Staaten eine Nation der Gewalttätigkeit. Einige Belege aus einer umfänglichen Verbrechensstatistik: Die Wahrscheinlichkeit, in den USA während seines Lebens im Gefängnis zu landen, beträgt für Männer 9%, für Frauen 1,1%. Schlüsselt man dies auf nach Gruppen, so ergibt sich für Schwarze eine Wahrscheinlichkeit von 16,2% und für Hispanics von 9,4%. Mit leichten Schwankungen (abhängig von den finanziellen Mitteln für eine ganz und gar nicht zimperlige Polizeigewalt) liegt die Zahl der gewaltsamen Tötungen bei etwa 10 Menschen auf 100.000. Hat man schwarze Hautfarbe, so ist die Wahrscheinlichkeit, getötet zu werden, sechsmal höher.[201]

Keine Nation beschäftigt sich mehr mit Gerichtsprozessen als die USA. Vor dem Hintergrund des höchsten Pro-Kopf-Güterkonsums auf der Erde präsentiert sich eine Kultur der Gewalt und des Streits, nicht des Glücks oder der

---

200 P. A. Payutto, Buddhistische Ökonomie. Mit der rechten Absicht zu Wohlstand un Glück, Bern 1999, S. 74.

201 Die Angaben stammen vom U.S. Department of Justice, Bureau of Justice Statistics und beziehen sich auf das Jahr 1999 (Online-Material).

Freude. Die Amerikaner stellen dies zur Schau und überschwemmen die Welt mit Filmen und Fernsehserien über Mord, Prostitution, Rauschgifthandel, Bestechung und Betrug, korrupte Polizisten, Privatdetektive oder Manager und präsentieren sich darin als Nation der Gewalt und des Zynismus. Selbst die „Komödien" sind oft erfüllt mit bösartigem „Humor", polternder Gewalt und unsäglicher Simplizität. All dies sind Indikatoren dafür, dass Reichtum nicht automatisch oder kausal Glück erzeugt, wendet man den Blick von den leeren Abstraktion der Charts ökonomischer Statistiken auf die schlichte *Erscheinungsweise* des Lebens und dessen Selbstdarstellung im reichsten und mächtigsten Land dieses Planeten.

Der Grund für diese Diskrepanz kann in einer grundlegenden Einsicht der buddhistischen Philosophie gefunden werden, die sie mit anderen ethischen Systemen teilt: Das Glück beruht zwar auch auf gewissen materiellen Grundlagen, noch mehr aber auf kognitiven Faktoren, auf der Erkenntnis, der Motivation, dem Wissen und der Wahrnehmung der Menschen. Länder mit einem großen Güterreichtum sind deswegen keineswegs „glücklichere Nationen", und das Sozialprodukt ist sicher kein geeigneter Maßstab, wie vielfach geglaubt wird. Der Denkfehler ist aber leicht einzusehen: Das Glück und das Wohlergehen hängen von der *Wahrnehmung* der eigenen Situation, damit vom Wissen und der Erkenntnis des Konsumenten ab. Anstatt die Menschen also mit Gütern zu überhäufen, deren Herstellung die meiste Zeit ihres Lebens als unsicherer Job in Anspruch nimmt, wäre die *Aufklärung* über die psychischen Prozesse, die zu Glück führen, viel wichtiger. Das klug *wenig* Genossene ist weitaus geeigneter, Glück zu erzeugen, als das unachtsam Verschlungene. „Kern des Buddhismus ist die Weisheit der Mäßigung".[202]

Diese Überlegungen setzen nicht unbedingt die buddhistische Erkenntnis von der gegenseitigen Abhängigkeit und den sich daraus ergebenden Altruismus voraus. Man kann dem auch zustimmen, wenn man im Sinn des liberalen Individualismus am Wohlergehen des Einzelnen festhält. Das Argument des Liberalismus besteht darin, dass jeder Einzelne selbst am besten in der Lage sei, sein eigenes Wohlergehen zu beurteilen. Dem würde die buddhistische

---

[202] P. A. Payutto, Buddhistische Ökonomie aaO., S. 75.

Wirtschaftsethik zustimmen und auch die Konsumentscheidungen stets dem Einzelnen überlassen. Doch teilt der Buddhismus nicht die Naivität der liberalen Wirtschaftslehre, dass das individuelle Urteil auch *zutreffend* sei und keiner Korrektur fähig wäre. Für den Liberalismus sind die Präferenzen der Konsumenten und ihre Motive *Daten*, letzte, nicht zu hinterfragende Gegebenheiten. Das ist schon deshalb ein unvollständiger Gedanke, weil die Präferenzen – wie wir festgestellt haben (4.2.1 und 4.2.5) – vielfach bedingt sind und durch die Werbung und das Marketing verändert werden.

Zudem entzieht sich die liberale Wirtschaftsethik schlicht der Verantwortung, die Konsumenten über die Möglichkeiten des Glücks aufzuklären. Die Entscheidung, das Urteil stets jedem Individuum selbst zu überlassen – die von Buddhisten geteilt wird –, heißt keineswegs behaupten, dass die Individuen in ihrem Urteil zu den *für sie selber* besten Schlussfolgerungen kommen. Die unaufhörliche Erziehung und Prägung zum Egoismus *durch den Wettbewerb* bedeutet das genaue Gegenteil und verweist auf einen logischen Widerspruch in der liberalen Wirtschaftsethik: Wenn man akzeptiert, dass Präferenzen und Motive veränderbar sind und durch bewusste Entscheidungen beeinflusst werden können, dann ist der *Sachzwang* zum Wettbewerb, der Präferenzen und Motive *prägt*, ein Prozess äußerster Unfreiheit.

Die Menschen haben sicher ein Recht auf freie Konsumwahl und freie Entscheidungen bezüglich materieller Güter. Noch wichtiger ist aber die Freiheit der *Erkenntnis*. Die moderne Marktwirtschaft überlässt es dem Egoismus weniger Anbieter, die Präferenzen der Konsumenten durch Marketingstrategien zu prägen oder überhaupt erst zu erzeugen, ohne an irgendeiner Stelle den Nachweis anzutreten, dass neue Güter das *Glück* der Menschen erhöhen können.

Dem Liberalismus genügt das Faktum der bloßen *Nachfrage*. Doch dieses Faktum ist auch bei Rauschgift, der Nachfrage nach kriminellen Angeboten, der Prostitution oder bei Waffen gegeben. All diese Fragen sind nur beantwortbar, wenn man die Konsumenten nicht als bloßes *Mittel*, als *Objekt* der Geldgier der die Produkte verkaufenden Unternehmen betrachtet, sondern als *Mitmenschen*, mit denen man vernünftig sprechen kann, die ihren eigenen Ego-Prozess erkennen und verändern und damit auch ihre Motivation verwandeln können. Die „Konsumfreiheit" ist in Wahrheit die Freiheit für relativ wenige Firmen, die Präferenzen der Konsumenten so beeinflussen zu dürfen, dass sich ein maximaler Gewinn erzielen lässt. Das ist das exakte Gegenteil einer freien Entscheidung der Individuen.

Aller Konsumfreiheit voraus liegt das Wissen und die Erkenntnis, welche Güter nützlich und hilfreich für das eigene Wohlergehen sind. Die *faktisch* unterstellte Dummheit der Konsumenten in Marketingstrategien ist die Zementierung der Verblendung als Prozess. Einige Jugendjahre Werbefernsehen und Markenterror im Wettbewerb der Jugendlichen untereinander genügen, um die intellektuellen Fähigkeiten der Konsumenten wirksam einzunebeln und auf jenes Maß zu reduzieren, das ein Spiegelbild der Blindheit der Geldgier jener ist, die davon profitieren.[203] Die „Weisheit der Mäßigung" ist auch eine Mäßigung beim Konsum jener heuchlerischen und verlogenen Werbung, die sich selbst schmeichelt, Information zu sein. Dies wäre der erste Akt der *Befreiung* der Konsumenten vom „Konsum". Die moderne Wirtschaftswissenschaft aber kennt nur eine Freiheit *zum*, nicht eine Freiheit *vom* Konsum. Das Angebot an wirklichem Wissen über den Zusammenhang zwischen materiellem Verbrauch, Erkenntnis und dem individuellen psychischen Prozess, der zu *Glück* führt, fehlt im Kapitalismus.

Die buddhistische Wirtschaftsethik hat hier durchaus auch die Aufgabe der *Aufklärung*, wenn sie ihren Anspruch ernst nimmt, praktische Hilfe zu sein. Als ersten Hinweis kann man den Konsumenten den Rat geben, *achtsam* zu bleiben. Vorrangig ist also eine Mäßigung der *Dummheit* des Konsums, die allgegenwärtig ist. Hilfreich ist auch die Einsicht, dass Marketingabteilungen in den Unternehmen nicht (oder doch sehr selten) über Menschen verfügen, die etwas vom Glück verstehen. Im Fach *business administration* oder Betriebswirtschaftslehre wird so etwas nicht gelehrt, ja, es wird noch nicht einmal *geahnt*, dass hier ein Problem liegt. Im Zweifelsfall liegen die Konsumenten auf der sicheren Seite, wenn sie davon ausgehen, dass neu angepriesene Produkte vor allem *eine* Qualität haben: Sie sollen den Quartalsgewinn des Anbieters erhöhen oder den Anlegern weiteren Gewinn suggerieren.

---

203 Vgl. N. Klein, No Logo!, München 2001.

Es liegt im Begriff der „Befriedigung", *Frieden* finden zu können. Dieser Friede wird im eigenen Geist, im achtsamen Erfahren und Denken gefunden. Leiden entsteht durch Anhaften, sagt Buddha. Das gilt vor allem beim Konsum. Die Wiederholung führt zu Gewöhnung, und die Gewöhnung reduziert den Reiz des Neuen, den Kick, der von Gütern ausgeht: Deshalb einerseits der Zwang zur *Vermehrung* des Konsums, andererseits die Vergeblichkeit dieser Bemühung.[204] Das Neue ist schon in der nächsten Woche das Alte. In der Be*scheiden*heit steckt auch die Weisheit der Unter*scheidung*. Insofern versteckt sich sogar in der verblendeten Begierde nach immer Neuem eine Weisheit: Die Weisheit der Unterscheidung.

Nur am *neuen Produkt* erscheint noch ein Unterschied für den unachtsamen Konsumenten. Doch je mehr dieser Neuerungsprozess sich beschleunigt und auf hohem Niveau stattfindet, desto geringer ist der Kick, der davon ausgeht. Die Wirtschaftswissenschaftler haben das geahnt in ihrer Idee vom sinkenden Grenznutzen durch vermehrten Güterkonsum. Es handelt sich hier aber nicht um einen *mechanischen Zusammenhang*, sondern um einen *kognitiven Prozess*. Das Neue ist immer nur *erkannt* etwas Neues. Nur am Neuen erwacht beim übersättigten Konsumenten der Länder des Nordens noch kurzzeitig die Achtsamkeit beim Konsum. Die buddhistische Wirtschaftsethik kann darauf hinweisen, dass sich darin etwas ganz anderes zeigt: *Eigentliches Glück* erwächst aus der Achtsamkeit. Es ist deshalb, ökonomisch ausgedrückt, ziemlich ineffizient, die Achtsamkeit an *äußeren Gütern* aus fremder Hand zu entzünden, um inneren Frieden, ein Lösen der Bedürfnisspannungen zu erfahren. Es gibt einen *direkten Weg* zur Achtsamkeit, die jeden Augenblick alle Dinge *neu* erscheinen lässt und ihre Schönheit und Vollkommenheit zeigt, ohne dass dazu mehr notwendig wäre als das, worüber jeder schon verfügt.

Insofern zeigt sich beim Konsum in der äußersten Unwahrheit der Verblendung, dem Rausch des Neuen, dem Verfallensein an einen von Geldgier gesteuerten Prozess des permanenten Wandels, der laufenden Verkürzung von

---

204 „Sobald der Gegenstand lebhaftester Erwartung erreicht ist, beschäftigt er den Geist nicht länger. Es folgt eine neue Leidenschaft, und die Einbildungskraft richtet sich, wie schon vorher, auf ein entferntes Glück." A. Ferguson, Versuch über die Geschichte der bürgerlichen Gesellschaft, Frankfurt/Main 1986, S. 149.

Produktlebenszyklen und dem leeren Wert „neu!", etwas ganz anderes: Die tiefe Sehnsucht der Menschen, ihre eigene Natur, den stillen Kern und die kreative Kraft ihrer Achtsamkeit zu finden. In seinen Belehrungen in Südfrankreich im Jahre 2000 sagte der Dalai Lama (ich zitiere aus dem Gedächtnis): „Niemand kann euch die Ruhe des Geistes von außen schenken, wie viel Geld und Macht er auch besitzen möge, nicht einmal der Präsident der USA."[205] Jene Ruhe zu finden, in die eigene Achtsamkeit *heimzukehren*, nachdem wir draußen herumgeirrt sind und uns selber in den Gütern dieser Welt entdecken wollten, das ist der innerste, heimliche und spirituelle Antrieb hinter der Verblendung des Konsums. Und so kann ich auch hier einen wichtigen Satz der buddhistischen Wirtschaftsethik wiederholen: *Ohne spirituelle Perspektive können ökonomische Probleme nicht eigentlich gelöst werden.*

6.4 Globale Armut, ihre Wahrnehmung und ihre Ursache

Die Fragen des „Konsumterrors", der „Manipulation", der „Konsumentenfreiheit" sind allerdings meist Fragen, die aus der Saturiertheit der Menschen in den Ländern der Nordhälfte unsers Planeten erwachsen. Selbst in den Elendsvierteln des Nordens, in den von einer Polizeigewalt mit *zero tolerance* in Zaum gehaltenen Randbezirken der großen Städte in den USA oder in Europa, stellt sich kaum jemand solche Fragen – zu schweigen vom unsäglichen Elend in Afrika, in einigen asiatischen Ländern oder in Südamerika; einige Zahlen habe ich bereits genannt. Allerdings ist der Kapitalismus dabei, jeden Winkel dieser Erde vergleichbaren Sachzwängen zu unterwerfen, die aus den Marktprozessen erwachsen und somit nicht nur die Finanzmärkte, sondern auch ihren Schatten: das Elend und die Zerstörung tradierter Kulturen und Ökosysteme, global zu entfalten.

Hunger und Elend sind auf diesem Planeten ein *Faktum*, im Unterschied zu den vielfältigen Interpretationen, Zukunftsentwürfen und Versprechen, die auf der Grundlage der Geldillusion täglich reproduziert werden. Allein 12 Millio-

---

205 Vgl. den Bericht in: E. Müller-Brodbeck, Der Pfad zur Erleuchtung, Rigpa Rundbrief 3 (2000), S. 24-27.

nen Kinder sterben jährlich vor dem fünfzehnten Lebensjahr. Derartige Nachrichten erscheinen in den Medien neben Berichten über Rennfahrer und Selbstdarstellungen von Politikern als *Nebensache*. Diese Ignoranz ist nicht etwas, was zur Armut als gleichsam zynischer Kommentar *hinzukommt*. Weit schlimmer, es ist diese Ignoranz, die den weltweiten Hunger und die Armut *produziert*.

Ich möchte das erläutern: Hunger und vielfältiges Elend durch Mangelernährung, medizinische Unterversorgung und weitgehend fehlende Ausbildung sind für die Länder des Nordens *Medienereignisse*, die durch die Glasscheibe eines Bildschirms auf Distanz gehalten werden. Unfreiwillig zeigen dabei die Medien oftmals allerdings die tatsächliche Struktur der Abhängigkeit auf unmittelbar *anschauliche Weise*. Besonders ungeschminkt bei einigen Nachrichtensendern. Bei diesen Sendern läuft bei allen Berichten und Nachrichten am unteren Bildschirmrand ein Laufband mit den aktuellen Börsenkursen. Die Geldgier darf keine Sekunde zur Ruhe kommen.

Wie das Laufband am unteren Bildrand des Nachrichtensenders, so ist die Geldgier die *eigentliche* Grundlage und tiefere Ursache all dessen, was „oben" im Bild der Nachrichten erscheint. Nur dann, wenn sich die Geldgier *unmittelbar* an die Zuschauer wendet – um in einem Werbespot Produkte anzupreisen –, wird der zynische Kommentar des Laufbandes unterbrochen. Im Nachrichtenbild erscheinen Hungernde, Tote bei Attentaten, abgerissene Beine von Kindern, die auf Mienen getreten sind, oder auch nur das inhaltsschwere Statement eines Sportlers über seine Übernahmesumme, während das Laufband mit den Kursnotierungen die unterschiedslose Wahrheit über die Ursachen dieser Ereignisse zeigt. Selbst beim Terroranschlag vom 11. September 2001 ruhte das Laufband bei n-tv oder die jeweils aktuelle Kursnotierung für den Dow-Jones-Index auf CNN keine Sekunde und stellte die Nachrichten über Aktienkurse *gleichberechtigt*, nein, sogar *bevorzugt und unbeeindruckt von den aktuellen Ereignissen* neben die Bilder von Tausenden von Toten. Dieser *objektive Zynismus*, die implizite Ethik dieser Weltwahrnehmung sieht alle Ereignisse als bloße Oberfläche auf der eigentlichen Grundlage ihrer Welt: Der Veränderung der fiktiven Werte an den Börsen.

Es handelt sich hier aber nicht nur um eine *Wahrnehmung* einer an sich unabhängig bestehenden Welt. Diese Wahrnehmung ist fast immer (selbst bei einigen von Menschen beeinflussten Naturkatastrophen) der eigentlich *Grund* für das, worüber die Nachrichten berichten. Armut und Hunger werden *produziert* durch die Verblendung, die sich in dieser zynischen Weltwahrnehmung verbirgt.

Ich möchte diesen Zynismus der impliziten Ethik an einem einfachen Beispiel demonstrieren: Wir hören und lesen von einer erneuten Hungerkatastrophe in Asien oder in Afrika. Von den Bildern bewegt, folgen wir vielleicht der Einladung zu einem feierlichen Abendessen für eine Wohltätigkeitsveranstaltung – gekrönt durch die schöne Geste des Einsammelns von Spenden und gesponsert von namhaften Firmen. Während dieses Abendessens werden Fleisch, Fisch und exotische Früchte serviert. Niemand denkt beim Kauf und Verzehr dieser Produkte daran, dass die Fisch- oder Krabbenzucht in Asien ganze Küstenregionen verwüstet, dass die exotischen Früchte in anderen Ländern zu Monokulturen führen, die eine fortgesetzte Bodenerosion fördern, dass der „Rohstoff" für Steaks, die weltweit 1,3 Milliarden Rinder (mit einem Lebendgewicht von mehr als dem Zehnfachen aller lebenden Menschen), zum großen Teil auf Grasflächen weiden, die durch abgebrannte Wälder mit gewaltigen Mengen freigesetztem Kohlendioxid bei der Brandrodung gewonnen wurden.

Niemand denkt beim Kauf in der Frischfleischabteilung des Supermarkts an das faktische „Ja!" zu dieser globalen Konsequenz – und gerade darin erweist sich das alltägliche Handeln durch eine *implizite Ethik*, durch eine verblendete Wahrnehmung geleitet. Wenn Wilhelm Röpke, einer der Väter der sozialen Marktwirtschaft, den Kaufakt der Konsumenten als Abstimmung mit dem Geldschein über die vielen „Warenparteien" auf dem Markt bezeichnete (vgl. 5.3), dann vergaß er hinzuzufügen, dass die Konsumenten damit auch *implizit* über die globale Organisationsform „Marktwirtschaft" und ihre Wirkungen „abstimmen" – sie stimmen den Wirkungen ihrer Handlungen *faktisch* zu, wie immer sie ihre Motive beim Kauf beschreiben mögen. Das gilt auch und vermehrt für die Führungsetagen in der Wirtschaft, die zwar *globale* Konsequenzen deutlich vor Augen haben, sich aber durch die Blindheit des kognitiven Fensters der Gewinnmaximierung noch mehr auf Privatinteressen beschränken, als dies viele kritische Konsumenten tun.

Doch jeder Konsument ist in die globale Verflechtung eingebunden. Die Selbstverständlichkeit, mit der ökonomische Prozesse durch Kauf und Verkauf weltweit organisiert werden, verdeckt fast völlig die *planetarischen Konsequenzen* dieses Handelns. Das kognitive Fenster, das durch die akzeptierten ökonomischen Denkmodelle (und ihre wissenschaftlichen Begründungen) geöffnet wird, ist viel zu eng und durch die Gifte von Geldgier und aggressivem Wettbewerb eingefärbt. Es ist der sich kollektiv über Medien reproduzierende Ich-Irrtum, der als implizite Ethik ein Handeln verbirgt, das wir in seinen *Wirkungen* als etwas Fremdes und Fernes bestaunen. Dass der Kauf und Verkauf einer Aktie, deren Kurs ein Anleger zwischen Hoffnung und Angst schwankend auf dem unteren Laufband des Fernsehbildes bei n-tv verfolgt, die Ursache für Kapitalströme ist, die zu Währungszusammenbrüchen und Wirtschaftskrisen in Asien oder Südamerika führen, dort Verzweiflung und politischen Extremismus begünstigen, dessen grausame Bilder dann *oberhalb* des Laufbandes als ferne, fremde Tatsachen einer „neuen Unübersichtlichkeit" der Welt bestaunt oder bedauert werden – diese Zusammenhänge verbirgt der ökonomisch modifizierte Prozess der Ich-Verblendung.

Das kleine kognitive Fenster, das als alltäglich reproduziertes wirtschaftliches Weltbild geöffnet wird, blendet weite Teile solcher Konsequenzen gegenseitiger Abhängigkeit aus. Der Blick verengt sich auf das Nächstliegende: Den Firmenumsatz, das eigene Jahreseinkommen, die Börsenkurse, die täglichen Käufe usw. Was aber für uns *einfache Fakten* zu sein scheinen, sind Elemente in einer globalen Verflechtung von Handlungen. Es gibt keine isolierten Fakten, es gibt nur abstrahierende, das heißt *abschneidende und ausgrenzende* Denkmodelle.

Wer scheinbar unschuldig ein Steak verzehrt und dafür mit „hart erarbeitetem Geld" bezahlt, der verzehrt *indirekt* Futtermittel, Getreide in einem vielfachen Umfang – Getreide, das, auf diese Weise indirekt nachgefragt, die Getreidepreise *relativ* auf ein Weltmarktpreisniveau anhebt, dem periodisch globaler Hunger folgt. Nur 11% des verfütterten Getreides werden aber z. B. bei Rindern in Muskelfleisch verwandelt; der Rest verpufft als Bewegungs- und Verdauungsenergie und fördert als Methan aus Rindermägen (rund 80 Millionen

Tonnen jährlich) erheblich den Treibhauseffekt – zu schweigen von den bereits erwähnten ökologischen Schäden durch die Brandrodung an Regenwäldern zur Gewinnung von Weideflächen. Ein Mittelschichtamerikaner konsumiert jährlich eine Tonne Getreide: 80% davon indirekt in der Form von Muskelfleisch; ein Asiate verzehrt bei nur 25% fleischlicher Ernährung dagegen nur etwa 300 kg (plus/minus ca. 50 kg je nach Region).[206] Diese indirekte Mehrnachfrage nach (zur Fleischproduktion verfütterten) Getreide erhöht die Weltmarktpreise und macht *durch den einfachen Konsumakt* jeden Konsumenten des Nordens an Armut und Hunger der Länder des Südens mit verantwortlich.

Derselbe Zusammenhang gilt für alle direkt oder auf Produktionsumwegen konsumierten ökonomischen Güter, also für die Nachfrage nach den dazu benötigten Rohstoffen, der genutzten globalen Umweltkapazität der Luft, der Meere, der Wälder und der fruchtbaren Böden. Er gilt nicht minder für die Fernwirkungen der Märkte auf soziale Strukturen: Wer ein Produkt kauft, stimmt faktisch auch der Reproduktion der Verhältnisse seiner Herstellung zu. Und die wichtigste Auswirkung der Reproduktion dieser Verhältnisse zeigt sich im tragenden Fundament der Märkte: In der Preisbildung.

Hungerkatastrophen und soziales Elend sind nicht eine Folge von absoluter Güterknappheit, sondern eine Folge zu geringer Einkommen und dazu relativ zu hoher Preise, also Folgen einer ungleichen, einer zunehmend ungleicher werdenden Einkommensverteilung. Hätten die Ärmsten der Armen im Süden ein relativ an den Verhältnissen des Nordens gemessen höheres Einkommen, so würde deren relative Nachfrage das im Norden verzehrte Steak und die dazu getrunkene Tasse Kaffee deutlich verteuern. Der relativ niedere Preis hierzulande, das Sonderangebot im Supermarkt, hat also eine hässliche globale Rückseite, die man *nach dem Essen* als mediales Fernsehereignis in entlegenen Weltgegenden zur Kenntnis nimmt. Das Mitleid mit den Hungernden vor den Bildschirmen ist sicherlich nicht geheuchelt und ehrlich, die Spende nicht minder. Doch man sieht als fremdes Ereignis, was Resultat der *eigenen* Gewohnheit des Denkens und Handelns ist.

---

206 Angaben nach: J. Rifkin, Das Imperium der Rinder, Frankfurt-New York 1994.

Viele Ökonomen und Soziologen, die über Armut und Hunger schreiben, weisen zurecht darauf hin, dass fast immer die betroffenen Länder selbst zur eigenen Situation beitragen: Durch interne Auseinandersetzungen zwischen ethnischen Gruppen, religiösen Traditionen, durch heimische Korruption usw. Auch ist zu beachten, dass Armut ein *relativer* Begriff ist, der von der dualen Kategorie des Reichtums nicht zu trennen ist. Es wird deshalb gerne betont, dass das, was Armutsstatistiken ausweisen, noch keineswegs *absolutes Elend* zu beinhalten braucht. Dieser Analyse braucht man nicht zu widersprechen; sie verfehlt aber aus der Perspektive der buddhistischen Wirtschaftsethik die *Pointe.*[207] Eine *selbstgewählte Armut*, wie sie in vielen religiösen Systemen als spirituelle Praxis bekannt ist, kann nur ein Zyniker mit dem ökonomisch bedingten Elend verwechseln, das seine Ursachen fast immer in der *globalen Verflechtung* der Marktprozesse hat. Letzteres ist gewiss nicht *selbstgewählt*, wiewohl diese Armut ihren Grund in einer falschen Wahrnehmung hat. Was Hungernde zuerst brauchen, ist nicht eine andere Kategorisierung in den globalen Statistiken, sondern etwas zu Essen. Und diese zusätzliche Nahrung erfordert vorgängig einen grundlegenden Wandel der *Wahrnehmung* der globalen Interdependenzen. Ich habe deshalb vor allem die globalen Abhängigkeiten als *kognitive Prozesse* beschrieben, die durch Medien eine Form der Verblendung reproduzieren und verstärken.

Wenn die Konsumenten der Länder des Nordens ihr Verhalten ändern, wenn sie wenigstens aus Mitgefühl mit ihren hungernden Brüdern und Schwestern auf etwas fleischliche Nahrung verzichten, wenn sie ihren Verbrauch daraufhin überprüfen, ob sie nur einer Mode folgen oder tatsächlich durch ein Produkt mehr *Zufriedenheit und Glück* erfahren, dann zeigen sie wirksameres Mitgefühl als durch die Überweisung von ein paar hundert Euro nach einem Spendenaufruf bei *aktuellen* Hungerkatastrophen. Auch hier gilt die Einsicht, dass die *Erkenntnis* der globalen Vernetzung aller Handlungen und Wahrnehmungen und die Minderung der Verblendung im Ego-Prozess die Präferenzen und Motive zu ändern vermag – weit wirksamer, als nachträgliche Hilfen, institutionelle Arrangements oder die Erhöhung der Entwicklungshilfe.

---

207 Vgl. zum Begriff der Armut im Buddhismus: M. Fenn, Two Notions of Poverty in the Pàli Canon, Journal of Buddhist Ethics 3 (1996), S. 98–125.

Solche Hilfen sind sicher nützlich und von fast jedem ethischen Standpunkt aus zu befürworten. Sie bleiben aber stets *auch* der Versuch, die Wirkungen des *eigenen* Tuns, die nicht durchschaut werden, zu verdecken.

Die Struktur der gegenseitigen Abhängigkeit führt in der buddhistischen Wirtschaftsethik zu dem Satz: Die Armut, der Hunger und das Elend in den Ländern des Südens werden durch die Blindheit, die Geldgier und den Wettbewerb der Konsumenten, Anleger und Regierungen der Länder des Nordens produziert. Armut wird durch das *praktisch* definiert, was sie *nicht* ist: Den Reichtum, die Gier nach der Vermehrung des Reichtums. Diese Einsicht kann durch die Anwendung des Apoha-Prinzips der buddhistischen Philosophie gewonnen werden: Die Armut ist nicht nur der duale Gegenbegriff zum Reichtum, sie bildet den unvermeidlichen *Inhalt* dieses Reichtums, solange das Handeln von den drei Giften Gier, Hass und Verblendung dominiert wird. Die Armut *definiert* den Reichtum nicht nur als Begriff, sondern auch als realer Prozess. Deshalb ist „der Reichtum der Nationen" zugleich die Armut vieler ihrer Bürger.

7 Bemerkungen zum „wirtschaftlichen Fortschritt"

Der Buddhismus zeichnet kein illusionäres Bild vom Menschen. Menschliches Handeln ist „durch Unwissenheit gehemmt und durch Begehren gefesselt".[208] Dieses grundlegende Urteil über die menschliche Situation versuchte der vorliegende Entwurf einer buddhistischen Wirtschaftsethik anhand der Fragestellungen der gegenwärtigen Ökonomie zu konkretisieren. Man kann das wichtigste Ergebnis so zusammenfassen: Im *wirtschaftlichen Handeln* zeigt sich die menschliche Grundverfassung – die Unwissenheit – in einem vergrößerten Zerrbild. Die Unwissenheit über die globale Bedingtheit aller wirtschaftlichen Erscheinungen hat sich im Geld geradezu „materialisiert", und das darauf gerichtete Begehren und der resultierende Wettbewerb sind der Motor der Weltwirtschaft. Die marktwirtschaftliche, kapitalistische Wirtschaftsorganisation hat die vielfältigen menschlichen Bedürfnisse, Ziele und Wünsche in *einem* Ziel kanalisiert, an dem sich immer mehr Menschen im planetarischen Maßstab orientieren. Dieses Ziel ist von hoher Abstraktheit und Leerheit. Es lautet: *Mehr Geld!*[209]

Die *Handlungen*, in denen die Begierde nach *mehr Geld* erscheint, sind vielfältig. Der von Gier und Angst gelenkte Blick auf die Quartalszahlen bei den Anlegern, die Informationen über Aktienkurse im Sekundentakt per Internet sind ebenso Ausdruck dieses Ziels wie die völlige *Selbstverständlichkeit*, in der vom Pro-Kopf-Sozialprodukt eines Landes erwartet wird, dass es *wächst*. In der nebulösen Sprache der Politik wird dieses formale Ziel nach einer Vermehrung von geldgleichen Werten mit Begriffen wie „modern", „fortschrittlich" oder „zukunftsfähig" übersetzt. Angefangen häufig schon im Elternhaus, multipliziert durch die Medien, über die Schule und Hochschule bis zum täglichen

---

208 Samyutta-Nikaya XXII, 99.

209 Montisquieu wunderte sich noch über *Endlosigkeit* der Geldgier: „Ein Handel zieht den andren nach sich, der kleine führt zum mittelmäßigten, der mittelmäßige zum großen, und wer so eifrig war nach kleinem Gewinn, gelangt dahin, daß er ebenso eifrig nach großem Gewinn ist." Montesquieu, Der Geist der Gesetze, Leipzig 1891, S. 280.

Leistungsdruck im Beruf wird die universelle Gier nach *Mehr* damit zur globalen Gewohnheit der Verblendung. Sie durchdringt auch andere Lebensbereiche und -inhalte, wie die Sexualität, den Sport, die Freizeit oder die Kunst mit einem universellen Werturteil, das sich an der *Quantität* des Größten oder Kleinsten orientiert: das Höchste, Schnellste, Tiefste, Größte, Meiste wird zum allgegenwärtigen *Wert* einer impliziten Ethik des *Mehr*.

Da diese Begierde nach Mehr aber in sehr verschiedenen Ego-Prozessen verankert ist – vom individuellen Erfolgsstreben über die Gewinnmaximierung der Unternehmen bis zur politischen und militärischen Auseinandersetzung der Staaten –, treten die Menschen und Menschengruppen als *Fremde* einander gegenüber und stehen in einem unaufhörlichen Wettbewerb, der eine Vielzahl verhängnisvoller Verhaltensweisen nach sich zieht. Wie Buddha im bereits zitierten Passus sagt, entsteht abhängig von der Begierde des Egos „das Erwerben, abhängig vom Erwerben der Geiz, abhängig vom Geiz das Verteidigen, anlässlich des Verteidigens kommt es zu vielen bösen, unheilbringenden Dingen, zum Greifen nach Schlagstöcken, zum Greifen nach Waffen, zu Hader und Streit, Zank und Zwist, zu Verleumdung und Lüge."[210] Es ist nicht schwer, hierfür zeitgemäße Übersetzungen und reichlich Ergänzungen zu finden, die diesen Gedanken illustrieren.

Die Quelle dieser abhängigen Prozesse findet sich aber in einer irrationalen Begierde, auf deren Grundlage der *Fortschritt* im Kapitalismus beruht: der Begierde nach mehr Geld. Das ist keine naturgegebene und keine in einem abstrakten „System" begründete Zielsetzung. Die vorangegangene Analyse versuchte zu zeigen, dass diese Begierde getragen wird von einem *Nichtwissen*, also einem irrationalen Grund. Das, was die Ökonomen „Rationalprinzip" nennen, nämlich das Streben nach einer *Maximierung* unterschiedlicher Zielgrößen, ist in Wahrheit ein Irrationalprinzip. Kein Vermögen, keine Geldsumme, kein Aktienkurs, kein Sozialprodukt ist jemals hoch genug, um dieses irrationale Streben zu beenden.

Der private Verbrauch in Deutschland, Japan oder den USA hat sich im Zeitraum vom Anfang der 70er Jahre bis in die Mitte der 90er Jahre in jeweils

---

210 Digha-Nikaya XV, 9.

21 bis 24 Jahren *verdoppelt*. Jeder positiven Wachstumsrate entspricht ein bestimmter Verdopplungszeitraum. Eine Wachstumsrate von 3% bedeutet, dass sich die Ausgangsgröße (z. B. das Sozialprodukt) in gut 24 Jahren *verdoppelt*. Das Streben nach unaufhörlichem *Wachstum* in den von Politikern angestrebten Größenordnungen beruht damit auf dem Glauben, man könne das Weltsozialprodukt etwa alle 25 bis 30 Jahre verdoppelt (pro Kopf verdoppelte sich der private Verbrauch in den drei genannten Ländern etwa alle 30 Jahre). Dasselbe gilt für das Umsatzwachstum von Unternehmen oder den Zuwachs von Vermögenswerten.

Das scheinbar unschuldige Streben nach einem globalen Wirtschaftswachstum von etwa 2 bis 3 Prozent enthält wenigstens für die Länder des Nordens mit einem geringen Bevölkerungswachstum die Forderung, dass sich das Konsumniveau *während eines einzigen Lebens* bis zu *dreimal* verdoppeln soll. Das ist das bescheidene Alltagsziel der Wirtschaftspolitik. Der Preis dafür ist nicht nur hoch, er wird unbezahlbar, denn auf seiner Rückseite zeigt sich nicht nur der Wahnsinn globaler Sachzwänge, die permanente „Flexibilisierung" aller Lebensbereiche, sondern vor allem eine *ökologische Unmöglichkeit*. Kein System kann in begrenztem Umfeld endlos *wachsen*. Dieses einfache Prinzip der Gier nach *mehr Geld* ist der ethische Gegenwert zahlloser Meinungen und Ideologien, die über Neuerungen, Fortschritt und Moderne in rasch wechselnder Folge medial multipliziert werden. Diese Phänomene sind jedoch gar nicht so schwer zu verstehen, haben sie doch einen einfachen Grund.

Wie kann erklärt werden, dass die Wirtschaft jährlich einen Überschuss erwirtschaftet, der für diese Wachstumsprozesse verantwortlich ist? Joseph Schumpeter sprach davon, dass der Kapitalismus auf dem Prinzip der *kreativen Destruktion* beruht. Der Wettbewerb sorgt dafür, dass jeder Gewinn früher oder später verschwindet, weil er die Konkurrenten zwingt, ihre Preise nach unten anzupassen, um Marktpositionen halten zu können. Die Unternehmen reagieren auf den Wettbewerbsdruck mit vielen Strategien: Neben Kostensenkungen versuchen sie Monopolpositionen zu erreichen, über den direkten Einfluss auf Regierungen Vorteile zu sichern, oder sie suchen durch Verlagerungen der Produktion kostengünstigere Standorte auf. Doch auch die Konkurrenten senken die Kosten – jedes Monopol ist gefährdet durch potentielle Wettbewerber –, und die Staaten, die für günstige Standortbedingungen ihrer Unternehmen sorgen, verfallen selbst in einen politischen Wettbewerb untereinander, der die angestrebte Sicherung des Erfolgs zunichte machen kann.

Es gibt aber eine „offene Stelle" in der Wirtschaft, die sich als Quelle von immer neuem Gewinn erwiesen hat: die menschliche Kreativität. Menschen sind fähig, ihre Achtsamkeit zur *eigenen* Erkenntnis und Selbstgestaltung zu verwenden; sie können ihr darin liegendes kreatives Potential in der Erkenntnis, der mitfühlenden Praxis oder der künstlerischen Gestaltung entfalten. Sie können aber auch ihre Kreativität zu einem bloßen *Erfolgsfaktor* funktionalisieren lassen und sie in den Dienst des *einen* Ziels stellen: geldgleiche Werte zu vermehren. Diese *Funktionalisierung der Kreativität*, des menschlichen Potentials ist das dynamische Geheimnis des Kapitalismus, der *kreativen Destruktion*.[211]

Weil der Wettbewerb dafür sorgt, dass jeder Gewinn durch Konkurrenten gefährdet wird, streben die Firmen danach, beständig *neue* Produkte, wenigstens aber den *Anschein* neuer Produkte auf den Markt zu bringen. Wer etwas Neues anbietet, ist – ökonomisch gesprochen – ein Monopolist und kann die Preise bei ausreichender Nachfrage gewinnbringend selbst festsetzen. Da aber auch hier die Geldgier sich immer wieder im Wettbewerb selbst beschränkt, bleibt auch dieses Streben endlos vergeblich. Die neuen Produkte werden nachgeahmt, Märkte sind bald gesättigt und machen eine weitere Anstrengung notwendig, wieder *neue* Produkte auf den Markt zu bringen.

Und da jede Neuerung auch *produziert* werden muss, ist dieser *kreative* Prozess im Wettbewerb durch eine beständige *Zerstörung* alter Produktionsanlagen, Standorte oder Unternehmensstrukturen gekennzeichnet. Was immer sich dem von der Geldgier geleiteten Neuerungsstreben widersetzt, gilt als „unflexibel" und muss „dereguliert" werden. Diese irrationale Motivation, in jedem Jahr einen Gewinn und ein Wachstum pekuniärer Werte zu erzielen, überzieht den Globus mit einem Feuerwerk von neuen Produkten, dem lauten Geklingel der Werbung für diese Produkte, einer bunten Fülle des Scheins und des Kults von Neuheit und Kreativität. Die *menschliche Kreativität* selbst wird funktionalisiert,

---

211 Vgl. ausführlich dazu: K.-H. Brodbeck, Erfolgsfaktor Kreativität aaO., Teil II; ders. Wirtschaft als kreativer Prozeß aaO.; ders., Umrisse einer postmechanischen Ökonomie aaO.

entfremdet und nur noch auf dem Umweg über die Märkte als Produkt je anderer konsumiert.

Begleitet ist dieses chaotische Muster des schillernden Scheins der Neuheit jedoch durchaus von sehr *realen* Zerstörungen: Unaufhörlich werden alte Produktionsstätten „restrukturiert", verlagert, wird den Mitarbeitern „Flexibilität" bis zur Entlassung ins soziale Abseits als *fremder Sachzwang* abverlangt, werden noch vorhandene tradierte Kulturen und Lebensweisen gnadenlos ausgeschlachtet und nach brauchbar und unbrauchbar sortiert. Zudem frißt sich dieser Malstrom des Verbrauchs immer *tiefer* in die natürlichen Systeme, um der Erde das letzte Quäntchen an „Ressourcen" abzutrotzen, ohne Rücksicht darauf, ob diese „Ressource" *lebt* und von welchen ökologischen Bedingungen sie abhängt.

Das ist der „Fortschritt" der globalen Marktwirtschaft. Er wird mechanisch gelenkt durch *ein* irrationales Motiv, das in den vielfältigen Verästelungen und Übersetzungen der medial potenzierten Ich-Verblendung die Wahrnehmung und das Denken der Menschen behext. Keiner der alten Götter war je so mächtig und von solch irrationalem Zuschnitt, gleichzeitig von solch abstrakter *Dummheit*, wie der Gott des Geldes, dessen einziges Gebot lautet: *Vermehre mich!* Diese Regel ist die implizite Ethik des globalen Handelns geworden, und nur wenige Menschen und Gruppen durchschauen diesen Wahn und setzen ihm die Vernunft entgegen.

Die buddhistische Wirtschaftsethik ist auch in diesem Sinn *nicht-theistisch*, dass sie es ablehnt, den Göttern der Moderne (Markt, Staat, Macht, Erfolg etc.) zu huldigen. Das Ego und das Denken sind ein *funktionaler Prozess*, der sich an täuschenden Entitäten festklammert, mögen dies private Interessen oder nationale bzw. globale „Werte" sein. *Funktional* sind diese „Werte" von Markt, Macht oder Geld in keiner Weise von den Göttern der früheren Zeit verschieden, auch wenn sie jeder *spirituellen* Dimension beraubt sind. Das globale Gebot des Geldgottes ist die einfache und borniere Vorschrift: *Mehr!* Und wie nach Greshams Gesetz „schlechtes Geld" das „gute Geld" aus dem Umlauf vertreibt, so verbreitet sich der „Wert" des *Mehr!* in einer *ethischen Inflation*, die andere Werte aus dem Handeln mehr und mehr verdrängt. Weil umgekehrt dieses egoistische Handlungsziel globale Dominanz gewonnen hat, hält man es für eine „Tatsache", die unverrückbar feststeht, wie ein Naturgesetz. Die Norm dieses Faktums ist die implizite Ethik des Fortschritts in der Moderne geworden.

Aus der impliziten Ethik der Geldvermehrung lassen sich mehr oder weniger direkt fast alle modernen Fragen des „Fortschritts" verstehen. Der Zwang zur Neuerung im Prozess der kreativen Destruktion führt zu einer immer *rascheren* Entwicklung, einer immer schnelleren Abfolge neuer Produkte. Die Wissenschaften werden für diesen Prozess funktionalisiert. Universitäten und Schulen sind in wachsendem Umfang von den Forschungsgeldern aus der Industrie abhängig, die im Gegenzug „Loyalität" verlangt, vor allem aber *rasche* Ergebnisse. Die Verkürzung der Produktlebenszyklen bestimmt damit auch die *Ethik der Wissenschaften.* Bedenken werden zurückgestellt und sind im harten Wettbewerb um Anerkennung und den damit verbundenen Vorteilen rasch vergessen. Das primäre Motiv, das sich in immer weniger nebulöser Form vom Aktienmarkt bis in die Labors der Biologen, Chemiker oder Physiker durchsetzt, ist der Zwang zur Neuerung, zur *raschen* Neuerung, um im Wettbewerbsvorteil das implizite Ziel zu realisieren, einen Gewinn durch vorübergehende Monopolisierung einer Marktposition zu erwirtschaften. Mit dem leeren, spekulativen Gehalt der Wertpapiere, auf die sich spekulative Ziele richten, wird auch eine an diesen Gehalt gekoppelte Forschung von fiktiven Zielen erfüllt, denen der Rückbezug auf *menschliche* Zielsetzungen zur bloßen Nebenbedingung wird. Trotz nachweisbarer Ergebnisse bleibt solche Forschung auch *qualitativ* spekulativ.[212]

Die buddhistische Wirtschaftsethik wendet sich keineswegs aus religiösen oder metaphysischen Gründen gegen Verbesserungen, die das Leiden der Menschen und anderer Lebewesen mindern. Ganz im Gegenteil. Es ist auch nicht zu bestreiten, dass durch die Indienstnahme der Wissenschaften für das irrationale Ziel der Geldvermehrung immer wieder auch *nützliche* Erkenntnisse

---

212 Nell-Breuning betonte bereits in den 20er Jahren den *trade-off* zwischen Spekulation und Fortschritt: „Wenn um *einen* Tag früher eingekauft zu haben für den wirtschaftlichen Erfolg mehr ausmachen kann als eine in wochen- oder monatelanger Arbeit zustandegebrachte technische Verbesserung, dann ist es mit dem technischen Fortschritt, mit Präzisionsarbeit und Qualitätserzeugung aus." O. von Nell-Breuning, Grundzüge der Börsenmoral, Freiburg 1928, S. 142.

anfallen. Doch der Nutzen wissenschaftlicher Erkenntnis ist im globalen Kapitalismus zu einer bloßen *Nebenbedingung* verkommen. Mehr noch. Etwas gilt als „erfolgreich" und daher „nützlich", wenn es gewinnbringend verkauft werden kann. Nützlichkeit ist nur der Schatten des Gewinns. Der Versuch, dieses irrationale Verhalten durch gesetzliche und moralische Regeln zu beschränken, bleibt nicht immer ohne Erfolg. Meist kommt er aber zu spät. Man kann die vom Gift der Geldgier angerichteten Verwüstungen durch gesetzliche oder moralische Schranken immer nur nachträglich, an ihren Wirkungen bekämpfen. Das *wirksamste* Gegengift ist aber die Veränderung der Motivation selbst, und dieses Gegengift ist das Mitgefühl.

Die durch irrationale Motivation angerichteten Schäden sind immer unübersehbarer. Die Ökosysteme sind, als bloße Ressourcen betrachtet, schon weitgehend zerstört und der letzte Raubbau steht in der Gentechnik bevor. Das Ergreifen des Egos entfaltet sich in der globalen Ökonomie hierbei als das Beanspruchen von *Eigentumsrechten an Lebewesen*, die Anmeldung von „Patenten" an Produkten der *natürlichen Kreativität*. Die darin liegende Arroganz und der Zynismus richtet sich nicht nur gegen das natürliche Leben, er macht auch nicht Halt vor der Zerstörung jener Kulturen, die seit vielen Jahrhunderten Natursysteme auf eine verantwortliche Weise nutzen.

Die eigentliche Gefahr der Gentechnik und der Reproduktionsmedizin ist keineswegs die Technik selbst, sondern die Motivation, von der die Wissenschaftler mechanisch gesteuert werden: Die Begierde nach Geld in der Verkleidung des wissenschaftlichen Erfolgs und des Prioritätsanspruchs, mit der Möglichkeit, bei Patentanmeldungen einen „Pioniergewinn" zu realisieren. Eine Forschung bedeutet aber nur dann keine Gefahr, wenn die mögliche Gefährlichkeit einer Technik für die Menschen selbst zum Gegenstand, zur stets miterkundeten Nebenbedingung eines Forschungsauftrags gehört. Es gibt Wissenschaftler, die dem Geist einer humanen Ethik verpflichtet sind, eine Ethik, die sich auch bei den Begründern der modernen Physik zeigte, als sie vor den Gefahren der Atomenergie durch die Aufklärung über ihre Wirkungen warnten.

Mit der Erkenntnis, gleichgültig in welcher Wissenschaft, wächst fast immer auch die Einsicht in die Struktur der Wirklichkeit, und viele Wissenschaftler sind aus ihrer Arbeit zu Schlussfolgerungen gelangt, die sehr gut zu den Grundsätzen des Buddhismus passen, wenn sie z. B. wie in der Quantenphysik die Wirklichkeit als dynamischen Prozess beschreiben, in dem Naturereignis und Beobachter nicht mehr getrennt werden können. Die wissenschaftlichen Fragen besitzen aus ihrer eigenen Dynamik eine Kraft, die auf ethische Fragen verweist. Umgekehrt haben die Buddhisten immer wieder Wege zu einer „profanen Spiritualität" gesucht, wie der Dalai Lama formuliert: „Wir müssten dieses Konzept mit Hilfe der Wissenschaftler vorbereiten. Es könnte uns helfen, etwas zu schaffen, wonach wir alle suchen: eine *weltliche Moral.*"[213] Dies setzt voraus, dass das Denken seiner eigenen Bestimmung folgt. Doch die bloße *Funktionalisierung des Wissens* und der menschlichen Kreativität als Ressource, als Input für die „Ergebnisverbesserung", der die Anleger an den Börsen – keineswegs die Repräsentanten einer demokratischen Mehrheit[214] – dann applaudieren können, verwandelt die Wissenschaft in bloße *Gewinntechnik*. Wissenschaft und Technik hören auf, „neutral" zu sein. Der Wettbewerb selektiert auf dieser täuschenden Grundlage der ökonomischen Maßstäbe die ethische Qualität des Wissens, genauer: er unterwirft sie der impliziten Ethik der Geldgier. Damit werden aber auch die *Inhalte* des Wissens in eine Richtung entwickelt, die vorwiegend pekuniär funktionalisiert sind.

Die buddhistische Ethik hat sich, wie gesagt, vielfach sehr gut mit Wissenschaftlern verständigen können. Dem Buddhismus ist der Dogmatismus fremd. „Wenn zum Beispiel die Wissenschaft beweist, dass die Schriften sich irren, muss man die Schriften ändern."[215] Allerdings halten die Buddhisten daran fest, dass nur eine Wissenschaft, die ausschließlich auf Erkenntnis und die jeder Erkenntnis eigentümliche Ethik verpflichtet ist, tatsächlich den Menschen dient.[216] Der wirtschaftliche Fortschritt beruht solange auf einer Illusion,

---

213 Dalai Lama, J.-C. Carrière, Die Kraft des Buddhismus aaO., S. 134.

214 Vgl. „Die Börse *ist* Monopol der Reichen". M. Weber, Gesammelte Aufsätze zur Soziologie und Sozialpolitik, Tübingen ²1988, S. 287.

215 Dalai Lama, J.-C. Carrière aaO., S. 49.

216 Wenn Pesch sagt: „Die Moral verträgt sich mit jedem technischen und ökonomischen Fortschritt als solchem. Sie hemmt nicht und hindert nicht eine Leistungsfähigkeit und Leistung, die *wahrer* menschlicher Wohlfahrt dient", H. Pesch, Ethik und Volkswirtschaft aaO., S. 2, so nimmt er den *Maßstab* der „Leistungsfähigkeit" (im Kapitalismus die technische Verlängerung der Gewinnmaximierung) in den *Begriff* der Technik mit auf, lässt allerdings durch die

als er auf dem Rücken der Ökosysteme, dem Leiden der Tiere und einem jämmerlichen Leben von Milliarden von Menschen realisiert wird.

Wissenschaftler leben arbeitsteilig von anderen und für andere Menschen. Ihre Produkte sind *Allgemeingut*. Deren Privatisierung und Fesselung durch Eigentumsrechte beraubt die Wissenschaften ihrer eigentlichen Struktur: Der *Allgemeinheit*. Die Allgemeinheit des Wissens ist nur ein anderer Ausdruck dafür, dass die Menschen auch *kognitiv* von einander abhängen, gemeinsame Einsichten und Überzeugungen teilen und aus diesem gemeinsamen Wissen auch handeln. Bei allen Spezialisierungen durch unterschiedliche Talente wird diese *Verknüpfung* doch nie aufgehoben. Auch der Wissenschaftler, der nur nach Erfolg, Anerkennung und profitablen Patentrechten strebt, erweist sich als *völlig abhängig* von anderen Menschen – von eben diesen erwartet er ja Anerkennung und pekuniäre Entlohnung.

Die Forderung nach „Wertneutralität" der Wissenschaften ist vielfach nur der Ausdruck einer impliziten Ethik, die von den Forschern verlangt, dass die Forschungsergebnisse *ohne jeden Widerspruch* für die Auswertung ihres Wissens verfügbar sind. Und die *Freiheit der Forschung* ist inzwischen zur Freiheit der Ausbeutung des Wissens geworden, der sich viele Wissenschaftler sogar *freiwillig* unterwerfen und ihre Intelligenz durch die eines Börsianers ersetzen. Dass dies für die *Resultate* der Forschung nicht ohne Folgen bleiben kann, versteht sich eigentlich von selbst.

Die buddhistische Wirtschaftsethik kann sich hier also unschwer den Standpunkt jener Kritiker eines von Geld- und Besitzgier dominierten Wissenschaftsbetriebs anschließen, die vor aller Anwendung immer nach dem Beitrag fragen, den eine Erkenntnis zur Minderung von Abhängigkeiten und Leiden leistet. Die Buddhisten betonen hierbei allerdings immer ganz besonders die Rechte jener Lebewesen, die selbst keine Stimme haben. So wäre es beispielsweise erwägenswert, die Einsichten von König Ashoka und seiner im Geist der buddhistischen Ethik verfassten Regeln zu berücksichtigen. Die Befolgung der einfachen Regel des 5. Pfeiler-Edikts: „Tiere sollen nicht mit anderen Tieren gefüttert werden" hätte die BSE-Krise unmöglich gemacht.

Einschränkung „*wahrer* Wohlfahrt" diesen Begriff diffus und offen.

Die buddhistische Wirtschaftsethik wendet sich also nicht gegen wissenschaftlichen Fortschritt, nicht gegen das Bemühen, durch Erkenntnis Abhängigkeiten und Leiden zu vermindern. Dieses Bemühen ist vielmehr das ureigenste Anliegen der buddhistischen Ethik selber. Als *kritische* Ethik wendet sie sich allerdings gegen die Ideologien, die den wirtschaftlichen Fortschritt durch irrationale und destruktive Motive steuern. Wenn man Fortschritt mit *Wachstum* verwechselt, dann bedeutet er nur einen wiederholten *Schritt fort* von der Wahrheit gegenseitiger Abhängigkeit in der Wirtschaft und mit der Natur, einen *Schritt fort* vom humanen Horizont des Forschens, ein „Fortschritt", der sogar den menschlichen Körper in das Produkt industrieller Produktion zu verwandeln versucht. Es ist einfach unvernünftig, die globalen Zielsetzungen menschlichen Handelns einem bornierten Motiv auszuliefern. Wer nur an Patenten für menschliche Gensequenzen zur pekuniärer Ausbeutung interessiert ist, kann nicht ein Führer der Geschicke der Menschheit sein.

Es zeigt sich vielfacher Widerstand[217] gegen die alltägliche Borniertheit der globalen Geldgier, die ihre Institutionalisierung gefunden hat: In der Weltbank, dem IMF und diversen „Gipfeltreffen". Sie lenkt das Handeln an den der Börsen und den Finanzmärkten, in den Vorstandsetagen der Wirtschaft oder auch nur in den neonbeleuchteten Winkeln von Spielhallen, in denen arme Kreaturen täglich ihre Hoffnungen auf einen kleinen Gewinn zu Grabe tragen. Ob Verlust, Börsen-Krach oder nur ein zerrissener Lottoschein bei der Bekanntgabe der Gewinnzahlen: Die *Wahrheit* der an das Geld geknüpften Hoffnungen ist die Vergänglichkeit. Doch weil diese Jagd nach einem vergänglichen Schein eine breite Straße der Verwüstung nach sich zieht und darin ihre ganz eigene *Wirklichkeit* entfaltet, hat die Wirtschaftsethik zur zentralen Aufgabe die Kritik dieser irrationalen Motivation. Das Ziel des Wirtschaftswachstums als politische Form der Motivation *mehr Geld!* ist ein permanenter Schritt fort von der Ethik des Handelns und der Praxis des Mitgefühls mit allen Lebewesen, nicht aber ein „Fortschritt" im Sinn einer Verbesserung des Lebens.

---

217 Vgl. den wachsenden Widerstand durch Gruppen wie Attac, die sich um die Forderung nach der Einführung der Tobin Steuer gruppieren, oder die vielfältigen Aktivitäten von Noam Chomsky; N. Chomsky, Profit over People. Neoliberalismus und globale Weltordnung, Hamburg-Wien 1999; F. Chesnais, Tobin or not Tobin, Konstanz 2001; K.-H. Brodbeck, „Ein bemerkenswert guter Mensch", Aargauer Zeitung 23. März 2002 (Über James Tobin).

Weil es sich bei den Fehlentwicklungen der Moderne, den vielfältigen Sachzwängen, Krisen und menschlichen Tragödien, wesentlich um das Produkt einer irrationalen Motivation, einer Verblendung oder einen Irrtum handelt, deshalb kann man diese Entwicklung auch völlig verändern. Es gibt keinen metaphysischen, biologischen oder anderen Grund, der die Menschen zu einem „Schicksal" verdammt. Sie erleiden das Karma ihrer Handlungen deshalb, weil sie es selber hervorgerufen haben. Deshalb sind „objektive Fakten" kein Grund, auf sie hereinzufallen. „Wir sollten einsehen, dass es unsinnig ist, sich von negativen Umständen zu sehr niederdrücken zu lassen"[218] – es ist *unsinnig*, weil es in einem Denkfehler gründet. Was man tut, kann man auch lassen. Worin man sich getäuscht sieht, kann man erkennen. Insofern ist die buddhistische Wirtschaftsethik also das genaue Gegenteil jenes „Pessimismus", den viele Interpreten beim Buddhismus entdecken wollen. Die Ethik des Mitgefühls und der Erkenntnis birgt eine Hoffnung. Und diese Hoffnung ist das Angebot der buddhistischen Wirtschaftsethik an alle, die durch ihr Denken, Wahrnehmen und Handeln täglich jene wirtschaftliche Wirklichkeit hervorbringen, von der sie sich in Sachzwängen abhängig glauben.

---

218 Dilgo Khyentse, Das Herzjuwel der Erleuchteten, Berlin 1994, S. 60.

Literatur

Anacker, S. (ed.), Seven Works of Vashubandhu. The Buddhist Psychological Doctor, Delhi 1986

Ananda Maitriya, Bhikkhu, Das Gesetz der Gerechtigkeit, Leibzig o.J.

Anguttara-Nikaya, hrsg. v. Nyanatiloka, fünf Bände, Freiburg im Breisgau [4]1984

Aufhauser, J. B., Ethik des Buddhismus, Düsseldorf 1929

Axelrod, R., Die Evolution der Kooperation, München [5]2000

Balk, M., Frommes Sponsoring auf dem Dach der Welt. Religiöse Grundlagen für eine künftige Wirtschaftspolitik Tibets, Frankfurter Allgemeine Zeitung, 19.01.1994, Nr. 15, S. N6

Bartholomeusz, T., In Defense of Dharma: Just-War Ideology in Buddhist Sri Lanka, Journal of Buddhist Ethics 6 (1999), S. 1-16

Barnhart, M. G., Buddhism and the Morality of Abortion, Journal of Buddhist Ethics 5 (1998), S. 276-297

–, Nature, Nurture, and No-Self: Bioengineering Buddhist Values, Journal of Buddhist Ethics 7 (2000), S. 126-144

Bechert, H., Buddhismus, Staat und Gesellschaft in den Ländern des Theravada-Buddhismus, Erster Band: Allgemeines und Ceylon, Frankfurt/M.-Berlin 1966

Benz, E., Buddhas Wiederkehr und die Zukunft Asiens, München 1963

Bodhi, Bhikkhu, Nourishing The Roots. Essays on Buddhist Ethics, The Wheel Publication No. 259/260, Kandy [2]1990

Brentano, L., Der wirtschafende Mensch in der Geschichte, Leipzig 1923

Brodbeck, K.-H., Der Spiel-Raum der Leerheit. Buddhismus im Gespräch, Solothurn und Düsseldorf 1995

–, Erfolgsfaktor Kreativität. Die Zukunft unserer Marktwirtschaft, Darmstadt 1996

–, Wirklichkeit als Schein. Ein Beitrag zum Dialog zwischen Europa und Asien, Blickpunkte Bd. 2 (1996), S. 41-63

–, Ökonomie ist Ethik! Ethik Letter 1/1998, S. 6-9

–, Die Nivellierung der Zeit in der Ökonomie; in: J. Manemann (Hrsg.), Befristete Zeit, Jahrbuch Politische Theologie, Band 3 (1999), S. 135-150

–, Verborgene Werte in der globalen Ökonomie. Aspekte impliziter Ethik, Ethik Letter 3/1999, S. 4-11

–, Verborgene metaphysische Voraussetzungen der zeitgenössischen Wirtschaftslehre, Symposion zum wissenschaftlichen Werk von Rupert Lay anlässlich seines 70. Geburtstages (1999): Philosophie, Religion und Management Johann Wolfgang Goethe Universität Frankfurt/M, VHS-Video

–, Die fragwürdigen Grundlagen der Ökonomie. Eine philosophische Kritik der modernen Wirtschaftswissenschaften, Darmstadt [2]2000

–, Die Macht des Scheins in der Wirtschaft; in: C. Urban, J. Engelhardt (Hrsg.), Wirklichkeit im Zeitalter ihres Verschwindens, Münster-Hamburg-London 2000, S. 129-147

–, Mut zur eigenen Kreativität. Wie wir werden, was wir sein können, Freiburg-Basel-Wien 2000

–, Vom Doppelsinn des Marktgehorsams, Ethik Letter 3/2000, S. 4-9.

–, „Ein bemerkenswert guter Mensch", Aargauer Zeitung 23. März 2002

–, Die Jagd nach dem Schein. Wie die buddhistische Ökonomie zu Lebensperspektiven im Umgang mit der Nahrung führt, Ethik Letter 2/2001, S. 2-9

–, Mitgefühl mit Hungernden, Ethik Letter 3/2001, S. 11-12

–, Die fragwürdigen Grundlagen des Neoliberalismus. Wirtschaftsordnung und Markt in Hayeks Theorie der Regelselektion, Zeitschrift für Politik 48 (2001), S. 49-71

–, Umrisse einer postmechanischen Ökonomie; in: R. Benedikter (Hg.), Postmaterialismus, Band 1: Einführung in das postmaterialistische Denken, Wien 2001, S. 117-142

–, Der Zirkel des Wissens. Vom gesellschaftlichen Prozess der Täuschung, Aachen 2002

–, Wirtschaft als kreativer Prozeß. Beiträge zu einer postmechanischen Ökonomie; in: W. Ötsch, S. Panther (Hrsg.), Politische Ökonomie und Sozialwissenschaft. Ansichten eines in Bewegung geratenen Verhältnisses, Marburg 2002 (Metropolis Verlag), S. 353-387

–, Ökonomische Theorie als implizite Ethik. Erkenntniskritische Anmerkungen zur reinen Wirtschaftswissenschaft; in: Wirtschaftsethik als kritische Sozialwissenschaft, St. Gallen (erscheint 2003)

Broome, J., Ethics out of Economics, Cambridge 1999

Burnouf, E., Introduction à l'histoire du Buddhisme Indien, Paris 1844

Chapela, Leonard R., Economic Institutions of Buddhist Tibet, The Tibet Journal, Bd. 17, Heft 3, 1992

Chakravarti, U., The Social Dimension of Early Buddhism, New Delhi 1996

Chesnais, F.. Tobin or not Tobin, Konstanz 2001.

Cho, S., Selflessness: Toward a Buddhist Vision of Social Justice, Journal of Buddhist Ethics 7 (2000), S. 76-85

Chomsky, N., Profit over People. Neoliberalismus und globale Weltordnung, Hamburg-Wien 1999

Conze, E., Der Buddhismus, Stuttgart et al. [6]1977

Dahlke, P., Buddhismus als Religion und Moral, München-Neubiberg [2]1923

Dalai Lama, Ausgewählte Texte, München 1987

–, Buddhismus und Marxismus; in: Ausgewählte Texte, München 1987, S. 212-217

–, Imagine All the People. A conversation with the Dalai Lama on Money, Politics, and Life As It Could Be, Boston 1999

–, Das Buch der Menschlichkeit. Eine neue Ethik für unsere Zeit, Bergisch Glatbach 2000

–, J.-C. Carrière, Die Kraft des Buddhismus und der Zustand der Welt, Freiburg 1998

Dhammapada, übersetzt und herausgegeben von Nyanatiloka, Uttenbühl 1992

D´Eramo, M., Das Schwein und der Wolkenkratzer. Chicago, eine Geschichte unserer Zukunft, München 1996

Dogen Zenji, Shobogenzo. Die Schatzkammer der Erkenntnis des wahren Dharma, zwei Bände, Zürich 1975

Dreyfus, G., Meditation As Ethical Activity, Journal of Buddhist Ethics 2 (1995), S. 28-54

Durkheim, E., Physik der Sitten und des Rechts, Frankfurt/M. 1999

Endemann, W., Studien in der Romanisch-Kanonischen Wirthschafts- und Rechtslehre, zwei Bände, Berlin 1833

Enzensberger, H. M. (Hrsg.), Gespräche mit Marx und Engels, Frankfurt/M. 1981

Erhard, L., A. Müller-Armack, Soziale Marktwirtschaft, Frankfurt/M.-Berlin-Wien 1972

Evangelisches Missionswerk in Deutschland (Hrsg.), Wege zu einer gerechten Gesellschaft, Weltmission heute Nr. 23, Hamburg 1996

Everyman's Ethics. Four Discourses of the Buddha. Adapted From The Translations Of Narada Thera, The Wheel Publication No. 14, Buddhist Publication Society, Kandy ⁴1985

Falke, R., Der Buddhismus in unserem modernen deutschen Geistesleben, Halle 1903

Fenn, M., Two Notions of Poverty in the Pàli Canon, Journal of Buddhist Ethics 3 (1996), S. 98-125

Ferguson, A., Versuch über die Geschichte der bürgerlichen Gesellschaft, hrsg. v. H. Medick, Frankfurt/Main 1986

Frank, R.H., T. Gilovich, D.T. Regan, Does studying economics inhibit cooperation? Journal of Economic Perspectives, (1993) 7, 2, S.159-171

Frauwallner, E., Die Philosophie des Buddhismus, Berlin ⁴1994

Gesell, S., Die natürliche Wirtschaftsordnung durch Freiland und Freigeld, Hochheim ¹¹1931

–, An die Überlebenden, Heidelberg 1948

Goodman, S. D., Situational Patterning: Pratityasamutpada; in: Crystal Mirror Vol. III, Emeryville 1974, S. 93-101.

Govinda, Lama Anagarika, Schöpferische Meditation und Multidimensionales Bewußtsein, Freiburg im Breisgau ²1982

Graupe, S., Japanese Modes of Business Behaviour. A Cultural Perspective on Efficiency and Accountability in the Japanese Context, praxis-perspektiven Band 5 (2002), S. 47-54

Guillaumont, A., H.-Ch. Puech, G. Quispel et al. (Hrsg.), Evangelium nach Thomas, Leiden 1959

Habermas, J., Moralbewußtsein und kommunikatives Handeln, Frankfurt/M. 1983

Hardy, E., König Asoka, Mainz 1913

Harris, I., Causation and telos: The Problem of Buddhist Environmental Ethics, Journal of Buddhist Ethics 1(1994), S. 45-56

Hartmann, E. von, Philosophie des Unbewußten, drei Bände, Leipzig ¹²1923

Hayek, F. A. von, Recht, Gesetzgebung und Freiheit. Band 1: Regeln und Ordnung, Landsberg 1986

–, Die Anmaßung von Wissen, Tübingen 1996

Hegel, G. W. F., Werke in zwanzig Bänden, Theorie Werkausgabe, Frankfurt/M. 1971ff. (zitiert Hegel WW)

Heidegger, M., Zollikoner Seminare, hrsg. v. M. Boss, Frankfurt/M 1987

Hibbets, M., The Ethics of Esteem, Journal of Buddhist Ethics 7(2000), S. 26-42

Hisamatsu, S., Philosophie des Erwachens, München 1990

Hirschmann, A. O., Leidenschaften und Interessen, Frankfurt/M. 1987

Homann, K., Philosophie und Ökonomik. Bemerkungen zur Interdisziplinarität, Jahrbuch für Neue Politische Ökonomie 7 (1988), S. 99-127

–, Ökonomik: Fortsetzung der Ethik mit anderen Mitteln; Internet-Text (Download August 2002). http://www.philoek.uni-muenchen.de/homann/homannveroeff-online.htm

–, F. Blome-Drees, Wirtschafts- und Unternehmensethik, Göttingen 1992

Hubbard, J., P. L. Swanson, Pruning the Bodhi Tree. The Storm over Critical Buddhism, Honolulu 1997

Jamyang Norbu, Hinter dem verlorenen Horizont: Zur Notwendigkeit der Demystifizierung Tibets; in: Mythos Tibet. Wahrnehmungen, Projektionen, Phantasien, Köln 1997, S. 313-317

Kabilsingh, C., Visionen einer Dhamma-Gesellschaft aus der Sicht buddhistischer Frauen; in: Evangelisches Missionswerk in Deutschland (Hrsg.), Wege zu einer gerechten Gesellschaft, Weltmission heute Nr. 23, Hamburg 1996, S. 65-85

Kant, I., Zum ewigen Frieden, Akademie Ausgabe Bd. VIII

–, Grundlegung zur Metaphysik der Sitten, Werke Bd. 7 (Ed. Weischedel)

Klein, A., Knowledge and Liberation, Ithaca-New York 1986

Klein, N., No Logo! Der Kampf der Global Players um Marktmacht, München 2001

Knight, F. H., The Ethics of Competition, London 1936

Lenk, H., M. Maring (Hrsg.), Wirtschaft und Ethik, Stuttgart 1992

Lerdmaleewong, M., C. Francis, Abortion in Thailand: a Feminist Perspective, Journal of Buddhis Ethics 5 (1998), S. 22-48

Lohlker, R., Das islamische Recht im Wandel. Riba, Zins und Wucher in Vergangenheit und Gegenwart, München-Berlin 1999

Majjhima-Nikaya. Die Sammlung der mittleren Texte des buddhistischen Pali-Kanons; übers. v. Kurt Schmidt, Berlin 1978

Marshall, A., Principles of Economics, London [8]1961

Marx, K., F. Engels, Werke, hrsg. v. Institut für Marxismus-Leninismus beim ZK der SED, Berlin 1956ff. (zitiert: MEW Bd.)

Mauthner, F., Wörterbuch der Philosophie, Leipzig [2]1923

Mayring, P., Psychologie des Glücks, Stuttgart-Berlin-Köln 1991

Meister Linji, Begegnungen und Reden, übers. v. P. Brun, Zürich 1986

Merleau-Ponty, M., Das Sichtbare und das Unsichtbare, übers. v. R. Guiliani u. B. Waldenfels, München 1986

Mookerjee, S., The Buddhist Philosophy of Universal Flux, Delhi 1975

Monier-Williams, M., Buddhism in its Connexion with Brahmanism and Hinduism, London, 1889; Reprint Varanasi 1964

Montesquieu, Der Geist der Gesetze, übers. v. A. Fortmann, Leipzig 189

Mrozik, S., The Value of Human Differences: South Asian Buddhist Contributions. Toward an Embodied Virtue Theory, Journal of Buddhist Ethics 9 (2002), S. 1-33

Mythos Tibet. Wahrnehmungen, Projektionen, Phantasien, Köln 1997

Müller-Brodbeck, E., Der Pfad zur Erleuchtung, Rigpa Rundbrief 3 (2000), S. 24-27

Nagarjuna, Instructions from a Spiritual Friend, Emeryville 1975

–, Mulamadhyamaka-Karika; übers. v. B. Weber-Brosamer, D. M. Back: Die Philosophie der Leere, Wiesbaden 1997

Nawroth, E. E., Die Sozial- und Wirtschaftsphilosophie des Neoliberalismus, Heidelberg 1962

Nell-Breuning, O. von, Grundzüge der Börsenmoral, Freiburg 1928

–, Wirtschaft und Gesellschaft Heute I: Grundfragen, Freiburg 1956

–, Wirtschaft und Gesellschaft Heute II: Zeitfragen, Freiburg 1957

Nell-Breuning (Hrsg.), O. von, Texte zur katholischen Soziallehre, Vaihingen 1977

Nishida Kitaro, Über das Gute, übers. v. P. Pörtner, Frankfurt/M. 1989

Norberg-Hodge, H., Buddhism In The Global Economy, Internettext.
http://www.gn.apc.org/resurgence/articles/norberg_hodge_buddi.htm

Notz, K.-J. (Hrsg.), Das Lexikon des Buddhismus. Grundbegriffe, Traditionen, Praxis, Freiburg-Basel-Wien 1998

Nutzinger (Hrsg.), H. G., Wirtschaftsethische Perspektiven III, Unternehmensethik, Verteilungsprobleme, methodische Ansätze, Berlin 1996

Ohm, T., Asiens Kritik am abendländischen Christentum, München 1948

Palmer, D., Masao Abe, Zen Buddhism and Social Ethics, Journal of Buddhist Ethics 4 (1997), S. 112-137

Pande, G. C., Studies in the Origins of Buddhism, Delhi 1999

Pareto, V., Ausgewählte Schriften, Frankfurt/M-Berlin-Wien 1976

Payer, A., Soziale und politische Aspekte des Theravâdabuddhismus (Vortrag vom 9. November 1998); Internet-Text. http://www.payer.de/einzel/sozial.htm

Payutto, P. A., Buddhistische Ökonomie. Mit der rechten Absicht zu Wohlstand und Glück, Bern 1999

Pathak, S. K., Dhammavinaya Solves Contradictions of the Modern Age; in: G. Kuppuram, K. Kumudamani (eds.), Buddhist Heritage in India and Abroad, Delhi 1992, S. 160-168

Pesch, H., Ethik und Volkswirtschaft, Freiburg im Breisgau 1918

Pettit, J. W., Review of: Paul Williams. Altruism and Reality: Studies in of the Bodhicaryàvatàra. Richmond 1998; Journal of Buddhist Ethics 6 (1999), S. 120-136

–, Mipham´s Beacon of Certainty. Illuminating the View of Dzogchen, the Great Perfection, Boston 1999

Pound, Ezra, Usura-Cantos, hrsg. v. E. Hesse, Zürich 1985

Purushottam Chandra Jain, Labour in Ancient India, New Delhi 1971

Rawls, J., Eine Theorie der Gerechtigkeit, Frankfurt/M. 1975

Ratzinger, G., Die Volkswirtschaft in ihren sittlichen Grundlagen, Freiburg [2]1895

Ratzinger, Joseph Kardinal, Salz der Erde, Stuttgart 1996

–, Gott und die Welt, München 2000

Reuter, N., Der Institutionalismus. Geschichte und Theorie der evolutionären Ökonomie, Marburg [2]1996

Rifkin, J., Das Imperium der Rinder, Frankfurt-New York 1994

Santideva, Bodhicaryavatara; Eintritt in das Leben zur Erleuchtung, übers. v. E. Steinkellner, Köln 1981

Schäffle, E. F., Das gesellschaftliche System der menschlichen Wirthschaft, zweiter Band, Tübingen [3]1873

Scheler, M., Die Wissensformen und die Gesellschaft, Ges. Werke Bd. 8, Bern-München 1960

Schmithausen, L., The Early Buddhist Tradition and Ecological Ethics, Journal of Buddhist Ethics 4 (1997), S. 1-74

Schomerus, H. W., Indien und das Christentum, Bd. I, Berlin 1931

Schneider, D., Unternehmensethik und Gewinnprinzip in der Betriebswirtschaftslehre, Zeitschrift für betriebswirtschaftliche Forschung 43 (1990), S. 869-891

Schumacher, E. F., Buddhistische Wirtschaftslehre; in: Small is Beautiful. Die Rückkehr zum menschlichen Maß, Heidelberg ²1995

–, Small is Beautiful. Die Rückkehr zum menschlichen Maß, Heidelberg ²1995

Schumacher, W., Die Edikte des Kaisers Ashoka. Vom Wachstum der inneren Werte; in: „Bodhi-Blätter", eine Schriftenreihe aus dem Haus der Besinnung CH - 9115 Dicken 1991

Schumpeter, J. A., Das Wesen und der Hauptinhalt der theoretischen Nationalökonomie, Berlin 1908

Sharma, S. N., Buddhist Social and Moral Education, Delhi 1994

Slaughter, B., Animal Use in Biomedicine: An Annotated Bibliography of Buddhist and Related Perspectives, Journal of Buddhist Ethics 9 (2002), S. 149-158.

Smith, A., Der Wohlstand der Nationen, München 1978

Smith, A.,Theorie der ethischen Gefühle, übers. v. W. Eckstein, Hamburg 1977

Snatikaro, Bhikkhu, Möglichkeiten eines Dhamma-Sozialismus; in: Evangelisches Missionswerk in Deutschland (Hrsg.), Wege zu einer gerechten Gesellschaft, Weltmission heute Nr. 23, Hamburg 1996, S. 86-133

Sogyal Rinpoche, The Tibetan Book of Living and Dying, San Francisco 1992

–, Die Zukunft des Buddhismus, Bern-München-Wien 2001

Sombart, W., Die Juden und das Wirtschaftsleben, München-Leipzig 1920

–, Der Bourgeois, München-Leipzig 1923

–, Die drei Nationalökonomien, Berlin 1930

Stcherbatsky, T., Erkenntnistheorie und Logik nach der Lehre der späteren Buddhisten, München-Neubiberg 1924

–, Buddhist Logic, zwei Bände, Delhi 1984

Strong, J. S., The Legend of King Ashoka, Princeton 1983

Suksamran, S., Political Buddhism in Southeast Asia, London 1977

Sharma, S. N., Buddhist Social and Moral Education, Delhi 1994

Sutta-Nipata, übers. v. Nyanaponika, Konstanz 1977

Suzuki, T. D., Die große Befreiung, Frankfurt/M. 1975

Teruo, M., Buddhismus und soziales Engagement; in: Evangelisches Missionswerk in Deutschland (Hrsg.), Wege zu einer gerechten Gesellschaft, Weltmission heute Nr. 23, Hamburg 1996, S. 39-47

Thich Nhat Hanh, Einssein, Zürich-München 1991

Tobin, J., A Proposal for International Monetary Reform, Eastern Economic Journal, 4 (1978), S. 153-159

Tschögyam Trungpa, Jenseits von Hoffnung und Furcht. Gespräche über Abhidharma, Wien 1978

Tsomo, K. L. (ed.), Buddhist Women Across Cultrures, Delhi 2000

Tson-Kha-Pa, Calming the Mind and Discerning the Real, ed. A. Wayman, New York 1978

Ulrich, P., Integrative Wirtschaftsethik, Bern-Stuttgart-Wien ²1998

Vashubandhu, Abhidharma-Kosa; ed. L. M. Pruden, vier Bände, Berkeley 1989

Vogelsang, C. von, Zins und Wucher, Wien 1884

Walras, L., Elements of Pure Economics or the Theory of Social Wealth, London 1954

Wayman, A. (ed.), Ethics of Tibet. Bodhisattva Section of Tson-Kha-Pa´s Lam Rim Chen Mo, Delhi 1992.

Weber, M., Die protestantische Ethik II, Tübingen 1968

–, Die protestantische Ethik I, Tübingen ²1969

–, Wirtschaft und Gesellschaft, Tübingen 1972

–, Gesammelte Aufsätze zur Religionssoziologie II, Tübingen 1988

–, Gesammelte Aufsätze zur Soziologie und Sozialpolitik, Tübingen ²1988

Wetlesen, J., Did Santideva Destroy the Bodhisattva Path? Journal of Buddhist Ethics 9 (2002), S. 34-88

Wijesekera, O. H. De. A., Buddhism and the Moral Problem; in: Buddhist and Vedic Studies, Delhi 1994, S. 25-41

–, The Concept of Peace and the Central Notion of Buddhist Social Philosophy; in: Buddhist and Vedic Studies, Delhi 1994, S. 93-101

–, Buddhist and Vedic Studies, Delhi 1994

Wilhelm, R., Chinesische Wirtschaftspsychologie, Leipzig 1930

Williams, P. Altruism and Reality: Studies in of the Bodhicaryàvatàra, Richmond 1998

–, A Response to John Pettit; Journal of Buddhist Ethics, 6 (1999), S. 138-153

Wünsch, G., Evangelische Wirtschaftsethik, Tübingen 1927

Zur Erkenntnis geneigt. Festschrift zum 85. Geburtstag des Ehrwürdigen Nyanaponika Mahathera, Konstanz 1986

Homepage:
http://home.t-online.de/home/brodbeck/

Danksagung

Dieser Text hätte nicht geschrieben werden können, ohne die vielfältigen Belehrungen, die ich auf Retreats oder bei Vorträgen vor allem von Lehrern des tibetischen Buddhismus erhalten habe und die vielen Gespräche und Erfahrungen mit Freunden aus der Sangha bei dieser Gelegenheit. Ich bin hier etwas in Verlegenheit, denn sie alle haben meinen individuellen Weg entscheidend beeinflusst, auch wenn ich es vermeiden möchte, durch *name droping* den Eindruck nahezulegen, als würden die hier entwickelten Gedanken den Standpunkt einer bestimmten Linie wiedergeben. So bleibt mir nur dieses einfache: Danke!

Elisabeth Müller-Brodbeck begleitete meine Arbeit in vielen Phasen; die vorliegende Arbeit wäre ohne ihre liebevolle Unterstützung und ihren genauen, kritischen Blick auf die Motivation hinter meinen Gedanken unmöglich.

Silja Graupe hat meinen Text sehr gründlich gelesen und kommentiert. Fast alle ihre vielfältigen Anregungen habe ich auf die eine oder andere Weise aufgennommen. Auch konnte ich sehr viel von ihren Erfahrungen in Asien lernen. Ich danke Silja sehr dafür und für den intensiven Gedankenaustausch, den wir zusammen über buddhistische Ethik und ihre Anwendbarkeit auf die Wirtschaft führen konnten und weiter führen. Ferner gab mir Susanne Strauß in zahlreichen Gesprächen wertvolle Anregungen zu Fragen der Tierrechte.

Im Rahmen meiner Vorträge und Seminare zur Wirtschaftsethik oder als Reaktion auf frühere Publikationen erhielt ich sehr wertvolle Hinweise, es entwickelten sich oftmals längere E-Mail-Dialoge. Stets war ich bei Gesprächen und im Briefwechsel der Lernende.

Personenverzeichnis